林语堂传

两脚踏东西文化　一心评宇宙文章

施建伟　著

華文出版社
SINO-CULTURE PRESS

图书在版编目（CIP）数据

林语堂传 / 施建伟著. -- 北京 : 华文出版社，2023.8

ISBN 978-7-5075-5841-8

Ⅰ. ①林… Ⅱ. ①施… Ⅲ. ①林语堂（1895-1976）—传记 Ⅳ. ①K825.6

中国国家版本馆CIP数据核字（2023）第137023号

林语堂传

著　　者： 施建伟
责任编辑： 张明华
出版发行： 华文出版社
社　　址： 北京市西城区广外大街305号8区2号楼
邮政编码： 100055
网　　址： http://www.hwcbs.cn
电　　话： 总 编 室 010-58336239　　发 行 部 010-58336267
责任编辑 010-58336259
经　　销： 新华书店
印　　刷： 三河市航远印刷有限公司
开　　本： 880mm × 1230mm　1/32
印　　张： 11.625
字　　数： 230千字
版　　次： 2023年8月第1版
印　　次： 2023年8月第1次印刷
标准书号： ISBN 978-7-5075-5841-8
定　　价： 58.00元

再版前言

一

1998 年，我的国家社科课题“过渡时期的香港文学”刚结束，即在同济大学开设了“林语堂研究”的选修课。虽然教学对象多是理工科学生，但他们甚至比中文系的学生更对林语堂感兴趣，也许是正值太平盛世吧，闲适、性灵、幽默，以及“生活的艺术”和“艺术的生活”已不再成为禁忌，而享受休闲的乐趣正逐渐从小众的时尚演变成大众的消费。学期末，学生们在学习小结中对这门课的评价给了我极大的鼓舞，他们希望我把讲课的内容整理出版。于是，《幽默大师林语堂》于 1999 年 2 月问世。此次再版，改名为《林语堂传》，内容上略有增删，并改正了原版中的若干文字错误。

二

1975 年，在国际笔会第 40 届大会上，有一个中国作家当选为总会副会长，并被提名为诺贝尔文学奖的候选人。这位为中华文明争光的中国人就是林语堂。

在国际文坛上，林语堂是一位知名度极高的作家，曾被美国文化界列为“20世纪智慧人物”之一。用英文写作来向外国人直接介绍中国文化，是林语堂文化活动的一个特征。他曾出版过三四十种英文著作，每一种通常都有七八个版本，其中《生活的艺术》从1937年发行以来，在美国已出到40版以上，英国、法国、德国、意大利、丹麦、瑞典、西班牙、荷兰等国的版本同样畅销，四五十年而不衰，1986年，巴西、丹麦、意大利都重新出版过，瑞典、德国直到1987年和1988年仍在再版。

1989年2月10日，美国总统布什对国会两院联席会谈到他访问东亚的准备工作时说，他读了林语堂的作品，内心感受良深。布什说：“林语堂讲的是数十年前中国的情形，但他的话今天对我们每个美国人都仍受用。”布什的话表明：林语堂至今还在影响着美国人的“中国观”。

毋庸讳言，在海峡两岸，林语堂是一位争论极大的人物。连林语堂在《论语》时代的伙伴徐讦也不得不说，林语堂是中国现代文学史上，“最不容易写的一章”。我同意徐讦的说法，我认为主要难度在于林语堂思想、性格、气质、兴趣、爱好的多重性、复杂性和矛盾性。他集古今中外各种文化因素于一身，看似中西结合，却又不中不西，又中又西，任何事情，哪怕是一桩芝麻绿豆的生活琐事，他都会借题发挥，小题大做。譬如，戴什么帽子，穿什么鞋，吃什么菜……只要他有兴致，都可以变成东西文化冲突或两种文化比较选择的大题目。别人所极力掩盖的，正是他着意要暴露的，别人梦寐以求的，他会不屑一顾。他不仅不回避自我的矛盾，而且以“一团矛盾”自许。

“一团矛盾”，就是林语堂性格的特殊性，也正是这特殊性，使他成了中国现代文学史上“最不容易写的一章”。只有把握这“一团矛盾”的各种特殊的表现形式，才会理解林语堂为什么会说出常人不愿说的话，做出常人不愿做的事，也唯有把握了这一点，才会明白这位“幽默大师”的与众不同的言行，乃是他的矛盾性格的必然反映。因此，透视这“一团矛盾”的全景，揭开所谓“一团矛盾”的迷雾，是公正地全面评价林语堂功过得失的关键。

在中国现代作家中，林语堂的文学活动是颇为独特的。因为，他不仅用中文写作，还用英文写作——无论是中文著作，还是英文著作，都是中国现代文学的一笔遗产。他的文学活动大致上可分为四个时期：一、《语丝》时期，从1923年到20世纪30年代，八九年的时间。二、《论语》时期，从1932年《论语》创刊前后到1936年出国前后，五六年的时间。三、海外写作时期，从1936年出国到1966年回中国台湾定居前，约30年时间。四、晚年写作时期，从1966年到1976年逝世，前后约10年时间。

三

本书开笔之前，我已撰写了《论林语堂的幽默观》《林语堂幽默观的发展轨迹》《幽默：林语堂和鲁迅的比较》《林语堂：从“中西文化融合”破题》《林语堂的“一团矛盾”和“八十自叙”》《论林语堂在“语丝”时期的杂文创作》《文化选择的艺术表现——林语堂的杂文》等学术论文，力图从理性和感性两方面去把握这位“幽默大师”的个性。然后出版了《林语堂在大陆》《林语堂在海外》两本著作。现在，我希望通过《林语堂传》这本书，从思想、性格、兴趣、爱好、家庭、婚恋、事业等各个角度，对林语堂的一生做一个比较完整的描述。

因为林语堂从多重文化的乳汁里汲取了他所需要的营养，所以他的文学观是独特的，他的哲学观、美学观、宗教观、人生观、婚恋观、历史观、政治观、伦理观、教育观……都有不可替代的特殊性。因此，所谓“一团矛盾”，正是这位博学型的文化名人的思想性格丰富性的反映。如果仅仅把他当成中国现代文学史上“最不容易写的一章”来写，并且仅仅从文学的角度切入，那么，这一章肯定是写不好的。我认为，首先要考虑的是林语堂在中西文化交流史上的“这一章”如何写法？我想，“这一章”要由翻译家、哲学家、语言学家、历史学家、文学家、思想家和教育家等共同执笔来“写”，否则，就难以描绘出这“一团矛盾”的全貌。

从20世纪20年代到70年代，林语堂虽然在国际上享有很高的声誉，但他在国内一直是个有争议的人物。从50年代起，人们首先从鲁迅的作品中知道了林语堂的名字，那些有关

“打落水狗”或批判“幽默”的片面批注，造成了一代人对林语堂的第一印象。实际上，一般人在五六十年代根本读不到林语堂的原著原文。

20世纪80年代初，我拿着党委的介绍信，证明是学术研究的需要，方能到上海图书馆、徐家汇藏书楼等处，读到林语堂的一些作品，也因为“流派研究”的课题而接触到了论语派及林语堂的一些资料，并且阴差阳错地“误入”了当时还被视为学术禁区的林语堂研究领域。我惊讶地发现，原始的史料与文学史上流行的观点之间竟有如此落差。比如1934年7月26日，《申报》上刊出一篇《声讨鲁迅林语堂》的檄文，摘录如下：

> ……大会提交声讨鲁迅林语堂应如何办理案，决议（甲）发表通电由梅子、高完白、童赤民起草。（乙）函请国内出版界在鲁迅林语堂作风未改变前拒绝其作品之出版。（丙）函请全国报界在鲁迅林语堂未改变作风以前一概拒绝其作品之发表及广告。（丁）呈请党政机关严厉制裁鲁迅及林语堂两文妖。（戊）警告鲁迅及林语堂迅即改变其作风，否则誓与周旋。……

如果说，1926年在北京，他们同时被列入军阀的黑名单，证明了鲁迅和林语堂在反对军阀统治的斗争中，是同一战壕里并肩战斗的战友，那么，八年后，在上海，他们又同时被

“声讨”，这至少也说明了林语堂和鲁迅一样，被当局认为是反现实反体制的叛逆作家。然而，有的论著，却把当年在“文化围剿”中与鲁迅同时被“声讨”、被“围剿”的对象，说成是“围剿”左翼文艺的“反动的文学派别”，这岂不是颠倒黑白吗？

于是，我决心要还原林语堂的本来面目，让人们了解真实的林语堂。

我阅读了林语堂的全部论著，查阅了数以千万计的资料，走访了林疑今、周劭、章克标、徐铸成、施蛰存等耄耋老翁，发掘和抢救了一批珍贵的史料，又到林语堂生活过的平和县坂仔村、厦门鼓浪屿、厦门大学、上海、北京、重庆北碚、台北阳明山和香港等地做了实地调查，并到福州拜访了《林语堂论》的作者万平近先生。我要特别感谢我在中国台湾的亲戚王应铮叔，在中国香港的文友卢玮銮女士、潘耀明先生，在北京的学友陈漱渝先生，以及在美国的亲戚温明战和美国的文友非马先生，在新加坡的文友槐华先生等人，他们热心地为之穿针引线，收集并寄赠了林语堂在国外和中国台湾、香港生活时期的各种资料。台湾图书馆的严鼎忠先生不仅为我寄来了馆藏的有关林语堂著述的资料目录，而且把目录中的研究资料全部复印寄赠给我。可以这样说，没有上述师友们的鼎力相助，就不可能有这本著作，所以，拙著实际上是各方文友们共同创作的成果。

四

1991—1993 年我曾受聘于林语堂故乡闽南地区的华侨大学，当时，形成了一个以华侨大学海外华人研究所为核心的林语堂研究的学术群体。虽然由于人员流动，这学术群体只有短短两年寿命，但是他们的学术成果已得到海内外同行专家的充分肯定。

1994 年 10 月，我应邀赴台北参加纪念林语堂百年诞辰学术研讨会时，有幸与林语堂的家属林太乙夫妇、林相如女士等人直接交流，并与林语堂的大弟子黄肇珩、马骥伸夫妇以及中国台湾的学者专家们就林语堂研究直抒胸怀。我不仅在大会上宣读了论文，还针对各种尖锐的提问，与提问者进行了激烈地争辩。在阳明山上的林语堂纪念馆里，我饱览了台湾学者的研究成果。

1995 年 8 月，应香港作联曾敏之先生和中华文化促进中心之邀，我赴香港做了“林语堂的幽默情结”的学术报告。香港电台也就林语堂研究问题，对我进行了半小时的采访报道。因为按公历计算，到 1995 年才真正是林语堂 100 周年诞辰。所以，在山西和福建分别有纪念林语堂的学术研讨会。

2007 年 12 月 6—9 日，林语堂国际研讨会在漳州举行，以“国际研讨会”的名义，在这位举世闻名的文化名人的家乡，当着千万家乡父老的面，为其举办国际性的纪念活动，这是史无前例的。值得一提的是，不论是与会的官员和学者，还是会场外的漳州百姓，都宣称林语堂是漳州的文化名片！我作为20世纪80年代最早一批在林语堂研究的禁区里“吃螃蟹”的人，在大会发言中，回顾了自己探索历程中的酸甜苦辣。

2014年2月14日，中央电视台4套《跨越海峡两岸的大师——林语堂》播出，我有幸作为主讲嘉宾之一参与节目。虽然我曾参与过上海电视台、香港凤凰电视台，以及美国华语电视频道KTSF-26等传媒播出的同类节目，但作为国家的喉舌，中央电视台以如此规格制作了林语堂的节目，实属史无前例。

从学术“禁区”到目前这样的局面，我作为一个中国现代文学研究者，为林语堂研究在近年来取得的成果而感到喜悦，没有政治清明和安定团结的形势这一切都是不可能的。

近三十年来，我已发表和出版了有关林语堂的专著十册，研究论文、人物传记、随笔杂感等，合计四五百万字。然而，每次为一篇文章或一本著作画上最后一个句号时，我从来没有松口气的感觉。也许是徐讦的那句话——“林语堂是中国现代文学史上最不容易写的一章”——给了我无形的压力。我总觉得，我，或者说我们与这位博学的文化名人之间，有着一条历史的沟。要跨越这条沟，必须付出时间、精力和勇气。

在拙著撰写过程中，我运用了同行的研究成果，林语堂本人的作品、自传，林太乙的《林语堂传》，以及许多有关回忆纪念文章中的原始资料，特此说明，并致以谢意！

遗憾的是，在我的“林语堂研究”的起步阶段曾给我以精神支持的文坛前辈唐弢先生和丁景唐先生已经无法读到这本书了，但我要感谢他们以及那些在我学术研究的不同阶段理解我的人。拙著得以问世，是天时、地利、人和三者合力所致，缺一不可。最后，我谨将本书献给我的妻子——与我风雨同舟数十年的陈维莉女士和那些曾陪伴我度过寂寞长夜的梦。

施建伟

2023 年立夏之日于上海无境斋

目　录

第一章

彩色的梦

林语堂，幼名和乐，又名玉堂。1895 年 10 月 10 日，也就是光绪二十一年农历八月二十二日，诞生于闽南漳州市平和县坂仔村。

父亲林至诚，祖籍漳州北乡五里沙，1880 年前后因到坂仔传教，遂迁居这里。但在林语堂的文章里，被称为“家乡”和“故乡”的，不是五里沙，而是平和县坂仔村。

坂仔南面是十尖山，远山绵亘，无论晴雨，皆掩映于云雾之间，极目遥望，山峰在云霞中忽隐忽现，古代曾把这云山千叠的地方命名为云霄县，可谓名副其实。北面，石起山如同犬齿盘错，峭壁陡立，危崖高悬，塞天蔽日。传说，那山巅上的一道大裂痕，是神仙经过石起山时，一不小心把大趾误插在石壁上而留下的痕迹。这大自然的幻术，曾为童年的小和乐构筑了无数神奇的梦想。

美丽的西溪横穿坂仔，河床宽阔，两岸相距 100 多米，但常年有水的主航道仅 20 多米宽。枯水季节，妇女们都直接到河床中间去洗衣、洗菜。那由鹅卵石和沙土构成的河床，是水牛的栖息地，也是林语堂弟兄们幼年时嬉乐的天堂。干涸的河床、远山近水、牧童水牛、槌衣嬉逐构成了坂仔独有的民情图和风景画。

西溪虽有急流激湍，但不深。在那没有现代化公路的年代里，河流是坂仔交通的主动脉。这里离厦门 120 千米，坐船过去要三四天的时间。漳州西溪的“五蓬船”只能到小溪，由小溪到坂仔有十二三千米，还须换乘一种很小的轻舟。遇到浅滩（本地人叫“濑”），船夫船妇们将裤子卷到腿上，跳入河中，几个人把船扛在肩上逆水而进。

林语堂出生于坂仔教会生活区内的一间平房里。屋旁边是大小礼拜堂、钟楼、牧师楼等西洋式的建筑，周围有荷花池、龙眼树、水井、菜地，以及曾为小和乐的童年生活增添了不少乐趣的“后花园”。这些都是教会的财产，林家不过借住在这里而已。

在坂仔，小和乐常常走到溪边，遥望远处灰蓝色的群峦在阳光下炫耀着自己变化多端的服饰，观赏着山顶上一边变幻着柔软的身段、一边任意地漫游的白云。老鹰在高空盘旋……

有时，小和乐攀上高山，俯瞰山下的村庄，见人们像蚂蚁一样小，在山脚下那方寸之地上移动着。这壮观的山景，令他敬畏，使他感到自己的渺小。他常想：怎样才能走出这深谷？越过山峰的世界是什么样的呢？成年后，每当他看到人们在奔忙、争斗时，儿时登山俯瞰“蚂蚁”的情景又浮现在他的眼前。

一个人出生以后，生存环境是陶冶其性格的第一张温床。林语堂在风景秀丽的坂仔山谷度过了一个欢乐的童年，他在所有的自传、回忆文章中，总是反复强调他之所以成为现在这样的一个人，全部依赖青山；他的思想、观念、性格，以至于人生观、美学观、世界观的形成，完全得之于闽南坂仔的秀美的山陵。在《四十自叙》中，林语堂又用诗的语言把这种自然的陶冶力绝对化了。他说："我本龙溪村家子，环山接天号东湖；十尖石起时入梦，为学养性全在兹。"

他认为自己的一切灵感和美德都是坂仔山水所赋予的。正像许多人都愿意称自己是自然之子那样，林语堂一再自许是"山地的孩子"。这个山地的孩子，在不知不觉中以故乡的山水作为他观察世界、体验生活的唯一参照系。后来，他之所以会把纽约的摩天大楼看作细小得微不足道的玩具，就是来自童年时对高山的记忆。正如他在《回忆童年》中所说：

> 生长在高山，怎能看得起城市中之高楼大厦？如纽约的摩天楼，说他"摩天"，才是不知天高地厚，哪里配得上？我的人生观，就是基于这一幅山水。

大自然的博大神秘和神圣纯洁，陶冶着他幼小的心灵，雕塑着他的个性，激发了他的艺术想象力，是他一生取之不尽、用之不竭的艺术源泉。后来，到了古稀之年，林语堂在《回忆童年》中再谈幼时所受的各种影响时，就比较全面和客观了。他说童年时对他影响最深的是三个方面，"一是我的父亲，二是我的二姐，三是漳州西溪的山水"。不再把一切都归之于高山了。

俗话说，风筝飞得高是靠了线的牵引。而“牵引”林语堂的，是一根由多股不同质地的棉纱合成的优质“线”。

林语堂的家庭是组成这根“牵引线”的主要“棉纱”。

家庭是社会的细胞。在19世纪末20世纪初的中国，林氏的家庭是社会母体中一个有特征性的细胞。与一般中国家庭相比，林家之所以显得特殊，是因为父亲林至诚既是一个虔诚的基督教牧师，又是一个崇拜儒家同时具有维新思想的人。

林至诚幽默诙谐，在教堂里传教时，也会忍不住说笑话，是个富有想象力的乐天派，在西方传教士所带来的书刊的导游下，林至诚进入了一个充满遐想的新天地，醉心于设计一个又一个理想的方案，决心要把全家所有的男孩子都送进教会中学、教会大学读书，直到出国留学。如此庞大的计划，对于一个每月只有20块薪俸的乡村牧师来说，近乎梦想。几十年后，当林语堂驰骋文坛的时候，谁会想到，他起步于一位乡村牧师设计的一连串“梦想”之中。

林语堂的母亲叫杨顺命，出身于贫寒之家。她给予了林语堂无限的母爱。幽默成性的慈父和温柔善良的慈母，是难得的搭配，这天赐的机遇合成了一个快乐的家庭，使林语堂幸运地获得了一个欢乐的童年。小和乐自幼沐浴在爱的阳光下——父亲的爱、母亲的爱、兄弟姐妹们的爱——这是一个和睦友爱的家庭。这情深似海的家庭用爱滋润着林语堂的心田。

小和乐生性顽皮，又绝顶聪明，父母特别疼爱他。父亲每天早上在教堂传道后回家，母亲就把煮好的猪肝面端到疲倦的父亲面前，父亲吃了几筷后便会喊小和乐过来，之后父子俩共同分享这碗面条。这碗猪肝面，“味道好极了！”在林语堂的记忆里，儿时与父亲共享的那碗猪肝面是世上最鲜美的佳肴。

林语堂有四个哥哥，两个姐姐，一个弟弟。大哥林孟温，二哥林玉霖，三哥林和清（憾庐），四哥早年夭折，弟弟林幽，大姐瑞珠，二姐美宫。与林语堂关系最密切的是比他大四岁、属虎的二姐，林语堂在二姐“半母半姐”的疼爱下度过了愉快的童年。

二姐对他的影响仅次于父亲。他俩相亲相爱，二姐是他童年时最友好的游戏伙伴。同时，她又像母亲一样关照着小和乐的温饱寒暖。姐弟俩常是一对顽皮的小搭档。有一次，他俩读过林纾的翻译小说后，就把那些异国的奇闻逸事重新排列组合，姐弟俩共同编造出一个情节曲折而又恐怖冒险的故事。这是林语堂文学创作的最初尝试，这部没有记载下来的“处女作”，在母亲那里获得了良好的效果。姐弟俩随编随讲，每天为母亲编讲一段，久而久之，终于露出破绽，母亲如梦初醒，恍然大悟地喊起来：“根本没有这种事。你们是来逗我乐的。”

小和乐是一个头角峥嵘而且喜欢搞恶作剧的孩子，调皮的小和乐常常利用父母的宠爱故意撒娇捣乱。譬如，有时，兄姐们都安分守己地准备功课，他却不守规矩，独自跑到院子里玩耍，母亲对这个顽皮的孩子束手无策。这时，二姐便当仁不让地出来管教他，说来也怪，小和乐居然被二姐驯服了，真是一物降一物。当然，也有例外的时候，有一次，小和乐与二姐争吵过后，被二姐关在门外，不许他进家门，他便从窗外扔石头进去，叫道："你们不让和乐进来，石头替和乐进来。"还有一次，他和二姐争吵，淘气的和乐，急中生智，想出了一个报复二姐的"妙计"。他钻入后花园的一个泥洞，像猪一样在里面打滚，目的是要弄脏自己的衣服，爬起来后，他得意地对二姐喊道："好啦，现在你要替我把脏衣服洗干净了！"——因为，按家务分工，二姐承担着为全家人洗衣服的任务。

二姐和小和乐玩耍的那些别出心裁的游戏，是林语堂童年生活里灿烂的一页。而二姐激励他读书成名的愿望，更是他难忘的一课。二姐聪明美丽、刻苦好强。父亲在油灯下所编织的那些"梦想"，深深地打动了她的心。飞出坂仔，翱翔在辽阔的天空，是林家孩子们的共同愿望，也是二姐的心愿。她从鼓浪屿毓德女校毕业后，希望能到福州的教会学校读书。但父亲算了一笔账，即使免交学费，仅是川资杂费，一年至少要六七十元，实在力不从心。因为，林至诚有八个孩子，他立志要使男孩子都受高等教育，直到出国留洋，至于女孩子，便只好让她们走"女大当嫁"的老路了。

1912 年的夏秋之交，林至诚全家乘帆船沿西溪而下，船上载着去上大学的林语堂，也载着出嫁的二姐。林语堂获得的深造的机会，正是二姐失落的梦，同一个命运之神却做了如此不公正的安排。60 多年后，林语堂对这次不寻常的航行仍记忆犹新，他以深沉的笔调追忆了当年的情景：

那年，我就要到上海去读圣约翰大学。她也要嫁到西溪去，也是往漳州去的方向。所以我们路上停下去参加她的婚礼。在婚礼前一天的早晨，她从身上掏出四毛钱对我说："和乐，你要去上大学了。不要糟蹋了这个好机会。要做个好人，做个有用的人，做个有名气的人。这是姐姐对你的愿望。"我上大学，一部分是我父亲的热望。我又因深知二姐的愿望，我深深感到她那几句话简单而充满了力量。整个这件事使我心神不安，觉得我好像犯了罪。她那几句话在我心里有极重的压力，好像重重的烙在我的心上，所以我有一种感觉，仿佛我是在替她上大学。第二年我回到故乡时，二姐却因横痃性瘟疫亡故，已经有八个月的身孕。这件事给我的印象太深，永远不能忘记。[①]

姐弟俩那次感人肺腑的告别，使林语堂铭心刻骨，永世难忘。他暗暗下定决心：不辜负二姐的期望，要"读书成名"。以后，无论在何时何地，无论到了什么年龄，只要一提起那四毛钱，他都忍不住要流泪。他说："我青年时所流的眼泪，是为她流的。"

小和乐自幼就是个出名的野孩子，他的兄弟们几乎也没有

① 林语堂：《八十自叙》。

一个不调皮的。在坂仔人眼里，他们都是些长着“头角”的小捣蛋。他们的出格行为曾在坂仔长期流传：那是在 1907 年前后——

坂仔的基督教堂竣工以后，教堂前的钟楼上挂着一口美国人捐赠的大钟。正是这口大钟，使林氏兄弟们在坂仔人心中留下了不可磨灭的印象。

教堂的钟声激怒了沉睡中的坂仔传统社会，终于，一些敌视教会的村民行动起来了。1908 年前后，由一个落第的儒生带头，用募捐集资的办法，在教堂的同一条街上，修建了一座佛庙。原来也打算挂一口大钟，后来由于种种原因，改用一只大鼓代替。

一个礼拜天，教堂像往常那样鸣钟。忽然，从庙里传出一阵鼓声，打鼓的儒生说：“耶稣叮当佛隆隆。”他决心要用鼓声来压倒钟声。林语堂兄弟几个自然站在教会一边，他们跑上钟楼，拼命地拉绳打钟。林家的孩子们年幼力薄，那儒生虽然是个鸦片鬼，但毕竟是成年人，若一对一地单兵作战，孩子们显然不是成年人的对手。可是，机灵的孩子们采用车轮战的办法：一个人累了，由另一个来接替，几个孩子轮流不断，只要鼓声不停，他们便继续拉绳打钟，一个儒生怎么斗得过这一群沉醉在竞赛乐趣中的孩子呢！在儒生眼里，这场“钟鼓之争”包含着深不可测的意义，而在林家兄弟眼里，这不过是一场有趣的游戏。而只要是有趣的游戏，小和乐即便不是“主谋”，也是积极的参加者。

几十年过去了。当年“钟鼓之争”的目击者所剩无几，而教堂、钟楼以及林语堂的故居均已荡然无存，唯有那口外国运来的大钟静悄悄地躺在院落的一角……[①]

小和乐是出名的调皮鬼，他那智力型的恶作剧，曾使铭新小学的教师毫无办法。

有一次，学校考试，在阅卷过程中，教师惊讶地发现全班学生都轻而易举地得到了高分。教师在为学生们的突飞猛进而欣慰时，又觉得事情有点蹊跷，明知有“鬼”，却不知道“鬼”在哪里。而学生们都在暗暗好笑，原来，考试的前一天，林语堂潜入教师的住所，偷看了试题。教师也想到了泄密的可能，于是把可疑对象逐个排除，但就是没有怀疑到林语堂身上。因为林语堂一向是成绩优异的高材生，从不把考试当一回事儿，教师一开始就排除了对他的怀疑。然而，正是这个稳拿高分的优等生，为了表示对考试的轻视，也为了寻开心，故意去偷看试卷，让全班同学都得了高分。

一个“头角峥嵘”的孩子！这似乎成了人们对小和乐众口一词的评价。那么，他到底有哪些“头角”呢？顽皮吗？好恶作剧吗？这些都是孩子的通病，也许有人认为这根本算不上“头角”，因为这是孩子的天性。实际上，对小和乐来说，他不断编织的一个又一个新奇的梦、孩子的梦，才是真正属于小和乐自己的“头角”。

① 关于“钟鼓之争”的资料来源于林语堂的《从异教徒到基督教徒》一书，但有关大钟的现况，则是笔者走访坂仔后的发现。

林语堂自许有一个梦想家的父亲和一个梦想主义的家庭，在这梦想家的摇篮里，小和乐的头顶上曾升起过无数个彩色的梦——

他梦想当医生，要发明包医百病的灵丹妙方。他认真地试验着，配制了一种治外伤的药粉，取名为"好四散"，不顾两位姐姐的取笑，小和乐自信"好四散"有药到病除的奇特功效。

他梦想当发明家，常到码头上去观看来往鼓浪屿的小轮船，船上的蒸汽引擎使他很感兴趣。他还想依照虹吸原理制造一架抽水机，让井里的水自动流进菜园里，苦苦钻研数月之久，最后因为有一个关键问题无法解决，只得暂时放弃发明抽水机的打算。

他梦想长大后开一个"辩论"商店，因为小和乐是一个有辩论才能的孩子，哥哥们称他为辩论大王。他想发挥自己善于言辞的优势，像摆擂台似的，提出辩论命题，向人挑战，或接受别人的挑战。

他梦想成为一个全世界闻名的大作家，小和乐曾天真地对父亲说："我要写一本书，在全世界都闻名……" 70 年后，1975 年 4 月，在国际笔会第 40 届大会上，林语堂被选为国际笔会总会的副会长，他的长篇小说《京华烟云》也在这次大会上被推举为诺贝尔文学奖的候选作品。当年小梦想家不知天高地厚的梦想，竟奇迹般地变成了事实。

飘在空中的和浮在水上的梦想，可能永远是个梦；但如果梦想的种子落在奋斗的土壤里，就会唱出希望之歌。这希望的春芽，虽然渺小，却青翠欲滴，孕育着一个偌大的绿色的世界，这就是小和乐的那些彩色的梦的境遇。

第二章 杂色的世界

林语堂 6 岁启蒙，父亲把儒家的经典著作当作小和乐的启蒙读物。

一到假期，林家就变成一座别具一格的家庭学校。清晨起来，小和乐与兄弟们一起担任打扫庭园和屋子的工作，还要从井里汲水注满水缸，再浇灌菜园。早餐后，摇铃上课。林至诚亲自教子女读“四书”、《诗经》、《声律启蒙》、《幼学琼林》等。

那时，闽南一带流行一部康熙年间的刻本《鹿洲全集》，著者蓝玉霖是福建漳浦人，号鹿洲。林至诚十分崇拜蓝玉霖，所以给第二个儿子取名玉霖，并把《鹿洲全集》作为子女读书的教材，还规定子女们都要背诵其中的《清漳赋》。林语堂在父亲的“家庭学校”里接受了国学的第一课，传统文化的各种精华和糟粕，鱼龙混杂地渗入了林语堂的思想意识。

1905 年，林语堂 10 岁。望子成龙的父亲不满意坂仔教会办的铭新小学的师资和教学方法，唯恐因此而危及孩子们的远大前程，所以决定让林语堂三兄弟到厦门鼓浪屿的教会小学住读。

林语堂在厦门鼓浪屿念完小学就进入厦门寻源书院，那是一所教会办的中学。林语堂能在这种免收学费又免收膳费的教会学校就读，从经济方面来说，对于一个穷牧师的儿子，无疑是最佳选择了。

寻源书院的美国校长毕牧师对中国学生的管理十分苛刻，不准学生们出去买宵夜的点心。他把校长室设在正对楼梯口的房间，就是为了便利监视学生的行动。

这种办法怎么难得住调皮捣蛋的林语堂呢——表面上，学生们经过校长室门口时，无人携带食物，但是，宿舍里的寄宿生却照样经常吃宵夜。原来，在林语堂的策划下，学生们先用竹篮子把买回的东西从窗口吊上楼去，再故意空着双手大模大样地从校长的房门口经过。

教会学校寻源书院竟然禁止学生读课外书，而且不准学生看中文报纸！这是天性自由的林语堂所不能容忍的。从早晨八时至下午五时，把学生关闭在课堂内。凡在校内看课外书，或在课堂里交换意见，皆是罪过，只许学生静坐室内，任凭教员摆布。林语堂认为，这完全是浪费时间。若干年后，成了名的林语堂曾不断攻击现行教育制度的弊病，他对教育制度的切齿之恨，最早来自教会学校里的切身经历。

作为反抗，林语堂偷偷地看自己所喜欢的书，他说："上课和不上课的分别是，在假期，我可以公然看书，而在上课的时候我只好偷偷地看书。"同时，他还用作弊来报复不合理的教育方法。以林语堂的天资，应付学校的考试简直不费吹灰之力。他是以第二名的成绩，从中学毕业的。对他来说，只考书上的那点儿内容，实在太容易了。可是，他的同学们是绝不会同意这种"太容易"的说法的。

出自反抗和好奇交织在一起的逆反心理，他经常出点子，带头作弊。为对付“背书”，他和同学们别出心裁地创造了一种智力型的作弊法。林语堂曾得意地介绍了他的“杰作”：

我们捉弄老师的鬼办法之中，有一件是背书的事，很好玩儿，每个学生都很得意。我们当年都站在走廊下等候，有的人被叫进屋去背书，通常是在两页到三页之内。他背完之后，就以开门为信号叫另一个人进去背，他做信号，表明要背的那段文字是在前一半或后一半，由于把门开三四次，别人就知道要背的是哪一部分了。[①]

这个学业优异的孩子却常被经济上的贫困所折磨。

家里每星期给他一枚铜圆的零用钱，主要是供理发之用。一枚铜圆在当时可以买一个芝麻饼再加四粒糖。一个正在发育的少年，通常都有惊人的食欲，林语堂也不例外。所以，那时他特别馋嘴。遗憾的是，一枚铜圆的经济实力，使他唯有减少理发次数，才有可能实现吃一个小芝麻饼的愿望。而为了一碗廉价的素面，他不得不万分虔诚地祈求上帝的恩赐：在鼓浪屿的海边，他紧闭双目，默祷上帝让他交好运，赐予他拾到一只角子的机会，默祷后睁开眼睛，不见上帝赐予的角子；再紧闭双目，更真诚地祈祷，再睁开眼来，仍不见角子；林语堂不死

① 林语堂：《八十自叙》。

心，又再三闭目祷告，仍然没有感动上帝……他失望了。

世界是杂色的，生存于这世界上的各种文明自然也是杂色的。到厦门上学之前，西方文明对林语堂来说是美好而又神秘的。在坂仔，林语堂一家都叹服于西方先进的科学技术，但林家所能接触西方文明的唯一渠道，便是外国传教士和他们所带来的书报。在厦门，林语堂才真正耳闻目睹了西方文明在中国存在的最有力的一种方式：战舰上的水兵和大炮。

林语堂把自己在厦门所见到的外国人分成三个类型：传教士，穿着清洁无瑕和洗熨干净的白衣，林语堂对他们有本能的好感；酗酒的外国水手，在鼓浪屿街上狂歌乱叫，令林语堂恐慌；头戴白通帽的外国商人，坐着四人抬的轿子，对中国的赤脚顽童随意地拳打脚踢，使林语堂讨厌。

平时，外国人在俱乐部里打网球、喝咖啡、吃冷饮，由中国男仆伺候。林语堂常和街上的儿童们从围墙的穴隙中窥视里面的活动，这才是名副其实的看“西洋镜”哩！

俱乐部开舞会时，寻源书院的学生常常立在窗外，观看里面的男男女女穿着晚礼服，翩翩起舞，这使初来乍到的林语堂瞠目结舌。

1912年，林语堂毕业了。毕业后，怎么办？当然要上大学！

上什么大学？当然是圣约翰！这是父亲和哥哥早就为林语堂设计好的前程。那一年，二哥林玉霖将从圣约翰大学毕业，已经可以资助林语堂去上大学了。但是，家里的经济仍很拮据，因为自从几年前卖掉了祖母在漳州的房子之后，家里再没有可变卖的祖产了。事到临头，父亲算了又算，还缺少 100 块大洋。林至诚有一个富有的学生，只要开口，借 100 块钱是不成问题的。但他总觉得老师向学生借钱，难以启口，直到临行前，实在别无他法，林至诚才抹下脸来，硬着头皮去借来了这笔钱。

看到父亲为借钱而为难的样子，林语堂的心都快要碎了，他立志要以发奋成才来报答父兄们的养育之恩！

终于来到了圣约翰！这所圣公会办的教会大学，以它高水准的英文教学而名冠全国，它培养了中国的一代外交人才，是颜惠庆、施肇基、顾维钧等外交家的母校，所以，它在国际上享有相当的声望。1912 年，当林语堂刚入学的时候，圣约翰也许没有意识到，这个牧师的儿子将为圣约翰的校史增添自豪的一页。

可是，林语堂却从来也没有盲目地赞扬过圣约翰，他对母校的褒贬，倒是持论公正的。他说，圣约翰“的确是学习英文最好的大学，而在学生们的心中，这也就是圣约翰大学之所以存在的缘故。虽然它是圣公会的，它对大多数的学生的秘密使命却是培植为成功的买办来做上海大亨们的助手。事实上学生英文的平均水准，并不超过一个买办的条件”①。

在圣约翰大学附近的苏州河，当年还没有受到环境污染，虽然说不上清澈见底，却也是个鱼虾藏身之地。圣约翰大学的学生们常来此垂钓，可以捕捉到鳗鱼、鲫鱼和其他小鱼。但到考试前夕，平时热闹的河湾却冷冷清清的，因为学生们要为高

① 林语堂：《从异教徒到基督教徒》。

分而拼搏，哪里顾得上钓鱼。然而，就在河湾最冷清的那几天里，常常有一个衣着朴素的学生，逍遥自在地悠然垂竿。由于竞争者减少，钓得的机会相对增多，所以每天都能满载而归。这个学生就是林语堂，他不愿让考试束缚自己的天性。

大学二年级结束时，林语堂大出风头。结业典礼上，他荣获三种奖章，同时又代表讲演队登台领取优胜的银杯。在同一典礼上一人四次登台领奖，创造了圣约翰大学的领奖纪录，轰动全校。

浪花总是沿着扬帆者的路开放的。林语堂轻易荣获高分的奇迹被传为美谈的同时，他在体育竞赛中取得的奖章也引人注目。这位校园明星与传统高材生的老气横秋、弱不禁风的面貌截然相反，他朝气蓬勃，文武双全。

林语堂是多项体育运动的出色选手。他既是圣约翰大学船队的队长，又是一英里赛跑纪录的创造者，而且还代表中国参加过远东运动会，几乎获得奖牌。他打网球、踢足球，还从夏威夷留学生根耐斯那里学会了打棒球的技术，是一名精于投上弯球和下坠球的垒手。

圣约翰时代的业余运动员生涯，为他造就了健壮的体魄，使他终身受益。林语堂在回忆校园生活时说："我在圣约翰大学的收获之一，是发展饱满的胸脯；如果我进入公立的学校，就不可能了。"①

① 林语堂：《从异教徒到基督教徒》。

林语堂在中学时，最喜欢数学和几何，初入圣约翰，林语堂注册入文科是出于偶然的因素。直到大学毕业 20 多年后，林语堂已成为闻名遐迩的文学家，但只要一提到当年在圣约翰入学注册读文科的往事，他仍为那次历史的误会而感到惋惜不已。甚至还说：

> 至今我仍然相信我将来最大的贡献还是在机械的发明一方面。……我仍然相信我将来发明最精最善的汉文打字机，其他满腹的计划和意见以及发明其他的东西可不用说了。如果等我到了 50 岁那一年，那时我从事文学工作的六七年计划完成之后，我忽然投入美国麻省理工学院里当学生，也不足为奇。[①]

① 林语堂：《林语堂自传》。

第三章
曲折的浪漫史

爱的大海宽广而深沉，但每艘爱情的船仅能搭乘一对旅伴，林语堂经历了两次失恋的痛苦之后，直到第三次，才成功地找到了愿登上他的爱情之舟的终身伴侣。

在坂仔，那浅蓝色的起伏绵亘的山丘中，半山腰上，到处开满了鲜花。春天是火红的蔷薇，夏天是含笑或鹰爪花，秋天是一串一串的木兰珠，冬天则有可爱的茶花或俏丽的蜡梅花。在这四季都花香飘溢的地方，隐藏着一座被林语堂戏称为“鹭巢”的小屋。那里住着他初恋的少女赖柏英。

赖柏英的母亲是林语堂母亲的教女，如果按照封建的辈分来排，林语堂还是赖柏英的长辈哩。可是，这一对同龄的伙伴，自幼青梅竹马，两小无猜。

林家在山谷底的西溪河畔，和半山上的“鹭巢”相距五六里。村里逢集时，赖柏英下山来赶集，给林家带来新鲜的蔬菜、竹笋或者她母亲做的糕点。炎热的夏天，山上凉快，林语堂就上山去玩。赖柏英俨然以“鹭巢”的女主人自居，拿荔枝来招待客人。她还和客人们比赛吃荔枝，她总是得胜，男孩子们才吃一粒，她已经连吐三粒核。她有一个绝招：荔枝核从她灵巧的嘴唇里吐出来并击中一米半以外的目标。荔枝吃多了要坏肚子的，但赖柏英自有对付的办法：喝一勺酱油就行了。

他们还常到小溪流中去捉鱼、捉虾。在河岸上，有许多蝴蝶和蜻蜓。他们异想天开地设计了一种有趣的游戏：赖柏英的头发上戴一朵花，然后悄悄地躲进树林里，等着蝴蝶落到她头发上，她才慢慢地站起来，轻轻地从树林里走出来。这游戏的趣味就在于看她能走多远，而不会把蝴蝶吓跑。蓝绿色的燕尾蝶很机警，赖柏英一站起来，它们便马上飞走，而那种橘黄带有黑色的蝴蝶很容易抓到，但最容易抓的是蜻蜓……

一首诗要有诗眼，而女人的“诗眼”就是她的魅力。在林语堂的心目中，赖柏英的魅力在脚上。——《赖柏英》是林语堂所创作的“自传体小说”，其中虽有相当多的虚构成分，但关于赖柏英的描写大半是真实的，小说中的“新洛”，就是林语堂以自己为模特儿而创造的一个男主人公。林语堂借“新洛”的嘴，赞赏了初恋少女的那双脚。

“新洛”在谈及赖柏英时说：

“我崇拜她脚上的泥巴。

“整个新加坡还没有一个女孩子够资格吻她脚上的泥土呢。”

人生必有痴，必有偏好癖嗜。没有癖嗜的人，大半靠不住，而且就变为索然无味的不知趣的一个人了[1]。林语堂对赖柏英的脚的“崇拜”，可以算得上是林语堂的偏好癖嗜

---

① 林语堂：《论趣》。

之一。

失恋后，林语堂把对赖柏英赤足的偏爱移情到他自己的脚上。在北京当大学教授时，他就喜欢不穿鞋子在系办公室的地毯上行走，认为这是“生活中最奢侈的享受之一”。他说：人的双脚，即因为上帝为了教人行走而造成它们，所以是完美的。对于它们不能再有什么改良，而穿鞋是一种人类退化的形态。宣传赤足的优越性、赞扬赤足之美成了林语堂终生的偏好。他还说：

> 赤足是天所赋予的，革履是人工的，人工何以与造物媲美？赤足之快活灵便，童年时快乐自由，大家忘记了吧！步伐轻快，跳跃自如，怎样好的轻软皮鞋都办不到，比不上。至于无声无臭，便不必说。[①]

林语堂对赤足的赞美，后来还影响到林夫人廖翠凤女士。廖女士有一句名言：“美的基础，就在脚上。”这是后话。

那年假期，林语堂从圣约翰大学回到坂仔，他向赖柏英透露了出国留学的抱负，同时也倾吐了久藏在心中的愿望，要求赖柏英跟他一起去创造新的生活。但赖柏英却坚持要留在山村，伺候双目失明的老祖父。她不是一个爱情至上主义者，在忠孝和情爱之间，她选择了前者，放弃了后者。反过来，她还

---

① 林语堂：《论赤足之美》。

企图说服林语堂留在家乡。

于是，那延续多年的充满幻想、充满诗情画意的初恋，不得不匆匆落下帷幕，他们遗憾地但又是友好地分手了，在纯洁的心灵上留下了永远是魂牵梦萦的初恋之情。

林语堂为什么把家乡的山水的力量夸张到神秘化的地步，这是一个长期以来使人迷惑不解的谜。直到 1963 年，自传小说《赖柏英》出版后，林赖的恋情“曝光”，人们才恍然大悟地把这段恋情和林语堂几十年来对坂仔山水的痴恋联系在一起。请看《赖柏英》中的主人公的一段表白：

“柏英和我都在高地长大，那高地就是我的山，也是柏英的山。我认为那山从来没有离开我们——以后也不会。”

一个文化密码被“破译”了。

原来如此——林语堂痴恋坂仔山水的奥秘是：他以乡情、乡思、乡恋为载体，寄托了铭心刻骨的初恋之情。

原来如此——把爱情寄托于乡情，爱情和乡情互为表里；通过对家乡山水的痴恋折射了对赖柏英的思念，于是自然美和爱情美融合为一。

值得一提的是：在现实生活中林、赖的恋情，发乎情，止乎礼，没有越轨行为，而在“自传小说”里，不知出于什么动机，林语堂竟虚构了赖柏英怀孕的情节[①]。

---

① 林语堂在《八十自叙》里肯定“赖柏英是我初恋的女友”，但是林太乙的《林语堂传》则否定了林、赖的初恋关系，本书采用《八十自叙》中的说法。

和赖柏英分手后，一位美貌的少女闯入了林语堂的情感世界，她就是陈天恩医师的女儿陈锦端。

陈天恩是基督教竹树堂会长老，生有九子八女。早年，他追随孙中山先生，在“二次革命”的讨袁战争失败后，一度逃亡菲律宾。回国后，热心教育，并创办了榕城福建造纸厂、厦门电力厂、福泉厦汽车公司等。他的次子陈希佐、三子陈希庆都是林语堂在圣约翰的好友。周末，三个好朋友常在一起看电影、逛校园，或者到附近的杰克餐厅吃牛排。

那时，青年男女几乎没有什么交往的机会，即使做礼拜，圣约翰的男生和圣玛丽的女生也是分别去教堂的。但因为有两个哥哥在圣约翰大学读书，所以，在圣玛丽女校上学的陈锦端便有机会结识哥哥的好友林语堂。

陈锦端不仅楚楚动人，而且天真烂漫。她活泼大方，丝毫没有同龄女孩子的那种故作忸怩的毛病。她有艺术的天赋，画得一手好画。在林语堂的心目中，她就是美的化身，他喜欢她爱美的天性，喜欢她无忧无虑的自由个性，喜欢她……她那瀑布似的秀发，用一个宽长的夹子夹在脖子后面，额前的刘海儿在微风中吹动，她发亮的眼睛在对他会心的微笑，他已一见钟情地爱上了她，简直愿意把自己的心掏出来呈献在她的面前！

爱情点燃了他的智慧的火花，他的智慧是属于她的。

“什么是艺术？”锦端问。

“艺术是一种创造力，艺术家的眼睛像小孩子的眼睛一样，看什么都是新鲜的。将看到的以文字以画表现出来，那便是艺术，”他说，“我要写作。”

“我要作画。”她说。

由于陈锦端的存在，他觉得世界上的一切都是美好的：雨珠沿着窗子的玻璃坠落，是美的；叶子从树枝飘落，也是美的；一只麻雀飞到屋檐下避雨，仍然是美的。

虽然，他俩从未单独在一起——旁边总有她的两位哥哥“保驾”——但是，林语堂对陈姑娘的爱慕之心已溢于言表，而她似乎也无法抗拒这位才子的强大的吸引力。于是，丘比特的箭在两个青年人的头顶呼啸。

放假回到厦门，林语堂经常借找陈希佐为名，到陈家做客，真正的目的当然是找陈小姐。陈天恩医师知情后，决定棒打鸳鸯，因为陈天恩早已听说林语堂对基督教的信仰不坚定，所以认为林语堂虽然聪明，但却靠不住，不能把自己的掌上明珠许配给他。

婚姻大事取决于“父母之命，媒妁之言”，这在“五四”以前，是中国的老规矩。因此，陈天恩医师没费多少周折就成功地阻挠了女儿的恋爱①。

林语堂的爱情遭到了致命的打击，他垂头丧气地回到坂仔，悲痛欲绝。夜深人静，母亲手提灯笼来到屋里，想安慰他几句。这时，他再也克制不住了，那滚动了许久的泪泉，

① 关于林、陈的爱情悲剧的材料，主要来源于笔者访问林语堂侄子林疑今（厦门大学教授）的录音记录和林太乙的《林语堂传》。

冲决了理智的闸门，急骤地喷涌出来。失控的感情，像脱缰的马，像暴发的山洪倾泻下来。他痛哭不止，一直哭到瘫软在地下，唯有二姐美宫去世时，他曾这样伤心地哭过。

次日，大姐瑞珠回娘家，听说了和乐失恋后的失态，不仅没有安慰他，反而滔滔不绝地责备他：

“你怎么这么笨，偏偏爱上陈天恩的女儿？你打算怎么养她？陈天恩是厦门巨富，你难道想吃天鹅肉？”

陈天恩知道自己的干涉会使林语堂受到伤害，为了不使这个有才气的青年过分悲痛，他替林语堂做了一个媒——把邻居廖悦发的二小姐廖翠凤介绍给林语堂。

豫丰钱庄老板廖悦发，也是厦门鼓浪屿的富商。在厦门有自己的码头、仓库和房产。妻子林氏生有三男二女。说来也巧，廖翠凤的二哥是林语堂在圣约翰的同学，而林语堂的大姐曾在毓德女校和廖翠凤是同学。大姐很赞成这门亲事，向林语堂和家人们介绍了廖二小姐的许多长处，说她是端正大方的姑娘，皮肤白皙，有一对明亮的大眼睛，高高的鼻梁，人中很长，一对大耳朵，薄薄的嘴唇，有大家闺秀的风度。在家人的推动下，林语堂接受了这门亲事。

廖翠凤早已从二哥那里听说林语堂是出类拔萃的特优生，曾在圣约翰大学的某次典礼上四次登台领奖，创了圣约翰大学领奖的纪录。现在，这位带有传奇色彩的风云人物揭开了神秘的面纱，活生生地出现在廖二小姐面前。

林语堂应邀在廖家吃饭时，廖二小姐躲在屏风后偷偷地观察他，见他一表人才，又无拘无束。吃饭的时候，林语堂的胃口极好，廖二小姐不仅在数他吃几碗饭，而且把他在旅途中穿的那些脏衣服拿去洗了。……一股情感的热流在姑娘的胸中激荡，因为，“白马王子”已经闯入了姑娘情感世界里的那一片最神圣、最纯洁的“禁区”。

订婚前，母亲提醒女儿：“语堂是个牧师的儿子，但是家里没有钱。”

“穷有什么关系！”女儿轻松地回答。

廖二小姐择夫的标准是“才”，她爱的是林语堂人才难得，她不嫌贫爱富。她对自己能与林才子结合而感到十分自豪。她回答母亲的那一句话，真是一言九鼎，是奠定今后50多年的金玉良缘的第一块基石。后来，每逢回忆往事，廖翠凤都要为当初的果断选择而得意地笑。

1915年，林语堂和廖翠凤订婚后，仍回圣约翰大学读书。1916年毕业后，林语堂又忙于筹备出国留学，于是婚事一拖再拖，叫廖姑娘苦等了四年之久。廖姑娘担心半路杀出一个“白雪公主”来拐走了她的“白马王子”。有时，她实在忍不住了，就对人说：“这位林语堂先生和我订婚四年了，为什么还不娶我呀？”[1]

1915年，也就是伟大的“五四”新文化运动爆发前四年，按照中国传统社会的惯例，即使是订了婚的未婚夫妇，也仍然

① 林如斯、林无双等《吾家》。

不能越过“男女授受不亲”的防线。当然，生活在通商口岸的廖家，要比当年一般的中国家庭开通些。然而，所谓“开通”的内涵，充其量不过是允许林语堂和廖翠凤在廖家那间敞开了大门的大客厅里相对而坐罢了。后来，廖女士说：“50年前，订婚夫妇能相对而坐，已经是了不起的开明。”况且，他俩还瞒着家长偷偷地鸿雁传书哩！

有情人终成眷属。1919年7月9日，林语堂和廖翠凤在鼓浪屿一座英国圣公会的教堂里举行了西洋式的婚礼。然后，他们踏上了开往美国的轮船，林语堂去哈佛大学的旅程，就是这对新婚夫妇的蜜月旅行。

婚后，林语堂对妻子说：“把婚书烧了吧，因为婚书总是离婚时才用得着！”[①]

在林语堂看来，婚礼婚书都只是形式而已，两情若是久长时，又岂在形式乎？为了表示忠于爱情的内容和对婚姻形式的轻视，林语堂夫妇就把婚书拿出来当场付之一炬。

林语堂与廖二小姐订婚时，那位使林语堂神魂颠倒的陈小姐去美国密歇根州的霍柏大学攻读美术了，留学回来，在上海中西女塾教美术。陈小姐32岁时才与留美生、厦门大学教授方锡畴结婚。

林语堂在上海时，陈小姐是林家的贵客，每次都受到隆重的接待。据林太乙回忆：

---

① 林语堂：《八十自叙》。

父亲对陈锦端的爱情始终没有熄灭。我们在上海住的时候，有时锦端姨来我们家里玩。她要来，好像是一件大事。我虽然只有四五岁，也有这个印象。父母亲因为感情很好，而母亲充满自信，所以会不厌其详地、得意地告诉我们，父亲是爱过锦端姨的，但是嫁给他的，不是当时看不起他的陈天恩的女儿，而是说了那句历史性的话："没有钱不要紧"的廖翠凤。母亲说着就哈哈大笑。父亲则不自在地微笑，脸色有点涨红。我在上海长大时，这一幕演过许多次。我不免想到，在父亲心灵最深之处，没有人能碰到的地方，锦端永远占一个地位。①

与陈锦端的爱情悲剧造成了林语堂永远无法弥补的心灵创伤。只有最接近他、最熟悉他的人，才能从细枝末节中察觉出林语堂是带着一颗受伤的心走完自己的生活道路的。他一直在极力掩盖自己的隐痛，可是，有时却会情不自禁地暴露出内心的秘密。直到耄耋之年，他还念念不忘旧情。那时，他已身体虚弱，行动不便，靠轮椅活动。一天，在香港干德道的三女儿家里，见到陈锦端的嫂子陈希庆太太。林语堂关心地问起陈锦端的近况，听说她还住在厦门，高兴地对希庆太太说："你告诉她，我要去看她！"

平时，在这个问题上一向通情达理的廖翠凤，见丈夫竟

① 林太乙：《林语堂传》。

然讲出这样不切实际的话，不得不出来提醒他正视自己的现状。她说："语堂，你不要发疯，你不会走路，怎么还想去厦门？"

第四章

出国留学

1916年，林语堂以第二名的成绩从圣约翰大学毕业，由校方推荐到北京清华学校任英文教员。

在师资力量相当坚实的清华学校，林语堂是一个称职的英文教员，也是一个洁身自好的青年。礼拜天，有的同事去“八大胡同”嫖妓，而林语堂却在校内主持一个圣经班的功课，他是主动兼教圣经班的。他不饮酒，也不近女色，有的同事取笑他是“处男”，他自己也承认，在婚前没有过性经验，所以，胡适有时就友善地称他为“清教徒”。

直到晚年，林语堂还清楚地记得当年在清华学校的困境。

我曾经说过，因为我上教会学校，把国文忽略了。结果是中文弄得仅仅半通。圣约翰大学的毕业生大都如此。我一毕业，就到北京清华大学去。我当时就那样投身到中国的文化中心北京，您想象我的窘态吧。不仅是我的学问差，还有我的基督教教育性质的影响呢。……我身为大学毕业生，还算是中国的知识分子，实在惭愧。……为了洗雪耻辱，我开始认真在中文上下功夫。[1]

“为了洗雪耻辱”，就必须发愤“补课”，但是，林语堂实在不好意思向自己的同事请教。正是这一特定情景，使他在清华学校任教的三年内，和琉璃厂的书店书商们结下了因缘。

琉璃厂、隆福寺街的书肆主人，早先大多是南方人，据说多为进京会试名落孙山的前清举子，因赧颜归里，便流落京师，为谋生去经商，旁的生意不会作，只好卖书。念书人卖书算最接近本行，他们对书籍的知识相当精通，拜他们为师，倒真是找对了路子。在清华学校里，出于自尊的本能，对于诸如“杜诗译注”之类的问题林语堂羞于向同事们求教。于是，他就来到琉璃厂和隆福寺街，那里的旧书铺老板们个个精于目录学、版本学。林语堂在和书铺老板和伙计们的闲谈中获得了各种文化知识，填补了自己的空白。

“这儿又有一本王国维的著作《人间词话》。”林语堂故意装出十分熟悉王国维著作的样子，其实，他是生平头一次翻阅王国维的书，而善于经营的书商则赶紧过来向顾客介绍这本书的版本的优劣，想要卖个好价钱。

“这儿又有一套《四库集录》。”随着林语堂的喊声，书商急忙过来说明，同样的版本，商店如何不顾血本薄利多销。老练的商人怎么也想不到，面前的这位清华教员，是从他嘴里第

---

① 林语堂：《八十自叙》。

一次了解到《四库集录》的版本知识。

去琉璃厂的次数和林语堂的中国文化知识的增长速度是成正比的。在持续的“不耻下问”中，林语堂成了琉璃厂和隆福寺街书铺里的常客，他可以和精通古籍版本和目录学的老板们自由攀谈，像一个内行那样讨价还价了。

1918 年 2 月出版的《新青年》四卷二期，刊出了林语堂（署名林玉堂）的《汉字索引制说明》一文。《新青年》四卷四期上又刊出了林语堂和钱玄同的一组通信，题为《论“汉字索引制”及西洋文学》。和《新青年》杂志上所刊出的那些提倡“文学革命”的文章相比较，林语堂只在自己熟悉的语言学领域里，发表了一些赞赏钱玄同的汉字改革的主张。

胡适在《中国新文学大系·建设理论集》的导言中认为，林语堂所论及的问题，正好触及“文学革命”初期被人忽略的一个死角。

可见，在新文化运动的发难阶段，林语堂并不是一个冷漠的旁观者。

在生活面前，林语堂是一个永不知足的索取者。一到清华，出国留学的事就提到议事日程上来了。

当年，清华的全称是“清华留美学校”，是培养赴美留学生的基地。清华每年都把毕业生送往美国留学，除供给学费外，每月有 80 美元津贴。清华规定：任教三年的在职教师，也可由校方资助出国留学。根据这条规定，林语堂在 1919 年顺利地获得了留美的机会，美中不足的是，他只得到了半额奖学金，每月40美元。尽管经费比别人少一半，但他还是决定要把新婚的妻子廖翠凤一起带出去留学。

爱情——精神食粮，毕竟不能代替粮食充饥。林语堂之所以胸有成竹，是因为手里握有两张王牌：其一，廖二小姐出嫁时拿到1000银圆的陪嫁。1919年一块通称墨西哥银洋的银圆，价值略高于一美元。如果每月从中取出40元来贴补生活开支，可供林语堂夫妇用两年零一个月。第二张王牌是胡适的一项承诺：因为胡适凭自己的眼力，认定林语堂是一个人才，所以他很想把林语堂从清华挖到北京大学，打听到林语堂只得到半额奖学金而仍要带妻子一同赴美的消息后，胡适决定从经济上为林语堂雪中送炭，每月资助40美元，不过有个附加条件：林语堂学成回国后，要脱离清华到北大来任教，因为这40美元是以北京大学的名义补贴给林语堂的。

1919年，林语堂自以为经济上有了保证，就在临行前和廖翠凤完婚，廖女士下了花轿就登上了去美国的海轮“哥伦比亚号”。林语堂出洋留学的航程，就是这对新婚夫妇的蜜月旅行。

在“哥伦比亚号”上，同船有62位清华毕业生，包括桂中枢、钱端升、钱昌祚，还有像林语堂一样拿半公费的郝更生、吴南轩、樊逵羽等人。

在哈佛大学，林语堂就读于比较文学研究所。在布里斯·皮瑞（Bliss Perry）、白璧德（Irving Babbitt）、契特雷治（Kittrege）等教授的指导下学习。皮瑞教授在学生中最孚众望，林语堂的论文《批评论文中语汇的改变》一文，曾得到皮瑞教授的好评。

这些教授中，名声最大、对中国现代文学影响最深的要数白璧德教授。20 世纪初，美国文坛上曾有过一场剧烈的论争，白璧德就是其中一方的代表。他的新人文主义思想是以传统的、保守的文化价值观对近现代资本主义文明的一种反观。

白璧德和斯平加恩（Spingarn）的争论中，林语堂以巨大的热情比较研究了双方的论点。他以“吾爱吾师，但更爱真理”为座右铭，终于不肯接受新人文主义的观点，并自觉地站到导师的对立面，为白教授的论敌斯平加恩辩护。这位年轻的中国留学生在美国名教授面前所表现出来的独立思考精神，体现了这个“山地的孩子”无拘无束的一贯性格。

林语堂不是故意给白璧德难堪，因为，在林语堂的整个学生生涯中，凡是他所读过的学校，都留下了他向教师挑战的记录，他始终是一个独立不羁的“山地的孩子”。

哈佛大学对林语堂的吸引力，还来自那收藏丰富的图书馆。林语堂夫妇住在波士顿赭山街 51 号，就在卫德诺图书馆后面。房东太太告诉林语堂，卫德诺图书馆的藏书如果排列起来有几英里长。图书馆成了林语堂夫妇的乐园，除了上课时间外，他们都泡在图书馆里。因为穷，连买两张足球赛票也舍不得。别人在看戏看球赛，他们就从图书馆里借本书带回家来，用书本娱乐自己。

对于林语堂来说，卫德诺图书馆就是哈佛，哈佛也就是卫德诺图书馆。在那里可以任意选择自己爱读的书，从中汲取知识，他认为这就是最佳的学习方法，他说：

> 我一向认为大学应当像一个丛林，猴子应当在里头自由活动，在各种树上随便找各种坚果，由枝干间自由摆动跳跃。凭他的本性，他就知道哪种坚果好吃，哪些坚果能够吃。我当时就是在享受各式各样的果子的盛宴。[①]

把哈佛大学比作丛林，把自己比作在丛林中觅果的猴子，这是一个形象的比喻。

第一学年结束时，林语堂以各科都是 A 的成绩，通过了哈佛的考试。系主任看了看林语堂在圣约翰大学的成绩单，觉得让这样的优秀生关在哈佛的课堂里听课，等于浪费时间，系主任破例准许林语堂不必再上课，即可获得硕士学位。但是要他去德国的耶拿（Jena）修一门莎士比亚戏剧。

系主任的特许也并没有使林语堂高兴几天。因为，一件意外的事情完全搅乱了林语堂夫妇的兴致：一天，清华学校留美学生监督施秉元在没有说明任何理由的情况下，突然取消林语堂每月 40 美元的奖学金。消息传来，简直是晴天霹雳，林语堂原想去责问，瞻前顾后，终于作罢。直到不久后施秉元上吊自杀了才算真相大白：原来施秉元在做股票投机生意，用克扣

① 林语堂：《八十自叙》。

留学生奖学金的钱做资本，结果投机失败，送掉了性命。

祸不单行，就在取消奖学金之前，廖翠凤两次住院开刀，早已花完了那 1000 银圆的陪嫁。廖女士得的是阑尾炎，早在横渡太平洋时，便发病了。那时是慢性的，不急于马上开刀，但是痛苦不堪。廖女士天天在船舱里忍受病魔的折磨，林语堂在一旁爱莫能助。而同船的清华留学生们却以为这对新婚夫妇如胶似漆，白天还要躲在船舱里说悄悄话。他们一度考虑在夏威夷上岸治病，可是后来病痛逐渐减轻，他们决定冒险继续前进。到美国六个月后，病又犯了。这回可是急性的了，来势凶猛，不得不开刀切除阑尾。不料，手术后伤口感染，不得不第二次开刀。交纳了手术和住院的费用，林语堂口袋里只剩下 13 块钱，首先要解决吃饭问题，赶紧去买了一大罐老人牌麦片，就靠这罐麦片，林语堂撑过了一个星期——以后，林语堂的肠胃对麦片产生了逆反心理，永远也不想吃它。

奖学金取消后，经济上的危机迫使林语堂离开美国到法国东部的乐魁索去半工半读。那里的一个由美国主办的“中国劳工青年会”接受了林语堂的求职申请，并愿意为林语堂夫妇支付从美国到法国的旅费。困境中的林语堂为得到这个好差使而欣喜若狂。1920 年，林语堂夫妇动身来到乐魁索的“中国劳工青年会”。

这个机构主要是为在法国的中国劳工服务。因为第一次世界大战后期，中国参加了以英法美为首的协约国，作为参战国，中国派遣10万名劳工到欧洲战场，任务是运送并埋葬死尸。1919年第一次世界大战结束后，法国男劳动力奇缺，许多劳工仍在欧洲逗留。林语堂为中国劳工编写了识字课本。

林语堂夫妇打算在青年会工作一段时间，积蓄一点钱，然后再去德国完成学业。可是，林语堂既不会法文，也不会德文，所以，他一边工作一边刻苦自修德文。林语堂研究的是语言学，学习外文有窍门，所以，很快就入门了，居然能自己动笔给耶拿大学写德文信，申请入学。

旅法期间，林语堂的生活既紧张又艰苦，竟连著名的世界大都会巴黎都无暇去参观，只好在火车的车窗口，贪婪地捕捉巴黎埃菲尔铁塔等名胜的掠影。

他们到过凡尔登，德法两国军队曾在这里进行过殊死的血战，在那被炮火所犁过的土地上，曾吞噬了几十万生命。廖女士在昔日的战场上走来走去，林语堂以为她在寻找什么战争纪念品哩。一问，才知道，她想在遗弃的军需品中找双旧靴给丈夫穿。生活逼得这位钱庄老板的女儿已不羞于在外国拾破烂了。为了维持生活，整个留学期间，她经常变卖出嫁时母亲给她的首饰。但由于洋人不识玉器等中国首饰的价值，卖不出好价钱，廖女士心痛得很！

耶拿大学批准了林语堂的入学申请后，林语堂夫妇从乐魁索来到德国东部的耶拿。耶拿是德国大诗人歌德的故乡，一座美丽的大学城。耶拿和海德堡一样，是个颇有古风遗俗的小城。

自由自在的德国大学生生活，正是林语堂理想中的生活，他从中享受到了无穷的趣味。他和妻子手拉着手去听课，又手拉着手一同去郊游。什么时候把功课准备好，就随时主动请求考试，不存在上课、点名、请假、缺课等束缚。他们自觉刻苦读书，完全是出自对知识的渴望和追求。他们去参观歌德的故居，歌德探索知识的巨大热情使林语堂深受感动。但在德国文豪中，最使林语堂钦佩的却是海涅，海涅的著作使林语堂入了迷。

在耶拿大学读了一个学期，林语堂又转到以印欧比较语法学驰名的莱比锡大学，攻读语言学。

莱比锡大学的中国研究室的中文书籍非常丰富，林语堂为一所外国大学能有如此汗牛充栋的中文藏书而惊讶不已。同时，他还能从柏林大学借到所需要的中文书。

他充分利用了这些外国大学的中文藏书，继续他的文化"补课"：认真地研究中国的音韵学，不久，他便钻进了《汉学师承记》《皇清经解》《皇清经解续编》等古籍书中。

也许，这正是林语堂文化经历的奇特之处：他不是在中国文化古都北京而是在异邦莱比锡的学府里，熟悉了中国训诂名家王念孙父子、段玉裁和顾炎武等人的考据成就。

想不到一个中国人竟在外国大学的中国研究室为自己进行中国文化的"补课"，这实在是耐人寻味的逸事。然而，这是无可否认的事实：莱比锡大学的那段经历在林语堂穿越文化

“断层”的艰苦历程中是十分重要的一步——圣约翰“系”的“铃”，被莱比锡“解”掉了。

初到莱比锡，举目无亲的林语堂每逢休息的日子就和妻子去郊游。每星期到火车站附近的浴池里痛痛快快地洗个澡，买些爱吃的点心，夫妇俩回家打牙祭。在莱比锡，林语堂曾受到过“性骚扰”。那是在莱比锡博览会期间，林语堂夫妇住在郊外，女房东是一个耐不住孤独寂寞的寡妇，近乎色情狂。博览会期间经常和一个男人同居，她向林语堂夸耀那男人有歌德的风度，还主动把自己和那男人寻欢作乐的细节宣扬出来。她平时以酒浇愁，喝啤酒，吃咸肉，不停地抽烟。还把自己写的情诗给林语堂看，存心勾引。林语堂对女房东的引诱置之不理。一天，女房东把挑逗升级了，见林语堂经过房门口，她突然假装昏倒，要林语堂扶她起来。林语堂灵机一动，急忙把廖女士叫来，请廖女士去照顾女房东……总算摆脱了干扰。

游学之年，是林语堂思维高度发达、学术突飞猛进的时期。在攀登知识高峰的征途中，林语堂是一个成功的登山运动员，但在社交生活里，他却是一个幼稚的学步者。幸亏他娶了个能干的贤内助，两人相亲相爱、相互依赖，才熬过了四年的留学生活。

廖女士是位称职的管家，不仅能实事求是地制订出保持收支平衡的经济计划，而且精打细算地安排着每一块银圆的用途，入不敷出时，她变卖自己的首饰。到欧洲之前，她已经精明地计算到德国马克大贬值可能给他们带来的经济好处。当然，也有失误的地方，比如过早地卖掉美金，以致吃了亏。对外国生活习惯与社交礼仪的适应能力，林语堂远不如妻子。还在横渡太平洋的海轮上，廖女士对西餐桌上的礼貌规矩已经完全精通，而林语堂却总是弄不清该用哪只勺子喝汤，用哪只叉子吃鱼，并且一直记不住擦黄油的小刀是不可以放在桌布之上而只可搁在放面包的小碟上的。在喝酒或饮茶时，林语堂常把自己的杯子和邻座的弄乱，错拿别人的酒杯或茶杯，这在林语堂是司空见惯的。

由于廖女士的随时指点和及时纠正，已经使林语堂出洋相的次数大为减少。但要杜绝，几乎是不可能的，因为林语堂从不把此类生活细节当成一回事，出了差错照样心安理得。自然，有时所谓“洋相”是他俩共同的作品。最滑稽的事发生在哈佛大学绥尔教授家里。有一天傍晚，林语堂夫妇应邀去绥尔教授家赴会，响过门铃，女仆出来开门，问这两位中国留学生有何贵干，林语堂夫妇手持请帖，神气地回答：应邀赴宴。女仆不仅没有表示热情欢迎，反而一脸惊讶地说，绥尔教授今天没有邀请任何客人。这回轮到林语堂夫妇惊讶了，明明发了请帖，怎么不请客。于是，女仆和林语堂夫妇共同来验证这张请帖，这一回可是大家都惊讶啦！——原来是林语堂夫妇弄错了日期，提前一个星期赴宴！既来之则安之，林语堂并不急于回去，绥尔教授只好出来欢迎，绥尔太太赶紧准备晚饭，而林语堂夫妇也老实不客气地吃了一顿饭。

平时，廖女士洗衣服、做饭，林语堂躬任洗涤碗碟的工作。廖女士对丈夫要求严格，督促林语堂注意衣着的整洁，饮食方面，竭力保证林语堂的营养，对自己则不讲究。两人相敬如宾，许多外国人还以为他们是一对兄妹，直到廖女士身怀六甲，大家才晓得他俩原来是夫妇。在外国，穷人最怕进医院，鉴于廖女士住院开刀的经验，林语堂夫妇不敢再在外国生孩子了，于是不得不决定回国分娩。为了在回国前拿到博士学位，林语堂在酷暑中日夜奋战，虽然忙得汗流浃背，但一向不怕考试的他丝毫不感到恐慌。

他胸有成竹地预测自己一定能顺利获得博士学位，所以竟提前预订了回国的船票。林语堂通过博士论文答辩走出考场时，已经正午 12 点了。廖女士正怀着忐忑不安的心情倚闾而望。

“怎么样啊？”廖女士担心地问道。

“合格了！”林语堂兴高采烈地回答，答案早就写在林语堂那张欢畅的脸上了。

一个响亮的吻！廖女士顾不得自己是在大街上，情不自禁地用这种西方习俗来向胜利归来的丈夫表示热烈的祝贺！这也算是入乡随俗吧。

当晚，他们按预定的计划离开莱比锡，到威尼斯、罗马、拿波利斯等地游览两周，然后回到久别的故国。

第五章

重返北京

1923年夏，林语堂夫妇结束了四年的留学生活，回到了朝思暮想的祖国。

林语堂博士带着即将分娩的妻子衣锦回乡。先在坂仔小住，流连忘返于家乡的青山绿水之间，天真烂漫的童年生活又浮现于记忆的荧幕。

父亲的梦想已经变成现实，可是，“植树人”却无法观赏这挂满枝头的累累硕果了。因为，当林语堂还在莱比锡大学攻读博士学位的时候，父亲就已经去世。在父亲的墓地上，林语堂遥望远处的青山，山上飘浮着变幻无穷的云彩，这是群山为自己所编织的梦，巍巍的高山把云彩送往天涯海角，而自己却永远根植于脚下古老的土地——山就是父亲，父亲就是山，无私的父亲啊！

一股激情在林语堂胸中涌动。啊！世上的一切有什么能比故乡的山陵更亲切更伟大！他把对父亲的怀念，对所有亲人的怀念，全部移情于对家乡山水的眷恋之中。他有意识地让山影深深地烙在他的心坎上，融入他的血液中，成为一种永恒的“内驱力”，引导着他的精神世界，使他的生命永远散发出青山的气息。

大女儿林如斯是在厦门降生的，因为难产，母女俩差一点送了命。

1923年9月，林语堂手里抱着爱的结晶，心里盛满着故乡的祝福，告别了坂仔，踏进了北京大学的校门。

林语堂到北大任职，是根据四年前胡适和他达成的一项“君子协定”：北大每月资助林语堂40美元，而林语堂回国后则“跳槽”到北大。

想不到这笔2000美元的资助在四年内曾两次为林语堂夫妇雪中送炭。林语堂知恩而感，所以，一到北京大学就去向校长蒋梦麟道谢，衷心感谢北大解了他的燃眉之急。

那时，胡适正在南方养病，蒋梦麟对林语堂郑重其事的道谢感到莫名其妙，直到林语堂说明了来龙去脉，蒋校长才明白了事情的原委，忍不住哈哈大笑起来。

于是，蒋梦麟把事情点穿，才真相大白了：原来，北大校方并没有授权胡适去资助林语堂的生活费，而求贤心切的胡适，为了抓住林语堂这个人才，竟然私下和林语堂订了“君子协定”。

也许，订约的时候胡适没有考虑到自己所应承担的义务。谁知道正巧赶上廖女士两次手术，昂贵的医疗费迫使粮尽援绝的林语堂打电报向胡适求援。接到十万火急的电报，胡适义无反顾地遵守“君子协定”的诺言，不求助于北大校方，而是自己掏腰包，两次寄钱给林语堂。

想不到这2000美元竟是胡适私人的钱，林语堂为胡适的友情所感动，并赶快在1923年年底把这笔钱全数归还给胡适。奇怪的是，林语堂和胡适对此竟严守秘密，缄口不提。直到胡适逝世后，林语堂才透露了这段半世纪来鲜为人知的文坛佳话，作为对胡适真挚的怀念。

林语堂到北京大学后，被聘为英文系语言学教授，主要讲授“文学批评”和“语音学”，廖女士则在预科教英文。

初到北大，林语堂在教学之余继续从事古汉语音韵的研究，他钻研了《广韵》《音学辨微》等中国古代音韵学的著作，作为对教会学校所造就的“文化断层”进行最后的穿透。

然而，兴趣广泛的林语堂，是不会把自己的学术视野仅仅停留在语言学的范畴之内的。1923年12月1日的《晨报五周年纪念增刊》上刊出了林语堂的《科学与经书》一文。以后，他又陆续发表了海涅诗歌的译文，同时，开始了杂文和散文的写作。从此，这个“山地的孩子”踏上了“灵魂冒险”的征途。

1923年至1924年之间，林语堂在文坛上所留下的最清晰的脚印，是那两篇提倡幽默的文章，即1924年5月23日发表在《晨报副刊》上的《征译散文并提倡“幽默”》和同年6月9日刊于《晨报副刊》的《幽默杂话》。

“幽默”作为一个审美范畴，虽然普遍地存在于古今中外的人类社会文化生活的各个领域，然而，在中国传统的文论中没有“幽默”这一术语。“幽默”一词传入中国，首先要归功于林语堂，把英文Humour音译为“幽默”，是林语堂首创。

最初，鲁迅觉得不够妥当，“但想了几回，终于也想不出别的什么适当的字来，便还是用现成的完事”[1]。

由此可见，《征译散文并提倡“幽默”》和《幽默杂话》两文，不仅是林语堂幽默生涯的起点，而且也是中国现代幽默文学的第一页[2]。

那时，新文化阵线的分裂已经完全公开化和表面化。一派以中国现代小说的奠基人鲁迅和他的兄弟周作人为首，另一派则以首举“文学革命”义旗的胡适为领袖。

林语堂和胡适是北大英文系的同事，系里的教授陈西滢（陈源）、徐志摩和温源宁等人都是胡适派的中坚力量。按说，无论从哪个方面来看，林语堂参加胡适派是合乎逻辑的。可是，出人意料的是，林语堂与胡适派趣味不合，却喜欢周氏兄弟的“放逸”。若以个人友谊而言，关于2000美元汇款的佳话就是两人交情的明证。但私交友谊是一回事，个人趣味爱好又是一回事，林语堂没有因感恩胡适而牺牲自己的个性。

一般人看到的，往往是胡适和林语堂趣味相通之处，比如，胡、林都是英美派留学生，而且都深受西方文化的熏陶，早年他们都曾以西方文化本位来反观中国文化。其实，胡适和林语堂的中西文化观也有其不同的一面，比如，胡适“重客观”，他师法美国的杜威，用实验主义的科学方式剖释中国的思想，分析中国的社会文化生活。而林语堂则“重主观”，醉

① 鲁迅：《译文序跋集·〈说幽默〉译者附记》。

② 施建伟：《幽默：林语堂和鲁迅的比较》。

心于建构自己的中西合璧的文化体系，他不盲从古今中外的任何伟人或任何主义。

林语堂和胡适在旨趣上的不同，是他们的气质、性格差别的必然反映。胡适自幼丧父，和寡母相依为命，母亲管教严格，每逢小胡适淘气闯祸时，总要被母亲狠狠地教训一番，同时母亲自己也痛哭流涕。而且，由于儿时体弱，母亲不准他和村里的“野孩子”一块玩耍。所以，胡适从小举止斯文，被大人们戏称为“穈先生”。

与胡适少年老成的个性截然不同的是林语堂的顽童个性。充满幽默情趣的家庭，赐予林语堂一个快乐的童年。在坂仔，他是一个在大自然怀抱里自由打滚的“野孩子”，常常顽皮得出了格。要是林语堂和胡适生活在同一个村子里的话，可以肯定，胡母是不准小胡适去跟林语堂这种“野孩子”在一起玩的。

无忧无愁的天性使林语堂对一切都满不在乎，他要享受不受任何人干涉的自由。“犹如一个山地人站在英国皇太子身旁而不认识他一样。他爱说话，就快人快语，没兴致时，就闭口不言。”[①] 具有这种个性的林语堂，不可能喜欢胡适周围那群爱写一本正经的政论文章并随时准备做官的士大夫的。

1924 年年底，《语丝》和《现代评论》先后问世，新文化阵营里的分化进一步加剧，北大教授们形成了壁垒分明的两

① 林语堂：《八十自叙》。

派，即语丝派和现代评论派。林语堂面临着友谊和志趣之间的选择，顽童的个性，竟使他站到了胡适派的对立面，成了周氏兄弟的忠实盟友。后来回想起来，连林语堂自己也对这一选择感到奇怪。

说怪也不怪，因为周氏兄弟提倡任意而谈、无所顾忌的文风，与天性放逸的林语堂喜欢自由地说自己的话的愿望不谋而合。所以，他成了语丝派的急先锋。

以鲁迅和周作人为首的语丝派，是中国现代文学史上的一个散文流派，它以《语丝》周刊为阵地。《语丝》周刊创刊于1924年11月17日，最初的版面是16开8页，第80期后改为32开16页。1927年10月24日，《语丝》出至第154期，被北洋军阀查封，之后移到上海继续印行。到1930年3月10日停刊，共出版了260期，是一个有影响力的刊物。

《语丝》的诞生，要归功于孙伏园。他不仅是《语丝》的发起人和组织者，而且是它的首任编辑。创刊之初，孙伏园确定了16位支持者作为周刊的固定撰稿人，他们是：鲁迅、周作人、林语堂、钱玄同、李小峰、江绍原、章川岛、斐君女士、王品青、章衣萍、曙天女士、孙伏园、淦女士、顾颉刚、春台、林兰女士。这16个人的思想倾向各不相同，也有些人开始只是在敷衍孙伏园，有的根本没有写过稿，有的投了两三回，便敬而远之了。坚持到最后的固定投稿者，到后来就只剩下周树人、周作人、林语堂等五六个人。

关于《语丝》的文风，周作人曾说："我们的目的只在我们随便说话。……不管三七二十一地说话。”[1]《语丝》的脱俗不羁的风气与林语堂的顽童个性之间有着某种天然的精神联系。在“无所顾忌”和“任意而谈”[2]的《语丝》天地中，林语堂又找到了童年生活中的乐趣。《语丝》使这个头角峥嵘的山地孩子的顽童个性又复活了。

当年的语丝派是一支叛逆者的队伍，论敌们曾骂他们是“学匪”。而血气方刚的林语堂竟然以“土匪”自居。郁达夫在《中国新文学大系·现代散文导论（下）》中说得对：“林语堂生性戆直，浑朴天真，假令生在美国，不但在文学上可以成功，就是从事事业，也可以睥睨一世，气吞小罗斯福之流。《剪拂集》时代的真诚勇猛，的确是书生本色。”

① 周作人：《答伏园论“语丝的文体”》。

② 鲁迅：《三闲集·我和〈语丝〉的始终》。

第六章 语丝派的急先锋

波及北京教育界和文化界内大批名人的“女师大”事件，发难于1924年11月。围绕着“女师大”事件，在《语丝》《京报》《莽原》《晨报》《现代评论》等报刊上，语丝派和现代评论派展开了激烈的论战。

林语堂从一开始就是站在女师大学生这一边的，10年后，他在回忆往事时说：“当我在北平时，身为大学教授，对于时事政治，常常信口批评，因此我恒被人视为那‘异端之家’（北大）一个激烈分子。”在《语丝》和《现代评论》“这两个周刊关于教育部与女子师范大学问题而发生论战之时，真是令人惊心动魄。那里真是一个知识界发表意见的中心，是知识界活动的园地，那一场大战令我十分欢欣”①。

作为语丝派的一员，林博士虽然才智出众，但是因为《语丝》诸子都是出类拔萃的，所以，在这一代精华荟萃之地，20世纪20年代中期的林语堂，还得排到周氏兄弟、刘半农、钱玄同等“新青年”老将之后。因此，在上述的论战中，不可能由他挑大梁，但他却可以称得上是主帅麾下最得力的大

① 林语堂：《林语堂自传》。

将。当年有人称他为“急先锋”，并不是过誉之词。他虽然没有参加每一次的“攻城劫寨”，但对主帅的战略意图早已心领神会，他的每一个战术动作几乎都与周氏兄弟配合默契。

1925 年这一年，在林语堂的生活史上的确留下过不少“惊心动魄”的记录。

他不仅用笔，而且用竹竿和石块等武器直接参加了 1925 年 11 月 28—29 日的“首都革命”。

1925 年冬，在南方革命形势的推动下，北京的群众运动汹涌澎湃，气势磅礴，女师大学潮实际上就是当时革命运动的一个组成部分。11 月 28—29 日，北京人民举行大规模的示威游行。潮水般的示威队伍冲破军警们戒备森严的防线，高呼“打倒卖国段政府!”的革命口号，奋起摘掉“京师警察厅”的牌子，捣毁了章士钊、刘百昭的住宅，又蜂拥至宣武门大街，火烧研究系政客的喉舌《晨报》馆。

在这次轰轰烈烈的“首都革命”中，惯于用笔战斗的林语堂，拿起竹竿和石块，与学生一起走上街头，直接和军警肉搏，做出了其他《语丝》成员从未采取过的激烈行动，成为街头暴力的反抗者。

林语堂在与警察搏斗中的出色表现，首先要归功于圣约翰大学的体育锻炼，这种锻炼造就了他的强健体格。在北京大学的示威队伍里，这位 30 来岁的青年教授的出色的投掷技术博得了示威者的热烈喝彩。他捡起石块勇敢地回击军警和流氓们的进攻。从他手里扔出去的石块命中率极高，常常把武装军警打得头破血流。——当年，在圣约翰大学，他曾苦练过投垒球的技巧，是一名优秀的垒球投掷手。林语堂自己也想不到这投垒球的技巧竟会在此时此刻此情此景中大显身手。作为一名业余的垒球手，这一天是他运动生涯中最光辉的顶点。警察雇佣来的那帮流氓暴徒，气势汹汹地向学生示威队伍掷砖头，但在示威者的自卫反击下，不得不抱头逃窜，在与警察、流氓的几次搏斗中，优秀的垒球投掷手林语堂的确立了大功。以后，只要一提起自己“加入学生的示威运动，用旗杆和砖石与警察相斗”[①]的经历，他总是眉飞色舞，引以为荣。而廖女士听了，气得大发雷霆，问他还要不要命了。因为，有一次搏斗中林语堂的眉头被击中，流血不止，后来留下了一个很深的伤疤……

1925年年底，《语丝》杂志刊出了语丝社同人讨论“语丝文体”特色的系列文章。

11月1日，周作人在《答伏园论“语丝文体”》一文中提出：“费厄泼赖”（Fair Play）应是《语丝》的一个特色。

“费厄泼赖”精神与林语堂的自由主义思想有着内在的精神联系。因为林语堂对英国绅士风度早就心向往之，再加上他一贯敬重周氏兄弟，以配合周氏兄弟为己任。所以，他立即提笔写了《插论语丝的文体——稳健、骂人及费厄泼赖》一文，刊于12月14日出版的《语丝》第57期上，该文几乎都是在

① 林语堂：《林语堂自传》。

为周作人的观点做注释，或者是发挥周作人关于“语丝文体”的见解。

可是，鲁迅却不同意“费厄泼赖”的观点。1925 年 12 月 29 日，鲁迅在《论“费厄泼赖”应该缓行》一文中提出了“痛打落水狗”的观点。

半个多世纪以来，由于大陆上的中国人很难见到林语堂有关“打狗”的全部文章[①]，所以，总以为林语堂是鲁迅的鞭挞对象。其实，鲁迅提出痛打“落水狗”的原则以后，林语堂立即撰文放弃自己的立场，他不仅心悦诚服地接受鲁迅的意见，还积极投入鲁迅所发起的“打狗”运动，撰写了一系列“打狗”文章，在数量上甚至超过鲁迅，大有后来居上之势，成为名副其实的“打狗急先锋”。

正当林语堂紧紧追随鲁迅痛打“落水狗”“丧家狗”的时候，血淋淋的事实无情地证明了鲁迅的论断：中国无“费厄泼赖”可言——“三一八”惨案发生了。

听到屠杀的噩耗，林语堂和许寿裳同车赶往血案现场。

这时，栅门已闭，尚留一条缝隙容许进出。林语堂和许寿裳以女师大校方负责人的身份进到里面。只见尸体纵横枕藉，鲜血满地，宛如一座阴惨的人间地狱。进门开棺，头一个就是刘和珍的遗体，她乱蓬蓬的黑发下，半开怒视的一双眼睛，像发射出“死不瞑目”的余恨，额际留有微温，但心脏早已停止

① 1983 年以来，《剪拂集》《大荒集》《我的话》等著作已陆续重版，这种情况得到扭转。

了跳动。

林语堂他们突然发现：女师大学生杨德群的尸骸被放在一张板桌上，由于桌子太短，下半身悬空挂着……林语堂不忍再看了。

林语堂和许寿裳是女师大教师中最早来到血案现场的，他们回到女师大就着手安排逝者的后事。林语堂那时已任女师大教务长之职，他和教职员们费了九牛二虎之力，到 19 日晚才把烈士们的遗体全部运回学校。

惨案发生的当天下午，段祺瑞执政府就密谋栽赃诬陷，诬蔑请愿群众是“暴徒”，“闯袭国务院，泼灌火油，抛掷炸弹，手枪木棍，袭击军警”。执政府卫队还找到几支旧的手枪，说是学生们的凶器，又找了几把笤帚和几个煤油桶，装了一些煤油，说学生们拿这些东西准备放火烧执政府。于是，一场蓄意的大虐杀转眼间变成卫队们的所谓正当防卫了。

这“正当防卫”的范围还在无限地扩大，3 月 19 日，段祺瑞又下令通缉 5 名“暴徒首领”：中俄大学校长徐谦，北大教授李大钊、顾兆熊，中法大学校长李煜瀛，女师大校长易培基。

3 月 26 日，《京报》披露了第二批通缉名单，除了上述明令通缉的 5 人外，又增加 43 人，其中有林语堂。

“三一八”惨案后的那几天，林语堂真不知道自己是怎么熬过来的。只要稍有静默之暇，他就觉得自己是在忍受着

"有生以来最哀恸的一种经验"[①]。他激愤难言，痛苦得近乎失了态，直到惨案过去三天之后，痛定思痛，他才开始思索，为什么激愤？为什么痛苦？

——因为，林语堂"觉得刘杨二女士之死，是在我们最痛恨之敌手下，是代表我们死的"。

——因为，刘杨两位女士"为亡国遭难，自秋瑾以来，这回算是第一次！"

林语堂到女师大任职后，刘和珍是他"最熟识而最佩服嘉许的学生之一"。刘和珍的形象早已在林语堂的记忆信息库里占据了一个重要的位置。记得在两个月前，一个冰冷的夜晚，10点钟，刘和珍一个人提了一只非常大的皮箱来到东城船板胡同林语堂家里。这是因为前一天，女师大演剧时，学生们向一些教师借了点衣服作为演出的服装，演剧后的第二天，刘和珍就亲自到各家去归还。到船板胡同林宅时，虽然已经很晚了，但刘和珍仍兴致勃勃地与林语堂笑谈前一夜演出的情况。见到她对个人的疲劳全不放在心上的那种神态，林语堂心里豁然一亮，他明白了，女师大学潮之所以能坚持到最后胜利，就"是因为有这种人才"。

现在，林语堂面前的书桌上放着一本学生的作业，这是3月16日，也就是"三一八"惨案前两天，刘和珍交上来的英文作文簿。刘和珍遇难后，在沉重的悲愤的压迫下，林语堂

① 有关刘和珍情况的引文均出自林语堂的《悼刘和珍杨德群女士》一文，后面不再一一注明出处。

一直不忍去触动这件遗物。眼下，既已冲出悲哀的重围，林语堂毅然翻开了作文簿，最后一篇文章的题目“Social Life in the College”，醒目地展示在眼前。文章叙述了刘和珍对知识的追求，以及对社会迫害的苦恼。

林语堂认真地读过作文后，惊叹：“她对于政治的识见，远在一班丧家狗之文妖与名流之上。”

面对死者的遗物、遗言，林语堂心潮澎湃，他摊开稿纸，悲愤地写下了《悼刘和珍杨德群女士》一文，他置个人安危于度外，毅然大张“女革命之先烈”的战斗精神，充分展示了“土匪”气魄之雄风。

1926年3月29日出版的《语丝》第72期上，刊出了林语堂的这篇《悼刘和珍杨德群女士》。文章被编排在该期《语丝》的卷首。这一期的《语丝》的稿件，全部与“三一八”惨案有关。目录如下：

《悼刘和珍杨德群女士》	林语堂
《无花的蔷薇之二》	鲁迅
《关于三月十八日的死者》	岂明（周作人）
《执政府大屠杀记》	自清（朱自清）
《我们的闲话》	效廉

这可以说是语丝派纪念“三一八”惨案的专号，而打头阵的是“急先锋”林语堂。值得注意的是，虽然写悼念刘、杨文章的，不止林语堂一人，但是，林语堂的文章写于3月21日，周作人的《关于三月十八日的死者》作于3月22日；鲁迅的

《纪念刘和珍君》作于4月1日，刊于《语丝》第74期——所以，从投稿时间来看，林语堂是语丝派中最早撰文悼念刘杨二女士的。

浓重的黑暗笼罩在头顶，北京城里杀气腾腾。

在通缉名单之内的林语堂，虽说并没有被通缉所吓倒，仍在战斗，但也不能不做一些防备，避免无谓的牺牲。他事先察看了住宅附近的地形，选择好应急撤退的路线——跳墙逃走。他还做好绳梯，准备情况紧急时，攀绳梯越墙而走。

社会上传说被列入通缉名单的人都要遭到捕杀，所以，那些被通缉者纷纷离家避难。

在北京的外国医院成了这些人的临时避难所。林语堂先到东交民巷西口的法国医院，但见医院里已挤满了避难者，并不安全，于是在林可胜大夫家藏了三个星期。那时，他的大女儿林如斯只有三岁，二女儿林太乙则刚刚出生三个月。妻女的安危，使林语堂牵肠挂肚。

残杀和迫害的消息接踵而至：邵飘萍被杀；《京报》被封；《大陆晚报》记者张鹏被监视；《中美晚报》宋发祥、《世界晚报》成舍吾，均被迫逃走。杀一儆百！这无疑是军阀对文人们的警告。

“五四”以来，一向以民主、自由风气见长的北京舆论界，突然陷入漆黑的深渊之中。躲入外国医院只是暂时的应急措施，绝非长远之计，永久的办法是离开这个黑暗的王国。

于是，一场自北向南的“大迁徙”和“大逃亡”开始了。

胡适、孙伏园、沈从文、许寿裳、沈兼士、顾颉刚、徐志摩、丁西林、叶公超、闻一多、饶子离等人，都是在“三一八”惨案以后，1926 年到 1927 年期间离开北京的。林语堂和鲁迅这时也先后加入了南下的行列。

在大迁徙的浪潮里，之所以会有一批文人分流到厦门，完全是由于林语堂的关系。

林语堂在林可胜大夫家里避难时，从福建同乡那里了解到厦门大学在陈嘉庚的支持下实力雄厚，很有发展前途。这一信息，给避难中的林语堂带来了又一个彩色的梦。林语堂本着为乡梓服务的热诚，与厦门大学签订了聘约，接受了文科主任的职务。他抱着振兴厦门大学的希望，还推荐和聘请了鲁迅、沈兼士、孙伏园、陈万生、顾颉刚、张星烺、潘家洵、章川岛等人。一时间，名人学者云集鹭江，教授专家联袂而至。

林语堂是这支南下大军的牵线人。所以，他自然是第一个离开北京的。林语堂惜别北京，北京也同样惜别林语堂，特别是那些曾经与他并肩战斗过的战友，更是依依不舍。朋友们以一次又一次的欢送、宴别来传达自己的心意。

1926 年 5 月下旬，林语堂夫妇携两个幼女，满载了朋友们的深情厚谊，离开了恐怖的北京。而在那次街头肉搏中被军警的石块砸伤后所留下的伤疤，却成了北京所给予他的一个抹不掉的纪念，永远留在他的脸上了。

第七章

厦门—武汉—上海

厦门大学创办于1921年。林语堂来厦大时，学校已初具规模。全校分设大学部、高等学术研究院和国学研究院。大学部又分本科和预科，本科又分文科、工科、医科、商科、法科、教育科、理科，共包括24个系。文科下设国文系、外国语言文学系、哲学系、历史社会学系。林语堂来厦大后，任语言学教授、文科主任兼研究院总秘书。

林语堂是怀着为乡梓服务的赤诚之心来厦大施展抱负的。那时，他二哥林玉霖在厦门大学任哲学系副教授，弟弟林幽是外语系的讲师，而鼓浪屿又是廖翠凤的娘家。林语堂全家都住在厦大的家属宿舍里。

厦大坐落在风景优美的厦门岛，这座海岛上遍布山、海、岩、洞、寺、园、花、木诸种神秀，兼备民族风格、闽南特色和异国情调，有不少故垒古迹和历史文物，可供观赏。厦门大学位于海岛的东南端，背峰面海，山光水色，春秋早晚，变幻无穷。

林语堂陶醉在这良辰美景中了。他以为在厦大天时、地利、人和，样样俱全，可以大干一番了。

然而，事情并不像他想的那么顺利，仅仅几个月的时间，林语堂、鲁迅等北京南下的文化人和厦大校长林文庆、理科主任刘树杞之间的矛盾日益尖锐。不久，鲁迅、沈兼士、孙伏园等人先后离开了厦大，终于，林语堂也待不下去了[①]。

1927 年 3 月，林语堂离开厦门，乘海轮到达上海，然后又在上海金利源码头转乘江轮，沿长江溯江而上，到达武汉。

他是应武汉国民政府外交部长陈友仁的再三邀请而去那里任职的。途经上海时，他去拜访了蔡元培。当时，正处于“四一二”事件前夜，国内局势错综复杂，瞬息万变，宁汉对立的局面已十分明朗，蔡元培站在南京方面，所以劝林语堂留下，但林语堂却仍旧照原计划启程了。

林语堂在武汉任外交部秘书的 6 个月，是他一生少有的“衙门”经历。

1927 年 3 月，林语堂抱着为国民革命服务的满腔热忱来到了武汉。一下江轮，只见满街都是拥护三大政策的标语，武汉政府管辖的湘鄂赣三省的工农运动，还在继续高涨。经过外交部长陈友仁的多次交涉，国民政府收回了汉口、九江的英租界。后来，许多人都忽略了一个历史事实：当年，林语堂在外交部的地位仅次于陈友仁（因为第一次国共合作期间，部长下面就是秘书。所以，秘书的职权相当于后来的次长或副部长）。1927 年 3—9 月，中国政局处于大动荡大分化大组合的

---

① 关于林语堂、鲁迅等和厦大林文庆、刘树杞等的冲突是非曲直，历来双方各执一词，详情请参阅施建伟《林语堂在大陆》第 9 章，在此不赘。

时期，林语堂是在国民政府最困难的情况下，当了半年的官，或者按照习惯的说法，他“投入了革命的怀抱”。

“绝不做政治家！”[①] 这是林语堂跻身官场6个月的体验和教训，形成了一种思维定式，贯穿了他的一生。从此，他视政治为吃人的游戏，没有吃人的勇气和吃人的本领，就不要去做官。他认为当官“属于肉食者”的职业，而他天性“属于吃植物的”[②]，所以不适宜从政。在武汉，他亲身经历了官场上的强食弱肉、明争暗斗以后，极端厌恶官僚政客的嘴脸，下决心永远脱离政治的旋涡，他发誓不再当官，无论是好官、坏官、清官、贪官。他不分青红皂白地把一切政治都视为吃人的怪兽，像“斯芬克司”一样，他不再想尝试这种危险的游戏。

1927年9月，他辞去了外交部秘书和由他兼任的《中央日报》英文副刊主编的职务。林语堂之所以辞职，一方面是“对革命深感厌倦”，不想再从政了；另一方面，客观上也是想干也干不成了。因为，1927年9月，武汉国民政府迁移到南京，一下子就敲碎了许多政府官员的饭碗。

告别不堪回首的武汉，林语堂如释重负，然而，到哪里去呢？厦大是回不去了，北大也回不去了。因为1927年8月6日奉系军阀张作霖颁布“大元帅令”，下令取消北京大学，把北京大学和北京其他高等学校合并成“京师大学校”，由教育部部长刘哲兼校长，北京学界正在秽风腥雨之中……林语堂到

---

① 林如斯、林无双等：《吾家》。

② 林语堂：《林语堂自传》。

哪里去呢？

1927年9月，林语堂带着一颗到“异地探险”的童心，来到上海。

在对事业的追求上，林语堂永远是一个童心不灭的探索者。但这个对世界充满好奇心的精神探险者的全部家当，就是他手中的那一支笔。当过教授、学者、文科主任、英文副刊编辑，又做过政府高官的林语堂，这一次竟在三百六十行中选择了最自由的一个行业——自由职业者——他准备当专业作家，以写作为生。

10月3日晚上，仪容端正、头发整齐的林语堂，戴着一副金丝边眼镜，西装革履，兴冲冲地来到爱多亚路长耕里（今延安东路158弄）的共和旅馆里。问过茶房，林语堂就被引到二楼的一间木结构房间里，林语堂一进房间，鲁迅就赶紧站起来迎接……

原来，鲁迅和许广平于10月3日午后抵沪，在太古码头下船后，鲁迅不愿惊动别人，除三弟周建人之外，就只通知林语堂和孙伏园兄弟等最亲近的朋友。林语堂闻讯后立即前去拜访，成为鲁迅到上海后所接待的第一批朋友。

这两位《语丝》战友，自从厦门一别，已经有9个月没有见面了。当晚，畅谈到深夜。第二天上午，林语堂又来拜访。中午，由孙伏园兄弟做东，请大家到“言茂源”吃午饭。饭后，鲁迅、许广平和林语堂等人又一起去合影留念，这是鲁迅到上海后的第一张照片。

前排左起：周建人、许广平、鲁迅
后排左起：孙福熙、林语堂、孙伏园

这张 6 人合影，就是社会上盛传的鲁、许的“结婚照”，参加者都是鲁迅最亲近的人。除许广平外，周建人是亲兄弟，孙伏园是鲁迅任山会初级师范学堂监督时的学生，孙福熙是孙伏园的弟弟，上海北新书局编辑，为鲁迅设计过《野草》和《小约翰》的封面。而林语堂作为合影者之一，足以表明林语堂和鲁迅非同寻常的关系。但是，1977 年 3 月出版的《鲁迅》画册中，竟把站在许广平身后的林语堂和孙福熙两人涂去，6 人合影变成了 4 人合影。

林、鲁两人都是在思路被“轰毁”的情况下来到上海的，而且都决定以写作为生，做自由职业者。这一选择，曲折地反映了相似的遭遇为他们造就了一种共同的心态。但在具体地写什么和怎么写的选择上，林、鲁既有相同的一面，也有不同的一面。相同的是：《语丝》精神仍在他们的艺术血液里流动着。不同的是，到了上海以后，林语堂已不再像《语丝》时代那样“无所顾忌”地反抗“一切专断与卑劣”了，而是强调借助“幽默”的外壳来曲折地表现自己的不满和反抗。而鲁迅到上海后，则把《语丝》时期一般性地反抗，转向马克思主义的阶级斗争，把自己的笔作为“匕首”和“投枪”。因此，文学对鲁迅来说，已变成阶级的“齿轮”和“螺丝钉”，而对林语堂来说，文学只是个人的事业。这一深刻的分歧，注定了他们的友谊——不管曾经多么亲密无间——必定难以善始善终。所以，在林、鲁分手问题上寻找个人的责任（许多人已为此耗费了大量精力），显然是没有多大意义的，因为，偶然性的事件改变不了必然性的进程。

宁汉合流以后，南京的中央政府效仿法国的教育制度，成立大学院代替教育部的部分职能。1927 年 11 月，蔡元培被任命为大学院第一任院长，同时成立中央研究院，亦由蔡元培兼任院长。

林语堂深受蔡元培器重，被聘请为研究院的英文编辑，兼任该院的国际出版品交换处处长。实际上是蔡元培的英文秘书，这是一个十分清闲的工作，待遇却非常优厚，月俸 300 元，相当于一个有名望的大学教授的工资，这使林语堂的生活有了保障。但他也并不是唯一的受惠者，因为蔡元培同时还聘请鲁迅、江绍原等为大学院的特约撰述员，月俸也是 300 元。

蔡元培平易近人，说话总是声音柔和，待人谦和温恭，温文尔雅，是林语堂所敬重的长辈。蔡家在上海愚园路，离林家很近。每天早晨，两人同乘一辆小汽车上班。林语堂性格开朗，一路上总是谈笑风生，每逢林语堂侃侃而谈地发表各种见解时，蔡元培都是很客气地说："是是，你的说法不错。"

中央研究院所属的国际出版品交换处在上海亚尔培路 331 号（现为陕西南路 147 号）办公。因为蔡元培的院长办公室也设在这里，所以在大门上就堂而皇之地亮出了"国立中央研究院"的牌子。这是一幢坐北朝南的二层楼的花园洋房。进入楼房，迎面便是一个小厅，东侧有一大间放有沙发、收音机的休息室，也作会议室。后来，中国民权保障同盟成立后，不少重要会议都在此举行。从楼梯上去，二楼东侧的一大间就是院长办公室，蔡元培、杨杏佛等都在此办公。林语堂的办公室也在二楼，是一间极小的房间，里面放满了他收藏的元明善版书。

林语堂每天上午去亚尔培路 331 号办公，下午就闭门读书。他的生活极有规律，井井有条，他拘谨严肃又才气横溢，却又不是放浪不羁，更没世纪末的颓废情调。人们读过他的闲适小品文后，往往有一种误解，认为他就是生活在小品文所描写的那种闲适的境界之中。譬如，他宣传"点卯下班之余，饭后无聊之际，揖让既毕，长夜漫漫，何以遣此。忽逢旧友不约而来，排闼而入，不衫不履，亦不揖让，亦不寒暄，由是饮茶叙旧，随兴所之，所谓或晤言一室之内，或因寄所托，放浪形骸之外，虽言无法度，谈无题目，所言必自己的话，所发必自己衷情。夜半各回家去，明晨齿颊犹香”。但在上海时的林语堂是无缘享受如此闲情逸趣的。因为他平常不喜欢同朋友随便来往，也不欢迎不速之客去串门聊天。他把空余时间几乎全部花在阅读古今中外的各种著作上。他实践了“书山有路勤为径，学海无涯苦作舟”这句中国的格言。

1928 年 9 月，林语堂应上海东吴大学法律学院院长吴经熊的邀请，兼任英文教授一学年。

他教英文有一套与众不同的教学方法，凡是上过他的英文课，对他的特别教授法都印象深刻，终生难忘。那时的大学生常有逃课现象，学校当局则以点名来维持校纪。可是，林语堂上课从不点名，悉听学生自便。因为他认为高明的教员自然会吸引学生，他自信自己的学识和教学方法，能够比点名更有效。事实果真如此，林语堂的课，虽不点名，但学生没有缺课的，而且外班的学生还常常来旁听，教室总是挤得满满的，座无虚席。

考试是评定学生成绩的一种手段，这是谁也无法否认的。但林语堂的英文课却不举行任何形式的考试（包括学期内和学期终的考试）。可是，到期末，每个学生照样有分数，而且他的计分标准，十分科学，同学们个个心服口服。他虽不举行死板的命题考试，但每次上课，实际上都在进行非正式的考试。他每堂课上都随时指名提问，或让学生互相对话，这就是他对同学们的测验、训练，也是考试。他更鼓励同学们自由发问。这样，学期结束以前，他对每个学生的程度和学力，都已有了准确的估计。林语堂的记忆力很好，全班 120 余人，上了三五堂课以后，几乎能认识一半，见面时能直呼其名。有时，对个别学生的功课情况没有十分把握，也绝不随意打分数，而是请他们到讲台前，略微谈上几句，然后定分。这种定分方法，可谓奇特，但学生们个个服气。据当年的学生回忆："其公正的程度，还超过在一般用笔试命题来计分的方法之上。"① 这样的打分方法，不是一般教员能使用的，因为除了学识上的条件外，教员必须为人正直，绝不徇私，否则，若以教员个人好恶任意评分，也就乱了套。

林语堂曾多次以受害者的身份，控诉现代教育制度的各种流弊，呼吁改革。东吴大学的英文课堂就成了他教改的实验室，他从不采用呆板的填鸭式或注入式，在课堂上他自由自在，笑话连篇，笑颜常在，"有时坐在讲桌上，有时坐在椅子上，双脚放在桌上"，边讲边谈。为增进同学们的理解和会话能力，他以英文讲解从报刊上摘录下来的文章，生动、有趣、实用。他从不一句一段地灌输，往往选择几个意义似同而实际不相同的英文词汇做详细比较演绎。譬如：中文的"笑"字，在英文中有许多词，例如大笑、微笑、假笑、痴笑、苦笑等。"哭"字，在英文中也有大哭、假哭、饮泣、哀泣等种种不同的词。诸如此类，他会一一指出异同，并让同学们当场分别造句，或课外做习题。像这样启发式的教法，能充分引导学生的思路，扩大信息量，使学生触类旁通，举一反三，受益无穷。

---

① 本书有关林语堂在东吴大学教学的资料全部来源于薛光前的《我的英文老师》一文，下文的引文，不再一一注明出处。

第八章

「教科书」的官司和「南云楼」的风波

林语堂在上海的十年，正是广大中国作家在饥饿线上挣扎的时候，而自由职业者的林语堂，却借助多渠道的财源，过着优裕的生活。在20世纪二三十年代的中国文坛，林语堂的高收入是十分引人注目的。

除了和鲁迅、江绍原等同时受惠于中央研究院300元月俸之外，他的其余收入则来自爬格子的辛苦钱。

当年，上海的稿酬在每千字三元左右浮动，特约稿例外。林语堂不仅写中文文章，而且还发挥他能用英文写作的优势，经常向英文报刊投稿。同一内容，以中英两种文字撰写，分别向中英两种刊物投稿的情况也屡见不鲜，如《怎样写再启》《说避暑之益》《为洋泾浜英语辩》等文。这种"一稿两投"，深受外文报刊的欢迎。因为，能够用中英两种文字同样出色地写作的中国作家，屈指可数。有的人英文写作水平虽高（如张歆海等），但懒得动笔。所以，勤于笔耕的林语堂就成了英文报刊的经常撰稿人。他在英文《中国评论周报》的《小评论》专栏中发表过几百篇受人欢迎的小品文。后来，这些文章结集为《小评论选集》，分上、下两册，由上海商务印书馆出版。孙科所支持的英文月刊《天下》，美国的《亚洲》《哈普》等杂志，也是他经常投稿的地方。

但这些中外报刊上的稿酬收入与他编写英文教科书的大宗版税相比，可谓小巫见大巫了。在 20 世纪 30 年代的文坛，林语堂曾是赫赫有名的“教科书大王”和“版税大王”。

1929 年前后，林语堂因编写英文教科书而成为“版税大王”的同时，却也卷入了一场有关版权问题的诉讼案。这场官司曾是轰动上海出版界的头条新闻。

事情起因于《开明英文读本》。林语堂初来上海，深知十里洋场居而不易。想以编写英文教科书来保障其经济来源。一次他向老朋友孙伏园透露了这个意向，孙伏园答应为之牵线，随即找到开明书店章锡琛老板。这位章老板看准了英文教科书能赚钱的前景，又久闻林语堂大名，知道他曾留学美、德两国，并获得语言学博士的学位，由他来编写教科书，肯定能拿出优质产品。于是，双方一拍即合，林语堂和开明书店达成了编写英文教科书的协议。根据协议，林语堂可以得到 10% 的版税。日后，林语堂的《开明英文读本》在上海英文教科书市场上独占鳌头时，版税随着印数，成正比例地直线上升，版税成了他的主要财源之一，这就是“版税大王”或“教科书大王”的由来。

对于《开明英文读本》，林语堂力求精益求精，以他的英文水平和语言学的知识，所编的教科书果然不同凡响。这套书由读本、文法和英文文学作品选集三部分组成，送教育部审定后，于 1929 年出版，以质量取胜，立即打开销路，开明书店也因此而异军突起于上海出版界。

其他书商从开明书店的崛起中得到了启示，看到了教科书市场的潜力，跃跃欲试者大有人在，首先动作的是世界书局。当年的世界书局仅次于商务印书馆、中华书局，在上海书肆中名列第三位，经理沈知方自以为凭世界书局雄厚的经济实力和灵活多样的经营方式，要挤垮开明书局还是有力量的。所以，沈知方就请大学刚毕业的林汉达也编了一套《标准英语读本》，与《开明英文读本》争夺教科书市场。于是，两位姓林的编书人，在各自书店老板的支持下，展开了智能的角力赛。

在竞争对手面前，林博士和章老板都不敢掉以轻心。自从得到《标准英语读本》问世的信息，他们便一直密切地关注对手的动向。林语堂把章老板送来的那套世界书局的读本细细审核了一番，发现林汉达的读本和自己的那一本有不少相类似、相雷同的地方——突破口找到了！经过一番策划，开明书局方面写信给世界书局，抗议《标准英语读本》侵犯了《开明英文读本》的著作权，要求谈判解决，而世界书局对开明书局的抗议信竟然置之不理。

一不做，二不休，开明书局接着就正式委托律师袁希濂向世界书局提出严重警告，要求赔偿损失。世界书局自以为有后台，而且财大气粗，没有把开明书局的警告放在心上，只把那封抗议信转给编者林汉达，认为著作权是作者之间的纠纷，由作者林汉达自己负责解决就行了。世界书局经理沈知方给林汉达写了介绍信，让他去找章锡琛。

于是，涉世未深的林汉达被推到了第一线，他先去会见章锡琛，而章老板则请他直接和林语堂联系。林汉达两次登门拜访扑空后，就留了个便条，内中有表示歉意及竭诚求教之类的客套。

林语堂把林汉达的便条交给章老板后，开明书局就抓住了其中表示歉意之类的词句，把社交场上的虚礼客套话渲染成林汉达向林语堂道歉认错的证据，把林汉达给林语堂的留言制版，编写成一则大幅广告，标题是《世界书局标准英语读本冒效开明英文读本之铁证》，在上海各大报刊上刊登出来，已经卷入争端的林语堂则进一步被开明书局方面推上了第一线。

世界书局方面老羞成怒，决定破釜沉舟，沈知方以重金聘请名噪一时的女博士郑毓秀为律师，控告开明书局的诽谤罪，证据就是开明自己登的那幅广告。

真是风云突变，转眼间，开明方面成了被告，世界书局反而变成了原告。这原告可不简单，有李石曾为后台，又有郑毓秀为律师，而郑律师的后台更硬，她一向包打必胜的官司，并以此绝招而闻名上海滩。

开明方面情况不妙。第一审开庭时，承办法官明显地偏袒原告，被告方面的律师袁希濂几乎没有申辩的机会。一审下来，袁希濂对开明方面说，这案办不了，没法子，只好“敬谢不敏”。骑虎难下的章锡琛深知问题的严重性，如果败诉，就要判诽谤罪，若依法赔偿，非把开明赔得破产不可。但也不能束手待擒，开明方面设计了智取一策：越过上海当局，上书南京中央政府教育部，因为教科书是归教育部审定的。

智取的方案是要林语堂挑大梁的，林语堂既然已经上了开明的船，自然要与之风雨同舟。所以，林博士也就拿出了他在美国和德国所学到的全部本领，把自己的读本和林汉达的读本对照比较，逐条列举林汉达抄袭、冒效剽窃的证据，指控世界书局的侵权之处，要求南京政府教育部保障他的著作权。

当过半年的外交部秘书，现在又是中央研究院院长蔡元培亲信的林语堂，岂是等闲之辈，他深知这场官司的分量。如何写呈文，如何落笔去击中对手的要害，他都心中有数，他也知道该向哪些关键人物去鸣冤喊屈。而且，他还看准了时机，当南京政府教育部编审处正在审查林汉达的读本的节骨眼上，他及时上书教育部，请求保障他的著作权。如果没有林语堂的上书，教育部的编审先生未必会认真地审阅世界书局的教科书。但现在既有指控，而且是有理有据的指控，先生们当然要再三斟酌，以显示他们的编审能力和水平。审查过程中，经过几次辩论，多数人认为林汉达确有抄袭冒效的行为。根据表决，教育部决定禁止世界书局发行《标准英语读本》。

世界书局在南京的败绩，不等于在上海的败诉。所以，开明方面仍不敢懈怠，获悉南京教育部的态度以后，他们立即连夜把部批文件制版，做了大幅广告，迅速送交各报刊出。

次日，法院开庭判决，法官们原先早已决定判决开明败诉，现在开庭之前看到登有《标准英语读本》被教育部禁止发行的部批文件的广告，十分尴尬。但又因为种种原因无法改变初衷，只能硬着头皮判决开明的广告有侮辱世界书局和林汉达的地方，诽谤罪成立，但又从轻处罚，以罚款30元结案。

上海法院的判决与南京教育部的部批文件相互矛盾，舆论哗然，认为判决不公，开明方面更是不服，申明要提出上诉。并以部批文件为尚方宝剑，刊登了以《开明英文读本何故被人抄袭冒效》为题目的大幅广告。

世界书局虽然在上海法庭胜诉，但胜诉是虚的，读本被禁止发行却是实实在在的打击，部批文件堵死了世界书局想靠编写英文教科书发财的生财之道。“抄袭”“冒效”等，原是文坛上最忌讳的词语，现在开明方面利用新闻传播媒介把这些富有刺激性的字眼铺天盖地向世界书局袭来，世界书局在道义上失败了，在舆论上也失败了。沈知方不得不多方托人疏通调停，不仅同意赔偿开明的损失，而且把《标准英语读本》的纸型送交开明销毁。这场轰动上海出版界的版权诉讼案，以林语堂和开明方面的全面胜利而告终①。

诉讼案中，你来我往的宣传战，等于是为林语堂做义务广告。最后，开明以弱胜强的战绩，使林语堂及其教科书的声誉直线上升。毋庸置疑，林语堂编写的英文教材，是当时国内最佳的教科书，开明因此发了财，林语堂也从源源不断的版税收

① 有关林语堂帮开明书局打官司的情况，来源于章克标老先生和笔者谈话的录音记录。

入中获得了经济效益。有人统计，开明书局大约每月要付给林语堂 700 块大洋的版税。在 20 世纪 30 年代，他是中国文坛上的经济大户，这就难怪有人取笑他是靠教科书起家的“暴发户”。

如果说，北京—厦门，是林语堂和鲁迅友谊的“蜜月”时期，那么，上海则是两人友谊的“疏离”时期。

按照流行的观点，林语堂和鲁迅的关系可以概括为“结交—断交—复交—绝交”这样一个全过程。而林语堂则说：“鲁迅这个人，我始终没有跟他闹翻。”他以“相得者二次，疏离者二次”来概括自己和鲁迅的关系。

若从 1925 年年底林语堂的名字第一次出现于《鲁迅日记》时算起，到 1936 年 10 月 19 日鲁迅逝世为止，林、鲁长达 11 年的交往，可以概括为以下四个时期：

（一）第一次“相得”时期（1925 年 12 月 5 日—1929 年 8 月 28 日），在这将近四年的时间里，仅在《鲁迅日记》里有案可查的林、鲁交往，就有 88 次。

（二）第一次“疏离”时期（1929 年 8 月 28 日—1933 年 1 月 11 日），在这三年又四个月的时间里，《鲁迅日记》里没有任何有关两人交往的记载。

（三）第二次“相得”时期（1933 年 1 月 11 日—1934 年 8 月 29 日），在这一年又七个月的时间里，林、鲁交往的记载有 39 次。

（四）第二次“疏离”时期（1934 年 8 月 29 日—1936 年

10 月 19 日），林语堂的名字从鲁迅的日记里完全消失。

从“相得”到“疏离”，这是一种质变。从时间上看，1929 年 8 月 28 日，是林、鲁交往中的一个重要的转折点。因为，这天晚上，在上海四川北路上的一家叫南云楼的饭店里，林、鲁之间的一场风波，把两人的矛盾公开曝光于上海文化界。

这就是所谓林、鲁间的第一次“正面冲突”。《鲁迅日记》是有关这次“冲突”的最早的文字记录：

> 二十八日　昙。……晚霁。小峰来，并送来纸版，由达夫、矛尘作证，计算收回费用五百四十八元五角。同赴南云楼晚餐，席上又有杨骚、语堂及其夫人、衣萍、曙天。席将终，林语堂语含讥刺，直斥之，彼亦争持，鄙相悉现。

关于这冲突的起因，流行观点认为：这是两人思想分歧所引起的公开冲突。然而，如果仔细查阅原始资料，便会发现一个有趣的现象：所有的当事人和在场的目击者，没有一个人说这次冲突是由思想分歧所造成的；而所有认为因思想分歧而引发这次冲突的论者，竟没有一个人是当事人或目击者。

按照《鲁迅日记》的思路：是因为林语堂“语含讥刺”，所以，鲁迅“直斥之”，因此，关键是要弄清楚林语堂“讥刺”鲁迅的具体内容。这一点，当事人鲁迅始终没有提及，另一个当事人林语堂，直到40年后才旧事重提：

> 有一回，我几乎跟他闹翻了。事情是小之又小，是鲁迅神经过敏所致。那时有一位青年作家，名张友松。张请吃饭，在北四川路那一家小店楼上。在座记得有郁达夫、王映霞、许女士及内人。张友松要出来自己办书店或杂志，所以拉我们一些人。他是大不满于北新书店的老板李小峰，说他对作者欠账不还等，他自己要好好地做。我也说两句附和的话，不想鲁迅疑心我在说他。真是奇事！大概他多喝一杯酒，忽然咆哮起来，我内子也在场。怎么一回事？原来李小峰也欠了鲁迅不少的账，也与李小峰办过什么交涉。我实不知情，而且我所说的并非回护李小峰的话。……这样，他是多心，我是无猜，两人对视像一对雄鸡一样，对了足足一两分钟。幸亏郁达夫做和事佬，几位在座女人都觉得“无趣”。这样一场小风波，也就安然度过。[①]

由于时间相距太久，林语堂的回忆有张冠李戴之处，明明是李小峰请客，他误记成张友松做东。但是对于自己当年心态的追忆，基本上是可信的。他以明确的措辞否定了自己有什么“讥刺”鲁迅的动机，被外人渲染得充满火药味的“冲突”，在林语堂看来不过是“一场小风波”而已。按林语堂的思路，

① 林语堂：《忆鲁迅》。

“风波”是因鲁迅的“多心”和“神经过敏所致”，而他则是“无猜”。那天，鲁迅心情不好，是由李小峰欠账所引起，要说有矛盾，也是鲁迅和李小峰的矛盾，因为鲁迅“疑心”林语堂“回护”李小峰，于是酿成“风波”。

看来，林、鲁对“风波”的起因各自有不同的见解。

作为南云楼“风波”的见证人和“和事佬”的郁达夫，对这场“风波”的起因，也有他自己的认识。郁达夫在谈到鲁迅和北新书局的版税纠纷时，曾详细地叙述了南云楼风波的来龙去脉和前因后果①。

原来，自从李小峰在北京创办北新书局后，鲁迅的著作都是交给北新出版的。北新在业务上的兴旺发达，主要是依靠出版鲁迅的著作。20世纪20年代末，北新书局在上海站稳脚跟后，却与鲁迅发生了版税上的交涉，也就是经济上的矛盾。据郁达夫回忆：“北新对著作者，平时总只含混地说，每月致送几百元版税，到了三节，便开一清单来报账的。但一则他的每月致送的款项，老要拖欠，再则所报之账，往往不十分清爽。”因此，当时有不少作者对北新书局有意见，起初，碍着情面，大家都忍着，后来，越来越不像话了，月款不按时送，账也不算。靠版税维持生活的鲁迅，在忍无可忍的情况下，只得撕破情面，请律师向北新书局提出清算版税的诉讼。

① 详见郁达夫的《回忆鲁迅》一文，下文所述的资料大部分来源于该文。

鲁迅要诉讼，李小峰就慌了手脚，急忙用电报把郁达夫从杭州请到上海，要他做中间调解人，还有一位调解人是章川岛，也就是《鲁迅日记》上所提的“矛尘”。经过几次交涉、调解，鲁迅看在朋友的面子上，答应暂不提出诉讼，而北新书店则保证把历年积欠的2万元分10个月还清，而新近所欠的则每月还400元，绝不食言。

1929年8月28日，鲁迅和北新书局达成了协议，当晚，李小峰请鲁迅、郁达夫、林语堂等在南云楼吃饭，就是双方和解的意思。当时，文化界和新闻界的好事之徒都瞪着眼睛准备看鲁迅和北新的版税“官司”，这对北新来说，压力不小，现在有了解决的方案，李小峰自然高兴。而鲁迅虽然赴宴，却并不意味着已彻底改变了对李小峰的看法，纸上的协议能不能付诸实践，鲁迅还得看一看再说。

而林语堂作为这场纠纷的局外人，他没有吃过北新书局的亏，对北新的种种，缺乏切身体验。他以为，既然已有了调解协议，现在又聚在一起举杯欢饮，事情不就解决了吗？所以，后来宴席上的风云突变，完全出乎林语堂意料。

郁达夫既是鲁迅和北新纠纷的调解人，又是林、鲁“对视”时的目击者和“和事佬”，这种双重身份使他能对事情做出比较公正和客观的判断。郁达夫认为，这场风波的性质是：“因误解而起正面的冲突。”[1]

---

① 见郁达夫《回忆鲁迅》，下文中的引文皆出于此文，不再一一注明出处。

事实上，林、鲁冲突的导火线是一位不在场的“第三者”。此人和李小峰一样，都是鲁迅的学生，叫张友松。看来，张友松和李小峰的矛盾不小，前几天，张友松因要开书店而请鲁迅、林语堂吃饭时攻击了李小峰，张友松声称他办书店要以北新为戒。

这天，在南云楼上，李小峰也在席间攻击张友松，因为北新方面认为：鲁迅之所以会提起诉讼，完全是受了张友松的挑拨。

按说，这些矛盾和林语堂无涉，他完全可以不介入——也许，正因为和自己不搭界，所以林语堂便毫无顾忌地随便插嘴，而且在席上偶尔提起了张友松的名字——在郁达夫看来，这就是林语堂的“忠厚诚实”之处。

谁知道撞到枪口上了！听到林语堂说起张友松的名字，鲁迅“脸色铁青，从座位里站了起来，大声地说：‘我要声明！我要声明！’”

鲁迅声明他和北新的诉讼，和张友松无关。鲁迅还拍着桌子对林语堂“直斥之”。

那时，鲁迅已有酒意，“一半也疑心语堂在责备这第三者的话，是对鲁迅的讥刺”。而林语堂无故受斥，当然也要为自己声辩，两人针锋相对，空气十分紧张。

打破僵局的是郁达夫。郁达夫一面按住鲁迅，劝他坐下，一面就拉起林语堂和廖翠凤，走下了楼。

“冲突”在高潮处结束。郁达夫目睹“冲突”的全过程，又了解产生“冲突”的特定环境，他的结论是：“这事当然是两方面的误解，后来鲁迅原也明白了；他和语堂之间，是有过一次和解的。”

郁达夫的说法，实际上全盘否定了由“思想分歧”导致南云楼“风波”的流行观点。因为，鲁迅的个性，众所周知：为了坚持自己的立场和观点，他一生中曾多次和往昔的密友分道扬镳，甚至连手足同胞也在所不惜。在所谓思想分歧的面前，鲁迅的字典里，从来也没有出现过“和解”的词条。

鲁迅是绝不会放弃自己的意见而随便“和解”的，但鲁迅又确实和林语堂“有过一次和解”，如何解释这两者之间的矛盾呢？答案只有一个，那就是：南云楼上的“风波”不是由“思想分歧”所引起的，这是一次“误解”。

必须指出：否定南云楼“风波”是由“思想分歧”所造成，并不等于否认林语堂、鲁迅之间的思想分歧。恰恰相反，他们之间确实存在着不可调和的思想矛盾，而且，越到后来，矛盾也越尖锐越深刻。但“误解”归“误解”，矛盾归矛盾，这是两本账，不可混为一谈。事实已经证明他们的“误解”可以“和解”，矛盾却无法妥协。所以，林、鲁最终的“疏离”是必然的、不可避免的，而“误解”则是偶然的。

1931 年，林语堂代表中央研究院到瑞士出席国际联盟文化合作委员会的年会，会后顺便到英国住了几个月。

在林语堂离沪期间，上海发生“一·二八”事变，日军狂轰滥炸，整个上海在炮火下呻吟。在战乱中，廖女士一个人要照顾三个孩子，其中第三个女孩相如，头一年刚出生。廖女士整天提心吊胆，晚上睡觉时，全家都不脱衣服，和衣睡在楼下，以便一有情况随时可以逃难。后来，幸亏有位亲戚帮她们母女四人买了船票，廖女士就带着孩子们回到了厦门鼓浪屿的娘家。

1932 年，林语堂从欧洲回国时，先到厦门去接廖翠凤母女。孩子们听说父亲要回来了，都高兴得不得了，大女儿和二女儿都涂脂擦粉地打扮得漂漂亮亮，坐着小船跟随大人到轮船上去接林语堂，因为她们将近一年没有见到爸爸了。

林语堂为孩子们带来了外国的礼物，一人一只瑞士表，廖女士原以为林语堂会买回大批洋货，谁知他到厦门时，口袋里只剩下三毛钱了，钱到哪里去了？

原来，林语堂带回了一件极贵重的东西——这东西并不对所有人都是“贵重”的——一架中文打字机的不完整的模型。

林语堂一生与中文打字机有不解之缘，说来话长——林语堂自幼爱好机械发明，成年后的主要兴趣是研制中文打字机。当时，商务印书馆已推出根据《康熙字典》部首把字分类排行的中文打字机。机下装有 2500 印刷铅字的字盘，打字时必须在盘中找所要打的字。此外，在另一盘上有 3000 多个铅字。若要用这盘上的字，得用手拿起一个铅字，放在第一盘的空位上然后打。林语堂认为商务的中文打字机太笨拙了，人成了打字机的“奴隶”。他计划发明一架类似英文打字机打法的中文打字机，首要的工作是改良检字法。1924 年，他发明了

"汉字号码索引法"，主张首末笔留在字之外围，不可跟母笔顺序入于中部，"凡一字必有四个号码以定其字典上之位置"。他"分汉字笔画为十类，而以自一至十之号码名之，则凡一切之字无不有一定之数目"。同年，他又发明"国音新韵检字"，刊于图书馆协会专刊。这时，他已担任了图书馆协会索引委员会会长。1925 年，他又作"末笔检字法"，由商务印书馆刊印发行。到 1931 年，他"对于汉字的首笔、末笔、新韵、号码四法皆已作详尽透彻的研究，并实行将汉字重新排列，至是认为中文打字机的复杂问题已循序解决"①。1931 年，他在瑞士开完会，到英国的主要目的是与英国工程师研究制造打字机的模型，花费了所有的钱，用了几个月的时间，带回了这架不完整的模型。

对研制中文打字机的偏好癖嗜，使林语堂上了一个小用人的当。那是刚到上海的时候，林语堂一度住在善钟路的公寓里，家里有个十六七岁的男佣，名叫阿芳，原来在兑换铺当差，林语堂看他聪明，便把他请来了。他会修理电铃、接保险丝、悬挂镜框、修理抽水马桶等，心灵手巧，凡是机械方面的事情他都一学就会，甚至无师自通。最使林语堂佩服的是他还会修理打字机。林语堂喜欢这个有"癖嗜"的人，认阿芳为知音。那时，林语堂常在家里摆弄打字机，研究它的构造原理，拆拆弄弄的不知买了多少架外文或中文的打字机，林语堂深知

---

① 上述有关中文打字机的资料来自林太乙的《林语堂传》。

这玩意儿不好对付。但想不到，没有文化知识的阿芳居然在打字机上大显身手。

阿芳到林家不久，就对林语堂的那台英文打字机发生兴趣，每天早晨，主人还在床上，阿芳便打扫卧室了。而且在卧室里一待就是两个小时，大部分时间都在玩弄那架打字机，几乎着了迷。有一天，打字机坏了，林语堂自以为熟谙打字机的原理，自己动手修理，白白浪费了两个小时，毫无效果，知道肯定是被阿芳弄坏的，所以就斥责阿芳。但小男佣默不作声，既不辩解，也不认错。下午，林语堂出去散步，当他回家时，阿芳平静地说：“先生，机器修理好了。”一试，果然修好了。惊讶之余，林语堂对这位小男佣就另眼看待了，不再把他当作一般用人使唤了。

林语堂十分欣赏阿芳在接电话时所表现的才能，他能用英语、国语、上海话、安徽话接电话。厦门话的难学是大家公认的，外省人除非有语言的天赋，否则都对厦门话望而却步。可是，阿芳不仅能用厦门话对话，而且还能用厦门话的土话骂人。林语堂觉得阿芳人才难得，想培养他，要为他出三分之二的学费，劝他晚上去念英文夜校，但阿芳生性讨厌学习，不肯去夜校。

在林语堂的宠爱下，阿芳开始无法无天。凡是他所不感兴趣的事情，就马马虎虎。他一个星期内打碎的碗、茶杯、酒杯，是其他仆人一年中打碎的总和。叫他去买一盒火柴，他一去就是两个小时，回来带了一双新布鞋及一只送给小孩的蚱蜢，就是没有买火柴。他根本不区别工作和游戏的界限，一收拾卧室就是三个小时，其中至少有一个小时在喂笼里的小鸟，或者与女仆们打诨说笑，把秽箕放在饭台上，扫帚留在衣柜里，而本人却到花园里替小孩捉蚱蜢……这些都是常事，林语堂统统容忍了。

后来，林家雇来一个洗衣的女佣，从此，厨房里又翻出了新花样。新来的洗衣女仆 21 岁，女厨子 26 岁，而阿芳 18 岁，厨房重地成了他们嬉笑戏谑的舞台，调笑声日益增高。阿芳更加无心工作，不仅打扫房间的时间要拖到三个小时以上，而且连每天擦皮鞋的例行差事也竟然忘记做。林语堂教训了他一次两次三次，都没有效果。无法，林语堂只好下最后通牒：如果明天早上 6 时半不把皮鞋擦好，放在卧室前，便要解雇他。林语堂决心整饬纲纪，整天板起面孔，不同阿芳说话。晚上临睡前，又把三个用人召集起来，重申关于解雇的警告，大家都面有惧色，尤其是那两个女仆。林语堂以为这一下家中的纲纪总可以恢复了，于是安然就寝。

第二天早晨，林语堂 6 点醒来，静听房外的动静，6 点 20 分，那 21 岁的女仆把擦亮的皮鞋送来了。林语堂问：

“我是要阿芳自己送来，你为什么替他带来？”

“我正要上楼，顺便替他拿来。”她恭而有礼地回答。

“他自己不会带来吗？是他叫你的，还是你自己做主？”

“他没叫我，我自己做主。”

林语堂明知女仆在撒谎，但他不好意思揭穿她。想到自从阿芳来家后，承担了不少原先由林语堂承担的杂事，使自己可以抽出时间安心地读书写作，林语堂又一次原谅了阿芳，从此，一切听其自然。

在林语堂的庇护下，阿芳日益无法无天。一天，阿芳和女仆间的隐情终于东窗事发了：林语堂从外面回来，发现女仆正在换床单，林语堂觉得床单才换过一两天，不需要换，仔细一检查，才发现了秘密。原来，阿芳趁家里无人时，与那洗衣女仆在林语堂房间里幽会。“干柴烈火便在床上点着了。但匆匆忙忙，心慌意乱，床单上留下了痕迹。”林语堂把阿芳唤来盘问，他只得如实坦白，林语堂又气又好笑，“狠狠地教育了他一顿”[①]。林语堂还费了一番工夫说服廖翠凤从轻发落，最后糊涂过去算了。

实际上，阿芳和女仆照样私通，只是做得更隐蔽一些，不再留痕迹了。这对鸳鸯又串通一气，不仅合伙偷窃家中贵重的银器，还在外面行窃，最后被捕入狱。这时，林语堂也帮不了阿芳的忙了。两年后，阿芳出狱，无颜再去见林语堂，而林语堂却一直非常想念这个聪明反被聪明误的阿芳。

① 章克标：《林语堂与我》。

第九章 提倡幽默

林语堂一向为自己的童心不灭而自豪，他把自己比作是一个在新大陆上“探险的孩子”。直到 40 岁前后，他还朝气蓬勃地宣称：每天早晨，“我一觉醒来便感觉着有无限无疆的探险富地在我前头。”他还说：“我仍是一个孩子，睁圆眼睛，注视这极奇异的世界。……有如一个小孩走入大丛林一般，时或停步仰望星月，俯看虫花。我不管别人说什么，而在这探险程序中也没有预定的目的地，没有预定的游程，不受规定的向导之限制。……因为我素来喜欢顺从自己的本能，所谓任意而行。”①

1932 年，他攀上了“探险”征途中的一个新的制高点——幽默。

20 世纪 30 年代，中国幽默文学的兴起，自然有其不可替代的时代原因，但也不能否认林语堂在提倡幽默过程中的特殊作用。因为，早在 1924 年 5 月和 6 月，他就在《晨报副刊》上先后发表了《征译散文并提倡“幽默”》和《幽默杂话》两文，主张把英语的 Humour 音译为幽默。然而，林语堂所放出

① 林语堂：《林语堂自传》。

的这只“丑小鸭”，当时并未引起文坛的垂青，直到1932年，林语堂在上海创办《论语》并再次提倡幽默时，这只被冷落多年的“丑小鸭”才变成了美丽的天鹅，腾飞于中国的文坛。

1932年9月16日，《论语》创刊，一鸣惊人，创刊号就重印了多次。一时间，幽默成为时尚，幽默文章流行于世，大小幽默刊物，一哄而起。“轰的一声，天下无不幽默”[①]。以至于1933年被称为“幽默年”。林语堂也因此获得了“幽默大师”的桂冠，于是继教科书诉讼案后，林语堂又一次成为上海文化界的新闻人物。

为什么“轰的一声”，幽默居然席卷文坛？文学史家们着实费了一番脑筋，做过无数纵横交叉的分析和探讨。

然而，当年发起创办《论语》半月刊的那些同人，几乎没有人预料到《论语》创刊后会在社会上引起如此巨大的反应。

《论语》是在诗人邵洵美家的客厅里酝酿出来的。《论语》的“缘起”完全出于自发，是上海文坛中一群以不左不右为标榜的自由主义文士们的雅兴所致。那是1932年的盛夏，位于上海大华电影院附近的邵洵美家的客厅里，烟雾缭绕，谈笑不绝。因为并不是为筹备杂志而专门召开的会议，所以也谈不上有什么召集人。几个志趣相投的文人，在某个朋友家里无拘无束地谈天说地，插科打诨，这原是自由派文人们的一种风气。好客的邵洵美家的宽敞的客厅，本来就是朋友们经常

---

① 鲁迅：《花边文学·一思而行》。

闲谈的场所。那一次，“大家讲起要出一本刊物来消消闲，发发牢骚，解解闷气，好在邵洵美开着时代书店可以发行出来，推销没有困难。关于刊物的内容，谈得不多；刊物的名字叫什么，谈得最久。都想要有一个雅俗共赏、有吸引力、号召力，要喊得响、站得起，而且惊人又迷人，又是大家都熟悉的，用来一炮打响，出奇制胜”[①]。

最初参加漫谈的有林语堂、邵洵美、李青崖、全增嘏、沈有乾、林徽音、章克标和张光宇等，后来又邀请了潘光旦、叶公超等十多人。接连好几个晚上，大家谈到深夜。末了，其他事情都商谈得差不多了，就是刊名还定不下来。林语堂特别挑剔，凡是别人提的，他几乎都不赞成，而自己也提不出一个能让大家都满意的好刊名。

时代书店经理章克标在一旁既着急又恼火。着急的是刊名定不下来，下面的程序难以进行，恼火的是觉得林语堂的主意太大。他寻思：“你林语堂也太猖狂了，可是你自己也提不出好刊名来。看来这个刊物只有叫‘林语堂’你才满意吧。”

忽然，章克标从林语堂的“林语”两字的谐音想到了孔子的“论语”两字，他灵机一动，脱口而出：“就用‘论语’的刊名！”

章克标的提议博得了满堂的喝彩，林语堂也不再反对，难产的“论语”终于呱呱落地了。接着，大家又公推林语堂主编

① 章克标：《闲话〈论语〉半月刊》。

《论语》。林语堂欣然受命，接受了大家的委托，担负起《论语》今后的编辑组稿、审稿等工作。同时，责无旁贷地承担了表明《论语》立场的“缘起”的起草任务。

论语社同人又议定：《论语》的出版发行工作由邵洵美的时代书店承担。当时，正值“一·二八”战争后全国最大的商务印书馆毁于战乱，书刊市场匮乏，而纸张价格低廉，每令纸仅售二元，所以，上海滩上各种刊物如同雨后春笋。面对书刊市场的激烈竞争，论语社和时代书店都对《论语》的前途没有把握。好在论语社同人都是以撰文为风雅的文士墨客，不靠卖文为生，谁也不计较稿酬。因此，创刊之初，时代书店每月仅支付给林语堂编辑费 100 元[①]，而撰稿人都是尽义务的。这是林语堂等论语社同人重事业而轻报酬的一个例子。

1932 年 9 月 16 日《论语》创刊号出版前后，很有点手忙脚乱，临到发稿付印时，忽然发现封面刊头题字还没有准备就绪。在一旁帮忙的章克标见林语堂急得团团转，灵机一动，临时找来了老宋体的“论语”两个字，暂时充数，才算解了燃眉之急。其实，林语堂经过多年苦练，这时已经能够写一手很有功力的颜体，他特别喜欢书法家郑孝胥的字，后来他就模仿郑体写了“论语”两字，作为刊头题字。因为这两个字的神形都极似郑体，所以不少人以为《论语》刊头是书法家郑孝胥的

---

① 据笔者访问赵家璧先生时得知：当年良友给赵先生的月俸是 100 元，而以林语堂和赵先生在当时的社会声望相比，时代付给林语堂的报酬是不高的。

题字。

正当《论语》办得热火朝天的时候，林语堂的社会活动也骤然增多，这是因为他参加了中国民权保障同盟并担任了“宣传主任”的职务。

1932年12月17日，由宋庆龄、蔡元培、杨铨（杏佛）、黎照寰（曜生）、林语堂等在上海发表了中国民权保障同盟发起宣言。

1932年12月29日下午4时，蔡元培、林语堂等发起人借上海南京路华安大厦举行记者招待会。由蔡元培代表宋庆龄向中外记者发表书面谈话。接着，由杨铨报告会务，宣布了“同盟”全国执行委员会分工名单为：主席宋庆龄、副主席蔡元培，总干事杨铨，宣传主任林语堂。

五年前的腥风血雨曾冷却过林语堂那颗一度沸腾过的心，他扬言要“增进一点自卫的聪明”，不愿再因涉足政治而招来“死无葬身之地的祸”，所以，他内心虽然充满愤怒不平，但终于“沉寂”下来了。此时，“沉寂”了将近五年的林语堂忽然变成了“同盟”的积极分子。林语堂的变化是合乎逻辑的。首先，因为国民党三中全会前后放出了“还政于民”的“制宪”气球，酷爱自由的林语堂仰望着这朵民主的彩云，那“沉寂”已久的心又活动起来……其次，那时林语堂任蔡元培的英文秘书，而蔡元培正是“同盟”的副主席；“同盟”主席又是林语堂“奉为中国女界第一人”的国母宋庆龄，能与宋庆龄、蔡元培等前辈一起去争取“民权”，林语堂引以为荣。再加上五年来，在教科书和创办《论语》等事业上一连串的成功，使林语堂正处于踌躇满志之中，于是，那颗“土匪”的心又悄悄地复活了。

林语堂年富力强，精力充沛，在“同盟”中，他是宋、蔡最得力的助手之一。在全国执委会里，他是一个办实事的人。

1933 年 5 月 11 日下午，中央研究院底层的大休息室里，“同盟”正在开会，会议的气氛凝重，每位与会者都在倾吐积郁在心头的怒火，无数团怒火正在凝聚着，似乎在等待爆炸的时机。

原来，“同盟”在讨论如何抗议德国法西斯的暴行：自从 1931 年 1 月希特勒上台后，对外扩张侵略，对内独裁统治，残酷迫害异己者。林语堂一向痛恨独裁者，在他的笔下，希特勒始终是一个被讽刺嘲笑的对象。现在，他和所有与会者一样慷慨陈词，怒斥法西斯，同时又少不了对希特勒嬉笑怒骂一番。会议最后决定，起草一份《为德国法西斯压迫民权摧残文化的抗议书》，递交德国驻上海的领事馆。

5 月 13 日上午，林语堂与蔡元培同车来到中央研究院，宋庆龄、鲁迅等也先后到场，大家联合签署了《抗议书》，稍作安排，宋庆龄、蔡元培、杨铨、鲁迅、林语堂等亲自来到坐落在外滩黄浦路 40 号的德国领事馆，递交《抗议书》。长期以来，很多论著在谈及“同盟”向德国领事馆递交《抗议书》时，往往仅提宋、蔡、杨、鲁的名字，不提林语堂，这是一个不小的疏漏。

1933年2月17日，诺贝尔文学奖得主、著名的爱尔兰幽默作家、世界反帝大同盟名誉主席萧伯纳，环游世界途中在上海停留了一天。于是，黄浦江畔升起了一股“萧”旋风，十里洋场，满城争观萧伯纳，其热闹程度远胜于当年泰戈尔访华时的场面。

1933年本来就是上海文坛上有名的“幽默年”，碰巧萧伯纳是一位著名的幽默大师。喜欢看热闹的上海人就把萧伯纳当成“西洋唐伯虎”，在新闻传播媒介上不仅到处充塞着他以往的那些幽默逸事和讽刺名言，而且把他在上海的短短数小时里所说的每一句话，全都拉扯到幽默上去了。

林语堂也是“萧”旋风的卷入者之一。

17日，天还没有亮，林语堂便急忙赶到新关码头。凌晨5时，宋庆龄偕同杨铨等数人，在几名水警的随同下，由新关码头乘小火轮驶往吴淞口。宋庆龄和萧伯纳一样，都是世界反帝大同盟的名誉主席，所以，迎萧工作由宋庆龄和世界笔会中国分会共同组织。

10时30分，宋庆龄陪同萧伯纳登陆后，先到亚尔培路中央研究院拜会蔡元培，然后与蔡元培一起赴莫利哀路29号孙宅。这边，林语堂、邵洵美、洪深、应云卫等人，上海各学生剧社援助义勇军游艺大会代表团，以及崇拜萧伯纳的青年男女400余人仍在新关码头等候迎接贵宾，直到林语堂接到水警电话，大家才知道所谓欢迎仪式原来是“空城计”，因为萧伯纳——尤其是他的夫人一贯不愿接触新闻记者，他们拒绝做小市民的观赏物，也不愿意接受有组织的隆重欢迎，他们在乘坐英国皇后号时，就事先与轮船公司立约，要公司保证他不受一切看热闹者的干扰，所以，上海昌兴公司不仅拒绝了 200 多位记者要求搭乘小火轮去吴淞口迎接的要求，甚至连小火轮启航的时间也故作玄虚地秘而不宣……

中午 12 时，宋庆龄用中式肴馔招待萧伯纳。林语堂、蔡元培、鲁迅、杨铨、伊罗生等作陪。

宋庆龄在上海寓所宴请访华的萧伯纳。左起：史沫特莱、萧伯纳、宋庆龄、蔡元培、伊罗生、林语堂、鲁迅

能够与萧伯纳共进午餐，林语堂十分高兴。林语堂对萧伯纳的演讲、著作都有相当的研究，萧伯纳纵横驰骋的机智和辛辣的讽刺是林语堂“拿来”取法的幽默养料。萧氏是以其车载斗量的幽默精品而获取幽默家的头衔的，相比之下，林语堂的这顶“幽默大师”的桂冠，倒真有点得来全不费功夫了。他颇有自知之明，人们谑称其为“幽默大师”，并不是因为他已经

获得可以与萧伯纳并驾齐驱的成就，而只是因为他在中国最早提倡“幽默”。所以，在迎萧活动中，他没有因别人谑称其为“幽默大师”而忘乎所以地去争夺出头露面的机会，他有分寸地让比自己更有社会声誉的前辈名人们出场，满足于以一个陪客的身份出现在宋庆龄家的餐桌前。

林语堂借着与萧氏共进午餐的机会，同萧氏做了亲切的交谈。可能谁也没有意识到，在孙夫人家里，记录着世界幽默文学史上的一件逸事：爱尔兰的幽默大师和中国的“幽默大师”在这里进行了一次充满着幽默韵味的谈话。

那是在客厅里，萧翁坐在靠壁炉的大椅上，眼光看着炉上的火，态度极舒闲，精神矍铄，一对浅蓝色的眼睛里像是隐藏着各种怪诞神奇的思想。因为还有几位客人未到，所以林语堂便和萧翁随便闲谈起来，他们谈到赫理斯和亨德生分别为萧伯纳写的传记。林语堂说：赫氏的传记比亨氏的文章好。

“文章好，是的。”萧回答，“但是赫理斯这个人真没办法。他穷极了，所以要写一本耶稣的传。书店老板不要，教他写一本萧伯纳的传。这是他作传的原因。但是他不知我的生平，他把事实都记错了。刚要脱稿时，他不幸逝世，将手稿托我出版。我足足费了三个月光阴编订纠正及增补书中所述事实，但是赫氏的意见，我只好让他存在。”

“赫理斯说他原要写耶稣的传，但是据说下笔时情感太冲动了，所以写不下去。”林语堂尽量利用自己所掌握的有关资料，勉强凑上去说。

“是的。赫理斯遇见狂浪的人在座，他便大谈起耶稣人格之崇高，但是与安立甘教牧师同席时，他又大放厥词——如和巴黎最淫荡的神女交谈一般……他死时，只是留给他的妻两袖清风。”

林语堂想不出什么妙论可以发挥，只得问：“我想他的妻子现在可以拿到这本书的版税吧？”

“自然的。可笑的是，有些我的朋友写信给我，对书中许多奚落我的话提出抗议，说赫理斯不应该说这些话，而我却很希望他发表。其实这几段话是我自己写的。”

林语堂仔细地观察萧氏讲话时的神态，见他浅蓝的眼睛不时地闪烁发光，使人觉得他是神经敏锐的人，有时又似有怕羞的神情。最特别的是他若有所思时，眉头一皱，双眉倒竖起来，有一种特别超逸的神气，这就是萧伯纳的讽刺画中常见的有名的眉梢。

林语堂看着这位身材纤瘦的爱尔兰文豪，想到他纵横古今语出惊人的议论，使读其书的人，必生畏心，以为此老不可轻犯。然而一见其人，却是朴质无华的文人本色，也是很近人情守礼法的先生。

此刻，林语堂想起了萧翁素来以真话为笑话的名言。常人总以为萧氏的幽默出于怪诞炫奇，却不知这滑稽只是不肯放诞、不肯盲从，撇开俗套、说老实话而已，这是萧翁被人认为怪诞的缘由。

在席间，萧氏谈到素食、中国家庭制度、大战、中国茶等问题。他只是在他学用筷子夹菜之时随便扯谈，相当自在。然而在林语堂听来，真如天女散花，目不暇接。

餐后大家到花园中。那时，阳光射在萧翁的白发苍髯上，萧翁人又高伟，有一种庄严的美丽。

“萧先生，你福气真大，可以在上海看见太阳。”有人说。

“不，这是太阳的福气，可以在上海看见萧伯纳。”这位机智的爱尔兰人回答。

林语堂立即联想起穆罕默德的名言：“穆罕默德不去就山，让山来就穆罕默德。”①

幽默家萧伯纳在“幽默年”来到上海，并且与“幽默大师”林语堂共进午餐，随之《论语》第12期（1933年3月1日出版）又出了迎萧的专号。刊出了蔡元培、鲁迅、朱春舫、邵洵美等人的迎萧文章，而林语堂自己就一口气撰写了《萧伯纳与上海扶轮会》《萧伯纳与美国》《水乎水乎洋洋盈耳》《欢迎萧伯纳文考证》《再谈萧伯纳》等五篇文章，在迎萧专号上同时刊出。

迎萧的人，几乎都想请萧氏说几句于自己有益而刺着别人的话，大家都想把萧伯纳当作凹凸镜，在他之中看一看自己的“伟大”和“粗壮”。而事实上各人自己做了凹凸镜，把萧伯纳的影子，按照各人自己的模型，照得像一副脸谱似的，村的俏的样样具备。虽然所有的欢迎者都想借萧来照出自身的“粗壮”②，但是在“萧”旋风的风势逐渐平息下去的时候，冷静地

① 林萧会面的情况，来源于林语堂的《水乎水乎洋洋盈耳》等文。

② 有关萧伯纳在上海的情况，详见瞿秋白编的《萧伯纳在上海》，四川人民出版社出版。

回顾一下，就会发现：萧氏光临上海一天，得分最多的是“幽默”。因为，萧伯纳来沪前后，上海的新闻媒介、街头巷尾，无不以谈幽默为时髦，“萧”旋风对于《论语》创刊以后猛然升温的“幽默热”起了“火上加油”的作用，“幽默大师”林语堂在公众中的知名度也随之而直线上升。正好应了鲁迅的一句话：

“轰的一声，天下无不幽默……”

第十章

「有不为斋」斋主

刚到上海时，林语堂住在善钟路（今常熟路）的一套西式公寓房子里，有书斋、客厅、卧室、厨房及卫生间，但没有停车间，也没有用人住的下房。经济大改观后，林语堂搬进了忆定盘路（今江苏路）43号（A）的花园洋房。

这是一所精致的现代住宅。林语堂所以选中它，主要是因为它有一座绚丽多彩的花园。出生于闽南山村的林语堂，成年以后，身居城市，心向自然，找一个带花园的住宅，也算是对他向往自然的一种心理补偿。

林语堂按照住宅与庭园是一个有机整体的中国传统文化观念来安排自己的庭园。所以，忆定盘路43号（A）的“庭园”的“园”字，不是西方文化观念中的花园里的一块草地或一些几何形的花床，而是指一块能供种菜、种果树，能坐在树荫下乘凉的地方。

林宅的庭园中，除白杨外，还有桃树等果树，同时有菜园，还有专为三个孩子所设置的秋千、滑梯等儿童体育设施，有一块属于孩子们的儿童乐园。

在寸土寸金的上海，这可是一个不小的庭园啊，园里的白杨树就有40多棵。春天来了，首先报春的是紫色的常春藤，它在林语堂的“有不为斋”书房外面默默无闻地开放。白杨树枝长出小小的嫩芽，接着树叶也逐渐长大，直到茂密的树叶把园外的野景完全遮住。庭园里的万物都欣欣向荣，鸽子在屋檐的巢里生蛋。三棵桃树开着美丽而又鲜艳的花朵，但所结的桃子，却全是又小又酸的果实。

林夫人是家政总理，也是一切家庭计划的制订者和现场总指挥。庭园是她大显身手的场所，她制订了管理和发展庭园的各种方案，什么地方、什么时候种什么花，全由她一手安排。

玫瑰花盛开的那些日子，她一早到园里为玫瑰花除虫。人人爱花，爱花的人常常会情不自禁地去采花，于是她又对采花规定了细则：刚开放的花不许采——应该让它们自然地生长在花枝上展现它们的自然美，要等到墙上的蔓藤异常繁密时，才允许孩子们采些花来放在客厅的花瓶里，或是各人的屋子里，但有时亲友们来了，林夫人就亲自用剪刀剪几枝给他们；当群芳争艳的高潮过去以后，也允许家里的女佣采花插在自己的发髻上。

林语堂常醉心于春天的庭园。清晨，他到庭园去散步，一手牵着小女儿，边走边欣赏各种飞鸟的歌唱，大女儿和二女儿则蹦蹦跳跳地游戏着……

庭园里动人的春色曾孕育了林语堂的文学灵感。那年从安徽旅行回来，他看见春的脚步已悄悄地踏进家园的草地，春的手指正在抚摸着墙上的蔓藤，春的气息吹拂着柳枝与桃树的嫩芽，玫瑰枝条上长出了蓓蕾；蚯蚓又在园中的花台上钻起一小堆泥土，甚至连堆放在园地上的白杨枝也奇迹般地萌发出青葱的新叶，万物都散发出生命的光辉。园内那些没有思想的动物，从鸽子到狗也都因为春天而演出了原始的悲剧或喜剧。有大脑思维的人，从厨子、阿金，到书店常来送稿子或校样的小伙计，则更是陶醉在春色之中了。春天奇妙的威力，家园里的那些变化，使林语堂文思如泉涌，写下了那篇优美的散文——《家园之春》。

夏天，蝉栖息在白杨树上，整天不知疲倦地唱着单调的歌。林语堂从上海老城隍庙买来两只荷花缸，那只二尺半高的荷花缸，直径有二尺光景，粉红色的荷花美丽悦目。清晨，林语堂带孩子们散步时，总可以看到面盆般大小的荷叶上，散布着许多大水珠。孩子们跑过去摇动荷叶，水珠便向叶中央汇集，先是滚成几颗大水珠，接着几颗大的又滚在一起，有时大水珠会变成许多小水珠，在金色的朝阳下闪闪发光。清新芬芳的荷花香味迎面扑来，令人赏心悦目。

一次阵雨之后，屋后的溪水上涨了，林语堂发现那里有许多三寸大小的小鱼，这些鱼的嘴上生着五根细毛，孩子们随便叫它们“五须鱼”。林语堂和孩子们用网捞、钩钓，捕捉了四五条，放进荷花缸。缸里有三分之一的清水和三分之二的泥，所以“五须鱼”一放进缸里立即就钻入泥污不见踪影。几天以后，经过生存竞争，小鱼吃掉了荷花缸的老居民——小蝌蚪。于是，整个夏天，荷花缸都成为小鱼的天地。林语堂和孩子们经常来园里观看小鱼在缸里自由地游泳。当荷花结出莲蓬以后，林语堂一家人高兴地剥着莲子吃，而小鱼则和荷花一起消失了。

在生活中让孩子们发挥自己的天性，这是林语堂教育孩子的基本方针。一天，他看了孩子们粗糙而幼稚的建筑——用石头、树枝条、绳子围起来的一个小花园——很高兴，虽然他预料到这篱笆的寿命不会太长，任何一次暴风雨都可以把它们摧毁，可是他并不越俎代庖，而是让孩子们按自己的设想做下去。于是，在林语堂听其自然的方针下，一些小花木被移植到小花园里来了；一些石块被搬进来当凳子，三个女儿还郑重其事地把这个小花园命名为“三珠园”，她们用一块纸牌写上“三珠园”三个字，表示正式落成，邀请爸爸妈妈去参观她们的工程。

不出林语堂所料，“三珠园”很快就毁于夏天的阵雨。但是，林语堂和孩子们都没有责怪那无情的阵雨，因为，那天天气异常闷热，屋子里的人都嚷着热得难熬，一阵倾盆大雨，带来了千金难买的清凉，大家拍手称快，也就不惋惜“三珠园”的覆灭了。

浇花，是夏天的日常工作。每天下午四五点钟，用人阿金用接在自来水龙头上的水管向花上喷水。这时，林语堂和孩子们常常跑来帮忙，林语堂欣赏着枯萎的花朵在水的滋润下苏醒过来以后又生气盎然的神态。

菜园是庭园的一部分，这是林语堂为了让孩子们从植物生长过程中体验“造物主的神秘”而特设的。根据季节的变化，菜园里轮流种着番茄、豆子、芹菜、南瓜，皆由孩子们施肥照料。有一次，林语堂心血来潮地要孩子们尝一尝亲自栽培的粮食是什么滋味，在 4 月种下了稻子。开始时，在林语堂和孩子们的精心培育下，稻子长势很好。夏天，林语堂带全家上庐山去避暑，回来的时候，稻草长得比孩子们还高，可是却没有吃上稻子……

一个美满的家庭在动荡的社会生活中是人生最可靠的避风港，林语堂幸运地遇到了廖翠凤这样的贤内助，使家庭成为他发展事业的后方基地。

林、廖的婚姻，是两个个性完全相反的人的奇妙的结合。林语堂出生在一个充满欢乐的牧师家庭，廖翠凤则在一个重男轻女的钱庄老板的家里长大。廖女士对社会上的事情不大知道，不仅不太关心国家大事，甚至对林语堂为什么要在《语丝》上写文章骂人，后来为什么又要提倡幽默，为什么想发明中文打字机等，她都不大清楚。

在《语丝》时期，林语堂写文章，任意而“骂”，廖女士担心他的安全，劝他不要再写“批评政府的文章”。可是，林语堂不听，廖女士生气了：

“你为什么不能好好的教书？不要管闲事了！”她厉声说。

“骂人是保持学者自身尊严，不骂人时才是真正丢尽了学者的人格，”他答道，“凡是有独立思想，有诚意私见的人，都免不了要涉及骂人。”

“你在‘邋遢讲’！”她骂道。这句厦门话，意思是胡言乱语[①]。

① 林太乙：《林语堂传》。

即使到了上海，林语堂的“幽默”文章已风靡文坛，廖女士对丈夫经常开夜车写文章，仍认为是在胡说八道“邋遢讲”！但这时，她已不再“厉声”呵骂了，夫妇间的对白像说相声一样有趣：

“堂呀，你还在邋遢讲，来睡觉吧。”

“我邋遢讲可以赚钱呀。”

“你这本书可以赚多少钱？”

“不知道。你要多少？”

“多少都要。”……使她惊异的是，他胡说八道，居然有这么多人欣赏，居然可以赚钱。有一次，算命的说她是吉人天相，逢凶化吉。她听了非常高兴。这多年来语堂没有出事，也许是因为她的关系。[①]

在家庭生活中，林语堂像一块岩石，廖翠凤像海葵，牢牢吸住林语堂这块岩石。廖翠凤少女时受过严格的旧式教育，不仅被灌输了三从四德的封建道德，而且被灌输了基督教的严厉戒律和清教徒般的信念。

结婚以后，林语堂向廖翠凤宣扬李白的那套“浮生若梦，为欢几何？”的人生哲学，教她享受人生，把她被束缚的天性解放出来。林语堂把生活视为永无止境的追求和探险，他随时

① 林太乙：《林语堂传》。

都会有新的体验和发现，而对于廖女士来说，时间和空间是凝固的，只有面前世界才是真实的。她只谈现实，也只面对现实。有一次，在欧洲旅行，林语堂带她游览希腊古迹——一座建筑在山丘上的卫城。她爬得筋疲力尽，上山后的第一个反应是："啊唷！我才不要住在这种地方！买一块肥皂都要下山，多不方便！"这是一个操劳家务的主妇的真实的直感。

林语堂一生的成就，与妻子的全力支持是分不开的。林语堂专心致志笔耕，廖女士则尽心理家务，安排他的饮食起居，照料他的日常生活，还要提醒他注意社交上的仪表，使他不失面子。

林语堂在妻子面前，常常像一个顽皮的大孩子，一些生活琐事非经再三催促，才肯去做，尤其不喜欢理发。女儿们曾生动地描述了廖翠凤如何像哄骗小孩似的要丈夫去理发的过程——

> 廖：语堂，你的头发该剪了。
>
> 林：不！还好哩。我从未见过有人像我这样的整洁。
>
> 廖：但是太长了。你去照照镜子看。
>
> 林：现在你看？并不长。我是整洁得不像作家了。
>
> …………
>
> 廖：请你听我的话。你明晚要去演讲。我见你有这样长的头发站在讲台上，真要觉得惭愧的。
>
> 林：假使让听众见到林语堂的头发这样的整洁，我也要觉得惭愧的。

廖：穿上大衣吧。……街上有一家理发店，很近的。

林：我知道。但我不要给他们做生意。

这一天，林语堂胜利了，他没有去理发。但廖女士盯住丈夫不放。次日，妻子又来哄丈夫去理发——

廖：你到理发店去吗？

林：不，我要预备演讲。

廖：不，请你吃过中饭再去吧。

林：啊，中饭后我要睡觉。

廖：那么在下午散步的时候再去吧。

林：请你不要烦，我不是你的儿子。

廖：但你也许是的。

林：我不是。

廖：现在，语堂，不要生气，去吧。

林：为了避免淘气，我就去吧。

廖：啊，是的，你应当去。不要忘记叫他们洗洗头，太脏了。还要告诉他们剪去半寸长。

林：对的，香！

廖：谢谢你。[1]

---

① 林如斯、林无双等：《吾家·父亲和剪发》。

林语堂在这里又恢复了坂仔小和乐的顽童性格，而廖女士则代替了当年母亲和二姐的位置，她好不容易才管住了这个顽童。

阴阳互补。林、廖是很相称的一对。林语堂常对朋友说："我像个轻气球，要不是凤拉住，我不知道要飘到哪里去！"廖女士听了直点头，她骄傲地附和道："要不是我拉住他，他不知道要飘到哪里去！"

林语堂成名后，廖女士怕他喜新嫌旧，林语堂叫她放心。他说，我不要什么才女，我要的是贤妻良母，你就是。廖女士听了放心了。林语堂生性不喜欢弱不禁风的少奶奶，讨厌装腔作势的交际花，所以，他不嫌打扮老实的妻子。

廖女士不赶时髦，头上梳的是一个简单的髻，穿的是普通的旗袍。戴着一副无框夹鼻眼镜。唯有高鼻梁的人才适合戴这种眼镜，廖女士非常偏爱它，她用自己的高鼻梁夹住了这副德国眼镜，一边有个细小的链子用钩子钩在耳朵后面。

廖女士以家为中心的观念根深蒂固，同时，年轻时又曾就读于玛丽女校，学过西方的家政管理，又写得一手秀丽的书法。当年在上海文人太太们的社交圈里，她是遐迩闻名的治家能手，她牢牢地拉住林语堂这只气球的同时，将家里的上上下下，也都管理得有条有理。在她的规划下，家中五六名男女用人各尽其责，赏罚分明。她注重家庭卫生，首重饮食，常帮仆人烧饭，借此监督厨房卫生。笨重的大衣和名贵衣料做成的西装，她宁肯自己洗刷，也不送到洗衣店。

上海有一位从事妇女书刊编辑工作的人，曾专访林语堂夫妇，问廖女士对林语堂的态度。她说：“双方取互助合作的态度，家常事务，全由我负责，比较重要的，共同商量，决定办法。”

那编辑又向廖女士请教“治家”经验，廖女士介绍了四点“经验”，除经济公开、收支平衡、厨房自主之外，她尤其强调对儿女的教育。她说：“对儿女从小养成自动的习惯，不假手于婢仆，发展其个性，不用威力强制；如小孩犯过，用面部表情，使其觉悟；不能时常责骂，多骂必失其效力；有时可借他人的、间接的训导……”①

林语堂夫妇非常重视儿女的教养，注意培养孩子们的各种动手的能力，因为林语堂夫妇绝对不希望孩子们成为衣来伸手、饭来张口的寄生虫。但是对孩子的饮食起居，廖女士每必躬亲。她宁可留在家里，与女仆一起照顾幼女，而不出去参加社交活动。有时，迫不得已，必须外出时，她的心也总是在惦念家里的孩子，因此，人在外面，心在家，一切都没有兴致。有一次，林语堂带妻女去无锡作周末旅行。是时，小女儿林相如只有四岁，所以不曾同去。廖女士到了无锡就心不在焉，惦记着四岁的幼女，突然，她决定立即乘夜车赶回上海，把林语堂和两个女儿留在无锡过夜。

随着林语堂社会声誉的增长，各种社交和应酬也日益增多。读林语堂的文章，往往误会他是一个潇洒放浪随随便便的任性者，其实他的生活非常有规律，拘谨严肃，井井有条。

---

① 黄寄萍：《新女性讲话·林语堂夫妇访问记》。

“他不喜爱宾客”，“平常他绝不喜同朋友随便来往聊天”[1]。办《论语》等刊物时，总是尽量利用电话联系各种编务工作，必要时碰个头，谈完正经事就散。但“在宴会的时间，他很高兴接待朋友，大家聚在一起闲谈一阵”[2]。同时，他也乐意带着廖女士去参加朋友的宴会。廖女士出门时，总戴着耳环、戒指、胸针、手表，再加上那副国内罕见的德国夹鼻眼镜，风度十足，是个端庄的太太。她会讲英文，是基督教女青年会的活跃分子，在女青年会的合唱团里，她是唱女高音的。有一次她居然参加了青年会组织的踢踏舞班，但主要不是为了跳舞，而是为了减肥。相比之下，妻子比丈夫爱热闹，喜欢应酬。虽然他俩的个性性格不同，但由于能配合默契，夫唱妇随，所以，在社交场上，林语堂夫妇是令人羡慕的一对。

林语堂“不喜爱宾客”，并不等于不交朋友、不爱社交。恰恰相反，只要不是浪费时间，林语堂并不拒绝正常的社交活动。他的择友原则符合他的自由开放的个性。他说他愿交好友数人，不必拘守成法，完全可以熟不拘礼，相互能尽情吐露自己的苦衷，能坦诚相告，无拘无碍，对柏拉图与《品花宝鉴》念得一样烂熟，还能说笑话，在精神方面必须富有，朋友们必须各有癖好，对事物必须各有其定见。这些人要各有自己的信念，同时也尊重别人的信念。当时，林语堂是论语派的主帅，根据他的择友标准，“论语八仙”未必都是他心目中理想的知心朋友。

---

① 徐訏:《追思林语堂先生》。

② 徐訏:《追思林语堂先生》。

“不喜爱宾客”的林语堂，偏偏有一个覆盖面很宽阔的社交圈，而且居然能应付下来，不得罪人，这多半要归功于廖女士。她从不欠人一顿饭，不论有朋友来家里或一起上饭馆，她都能成功地扮演好自己的角色。作为女主人，她总是亲切地招待来客，时时注意他们的盘子是不是空了。她宁可自己少吃一点儿，只要客人们快乐，她便非常得意。大女儿林如斯回忆：“客人一到我们家，母亲总是看着他们吃饭，母亲常预备着精美的菜肴，有时候把所有的东西都吃得空空如也；但她一点儿也不吝啬，她的脸上流露着诚恳的笑容。”[①]

林语堂的小书房在楼下，取名为“有不为斋”，是书斋也是客厅，布置得十分幽雅。斋里铺着寸把厚的地毯，家具富丽堂皇，书架上洋装书和线装书并存，墙壁上挂着梁启超亲笔书赠的一副对联：两脚踏东西文化，一心评宇宙文章。

梁氏书法，笔墨肥浓，挺拔峥嵘，令人观玩难释，使“有不为斋”风雅倍增。

林语堂是一位勤于笔耕的作家，绝不在闲谈中虚度时光，但《论语》《人间世》等幽默小品杂志创刊后，为了组稿、编务等事情，他也不得不常在家里请客吃饭，或在“有不为斋”里接待客人。所以，“有不为斋”也曾出现过“谈笑有鸿儒，往来无白丁”的盛况。

幽默风趣的斋主林语堂，以他那渊博的知识和见多识广的

---

① 林如斯、林无双等：《吾家·母亲》。

经历，使他总能成为社交场合的中心人物。他的谈锋甚健，古今中外，天南地北，奇闻逸事，无所不谈。而且妙语连珠，常使人忍俊不禁，客人们都在轻松的气氛中，度过美好的时光。

林语堂提倡吸烟，所以，宾朋满座时，“有不为斋”必然烟雾弥漫。平时，林语堂最喜欢用烟斗吸烟，这烟斗在他的手里已不是单纯的吸烟的工具，而是一件多功能的道具。譬如，圆的那一端因燃点烟丝而发热，他喜欢用微温的烟斗在鼻子上轻轻地摩擦，所以，他的鼻子和烟斗常是油光可鉴的。说话时，烟斗就像教师手中的教鞭、交通警察手中的警棍一样，成为他加强语气的一件道具。

林语堂说，没有了烟斗，他什么事也做不了。有时他找不到烟斗，便满屋子乱翻乱找一气，嘴里还会嘀咕着：“我的烟斗！我的烟斗在哪儿？烟斗，烟斗……”找到后便满意地哈哈大笑。所以，他的女儿说：“父亲常为他心爱的烟斗而发狂。”

但是，他不吸香烟。为招待客人，“有不为斋”备有国产的香烟，不备洋烟。宾客中有位久居海外的谢保康，嗜好洋烟，抽不惯国产烟，一次竟自备美烟“开麦尔”，林语堂也不介意。偶尔，有好友来访，他以荷兰产的“阿尔培多”牌雪茄待客。这时，他也会陪着客人吸雪茄，宾主同享这种价值一元大洋五支的好烟[①]。

“有不为斋”是文友们以文会友的地方，也是烟友们畅谈

① 林语堂以雪茄待客一事见周劭先生和笔者谈话的录音稿。

吞云吐雾之美的场所。《论语》常有谈论吸烟的小品文，不了解内情的人，还以为《论语》是拿了烟草公司的广告费哩！据说，“饭后一支烟，赛过活神仙”这句话，最初就是出自林语堂之口[①]，后来竟成为烟草公司的最佳广告用语而广为流传，这是林语堂所始料不及的。

福建人爱喝茶，尤嗜工夫茶。工夫茶虽然可口，却颇费工夫，忙于笔耕的林语堂，惜时如金，“工夫”比茶更可贵。所以，“有不为斋”虽备有好茶叶，但主客都不愿在喝茶上下功夫，何况他们也常常喝咖啡。

林家有自备的厨师，拿手菜是“八宝鸭”。家中待客时，林语堂常叫厨师做闽菜献技。其中“水鸡（蛙）汤”一味，令人回味无穷。其实，廖翠凤的烹饪技术在厨师之上，能做得颇为出色的厦门特色菜。最受欢迎的是清蒸白菜肥鸭，鸭子蒸烂了，吃起来又嫩又滑，白菜在鸭油里蒸烂，入口即化。她做的厦门菜饭也很好吃，将猪肉丝、虾米、香菇、白菜、菜花、萝卜炒过后，再加进饭里焖熟，吃的时候撒胡椒、加黑醋。她的焖鸡尤其拿手，用姜、蒜头、葱把鸡块爆香，再加香菇、金针、木耳、酱油、酒、糖，用文火焖烂。她的厦门卤面更是别有风味，面里放猪肉、虾仁、香菇、金针、菠菜等作料，用鸡汤熬成。这些佳肴使“有不为斋”的来客们难以忘怀。

林语堂的生活有严格的规律：平时，每天上午到中央研究

① 资料来源于章克标先生和笔者谈话的录音稿。

院办公，下午和晚上都是读书和写作的时间。星期四下午，是他所兼职的《中国评论》周报的例会，雷打不动。每周六或周日的下午则一定带妻女们去看电影。了解他生活习惯的人，都不在上述时间内拜访他。实际上，剩下来可以会客的时间很有限，他见缝插针，充分利用有限的空间进行社交活动。所以，每星期天总有客人来吃午饭或茶点。几年之内，“有不为斋”接待了上海的许多文化名人，如鲁迅、郁达夫、邵洵美、钱杏邨、桂中枢、朱少庸、全增嘏、徐懋庸、唐弢、赛珍珠女士、施蛰存、赵家璧，以及章克标、简又文、陶亢德、徐讦、周黎庵、刘大杰等论语派同人。

“有不为斋”特有的情调和殷勤好客的主妇，促进了林语堂社交活动的良性循环，而对于那些“徘徊在中西文化之间，想找一条和谐的出路”的“骚人墨客”们，“有不为斋”具有一种不可抗拒的吸引力。

因为，“两脚踏东西文化”的林语堂，实际上是这批徘徊者的精神领袖。他们都是 20 世纪以来中西文化大碰撞的产物，他们自幼受传统文化的深刻影响，后来又都出洋留学，于是，多种文化并存于一身，就成了他们的共性特征。他们聚在一起时，以讲英语自豪。其中，温源宁是英国剑桥大学的留学生，回国后的那副模样，比英国人还像英国人。他穿英国绅士的西装，手持手杖，吃英国式的下午茶，讲的英语也是剑桥式的结结巴巴的腔调，好像非要找到恰当的字眼才能发言，谈论起他所崇拜的艾略特和豪斯曼来，滔滔不绝。另一位叫吴经熊，是美国哈佛大学的留学生，曾师承美国最高法院法官霍姆斯，回国后还与霍姆斯保持多年的通信联系。他经常不厌其烦地向别人夸耀这段经历，引以为荣。吴经熊是个白面书生，风度翩翩，文质彬彬，但他不肯穿西装，讲英语时故意带点宁波口音，在这批讲英语的文人圈子里，是个古怪的人物。后来他成为虔诚的天主教徒，常为自己的种种矛盾心理呻吟[①]。

新月派诗人邵洵美也是林家的常客。邵洵美面白鼻高，堪称希腊型的美男子，曾在英国剑桥大学攻读英国文学。在留学期间，与徐志摩、刘海粟、徐悲鸿、张道藩、谢寿康等人为友。他虽有百万家产，却热衷于文学和文化出版事业，可惜又不善于经营，经常做赔本的买卖。每天开着轿车到英租界来找朋友、逛书店。

这一群徘徊于两种文化之间的骚人墨客，后来都是英文《天下月刊》的编辑或撰稿人。《天下月刊》由温源宁主编，林语堂、吴经熊、全增嘏、姚克等任编辑，由中山文化教育馆印行。这是辛亥革命以后，水平最高的英文学术刊物。林语堂与其他《天下月刊》同人的主要区别在于：林语堂没有仅停留在“徘徊”上，而是很快地超越了“徘徊”阶段，决定把“两脚踏东西文化，一心评宇宙文章”作为两种文化融合互补的基本框架。

事无巨细，到了林语堂这里就变成了两种文化之间的选

① 林太乙：《林语堂传》。

择：要西方的，还是要东方的；要新的，还是要旧的。他常常为这种选择而绞尽脑汁。

在衣着打扮方面的反复变化，具体而生动地反映了林语堂在东西文化接合部上彷徨的足迹。刚从国外回来时，他西装革履，后来改穿中式布袍，有时加马褂。足穿青布鞋子，有时也穿皮鞋。他戴过西式的帽子，后来又认为中式小帽舒服。

从头到脚，如何穿戴，如何选择，他都有讲究。他常借题发挥，以服装来比较中西文化的长短优劣，成为他幽默文章的题目。他从西装意在表现人身形体、中装意在遮盖身体的中西服装哲学之不同上说开去，洋洋两三千字，褒扬中式服装合乎人体的自然形状，宣传中式长衫的优越性，贬抑西装领带之束缚人性，痛斥“狗领带”。但在现实生活中，林语堂为应酬的需要，也经常穿他所不愿穿的西装，并戴上被他斥之为“狗领带”的玩意儿。

平常居家，他以身体的舒畅为最高原则，穿着随便、自由、闲散，不时髦的长衫和称脚的旧布鞋，是必备之物。夏天穿背心，半裸身体，喜欢淋浴。

然而，在社交场合，或在中西合璧的书斋里接待文人墨客时，他必定仪表端肃，一副金丝架眼镜、中式长褂、布鞋，却口衔西式的烟斗，一副东西融合的派头，这一切构成了“有不为斋”独特的情调。

除了上述所说的文化界的朋友、熟人外，林、廖两家的亲戚同乡，也在忆定盘路的林宅中常来常往。接待，成了家庭生活中的一项不可缺少的内容。

三哥林憾庐来得最勤，他那张笑嘻嘻的脸，很讨人喜欢。那时，他从家乡逃难出来，生活有困难，林语堂就帮他在《论语》安排一份差使。林家的兄弟姐妹们直到成年以后仍然保持着童年时的那种亲近。记得那一年，全家支持二哥玉霖去圣约翰大学读书。玉霖毕业后，留圣约翰任教，补贴林语堂在上海读书的费用……一人有难，众人相帮，这是林家的家风，现在三哥有难，林语堂岂能袖手旁观。

二哥林玉霖，六弟林幽，这时都住在上海。玉霖有七男一女，林幽有两个女儿，大家经常见面，相当热闹。林幽总是笑嘻嘻的，讲起笑话来自己先笑个不停，要等他笑完才讲得出来。为了提携弟弟，林语堂和林幽合编过《开明英文讲义》。玉霖的大儿子林疑今曾留学美国哥伦比亚大学，也是文人。林语堂与这位侄子的艺术趣味不大一样，所以，两个人谈不到一起。林疑今的弟弟林国荣，在银行工作，林语堂夫妇都喜欢他，后来，帮助他留美。

那时，廖翠凤大哥的女儿桐琴、舜琴两姐妹，在上海中西女塾读书，学校和忆定盘路上的林宅只有一墙之隔，周末也常来林家住，廖翠凤就带她们一起去逛商店、买衣料、皮包等。后来，廖女士为美貌的舜琴做媒，嫁给了在纽约做副领事的宗惟贤。

天有不测风云，廖翠凤父亲廖悦发的豫丰钱庄倒闭了！儿子们不但不能为父亲分忧，倒过来还要破了产的父亲来养活他们，这都是廖悦发以往纵容儿子的结果。廖家兄弟姐妹六人，三男三女，廖女士的大哥、三哥都没有好好念书，平时过着娇生惯养的日子，只会花钱、吸烟、喝酒、玩女人，什么正经事情都干不了。廖悦发外貌威严，平时脾气暴躁，是家庭的暴君，动不动便骂人，老婆和女儿都是他的出气筒。钱庄倒闭后脾气愈发暴戾，有时在三更半夜发脾气，闹得全家鸡犬不宁。廖翠凤知情后就经常寄钱回去。廖悦发当初重男轻女，想不到到头来还是女儿贴心。[①]

廖家的厦门亲戚也常来忆定盘路，带来廖家自制的萝卜糕，煎好后蘸黑醋、撒胡椒吃，非常可口。亲戚还带来金爪果、龙眼干、凸柑，还有一种用糖水、香料腌的洋莓，叫咸酸甜，当然还有廖家自焙的肉松。林语堂最喜欢亲戚们带来的漳州乌龙茶——铁观音，这是“有不为斋”待客的佳品。还有那水仙花球茎，也是漳州的特产。亲戚们把这些东西装在网篮里，一篮一篮地带到上海；回去时，林语堂夫妇也要买许多礼物，请他们带回去分赠，因为那时从厦门到上海可是一件大事啊！

① 上述有关廖家的情况，来源于林太乙的《林语堂传》。

第十一章

从《论语》到《人间世》

在20世纪30年代的中国文坛上，以林语堂为中心，以《论语》《人间世》《宇宙风》等刊物为阵地，有一批积极提倡幽默、性灵、闲适的作家，组成了一个文学流派，人们称之为论语派。

论语派是以不左不右的姿态踏上文坛的。1932年，《论语》半月刊创刊伊始，林语堂就再三表明《论语》不左不右的中间立场，并且在每一期《论语》的封里还刊出十条“同人戒条”，提醒所有撰稿者要以“戒条”为准则，与编者一起保持刊物的中立态度。

这种小心翼翼的做法，表明林语堂及其朋友主观上不想得罪左右双方。

在艺术上，林语堂也独树一帜，公开倡言：“以提倡幽默为目标，而杂以谐谑，但吾辈非长此道，资格相差尚远。除介绍中外幽默文字以外，只求能以‘谑而不虐’四字自相规劝罢了。”①

兼收并蓄，这是《论语》的办刊方针。1934年4月5日，

① 《论语》创刊号，第45页。

林语堂创办的《人间世》发刊时，也是对各派作家采取了兼收并蓄的态度，创刊号上公布的特约撰稿人就有 49 人之多。1935 年 9 月，林语堂创办《宇宙风》时，列入“撰稿作家题名”的竟达 72 人，当年的知名作家大多罗列在内。

当然，绝不是说，在论语派刊物上发表文章的人都是林语堂的同道者，也不是说凡在论语派刊物上撰文的人都赞同林语堂的艺术趣味。但是，从论语派方面来说，能一视同仁地为各种不同倾向的作家提供发表文章的园地，这种开放的态度，十分难能可贵。

在《太白》创刊前，林语堂及其论语派与鲁迅及左翼作家之间，还没有形成一种论敌的关系。有时，在宴会上相遇，大家谈笑风生，看不出有多少感情上的隔膜。徐懋庸和唐弢都曾提到 1934 年 1 月 6 日的聚会，在聚会上林语堂和鲁迅等人曾有过幽默诙谐的谈话，林、鲁的不同个性，以及林语堂当年活跃于文坛的神态，都跃然纸上。

那天中午，《申报 · 自由谈》编辑黎烈文做东，在汉口路的“古益轩”为郁达夫夫妇饯行。因为当天下午郁达夫、王映霞要回杭州的“风雨茅庐”了。

参加宴会的有林语堂、鲁迅、曹聚仁、陈子展、唐弢、徐懋庸、周木斋等 12 人，都是《自由谈》的经常撰稿人。

这天，林语堂夫妇到得最晚，他俩进来时，大家已经入席。林语堂刚坐下，就与鲁迅交谈起来。

林语堂问：“周先生又用新的笔名了吧？”

那时，鲁迅经常变换笔名，他先后用过150个左右的笔名，已经很少再用鲁迅的署名发表文章了。林语堂熟悉鲁迅的文风，每当《自由谈》上刊出类似鲁迅笔法，又署陌生笔名的杂文，就疑心是鲁迅的化名。有时，被林语堂猜对过几次，所以这一回他又蛮有把握地猜起来了。但鲁迅没有正面答复，而是反问道："何以见得？"

林语堂说："我看新近有个'徐懋庸'也是你。"

鲁迅听了，哈哈大笑起来，因为徐懋庸确有其人，是一位浙江上虞籍的作家，文风与鲁迅相似。正巧，这天也在场。鲁迅便指着一位24岁初露头角的青年，对林语堂说："这回你可没有猜对，徐懋庸的正身就在这里。"

林语堂和在座的人都笑了起来。

当时，美国女作家赛珍珠刚把《水浒传》译成英文，林语堂对这译本赞不绝口。林语堂说，《水浒传》里不少宋代的俗语、土语、行话以及江湖黑话，不是一般外国人所能翻译的，但赛珍珠译得不错，校读过她翻译本的第一回，只发现一处错误，那就是将"朝廷"的"朝"译成"朝见"的"朝"（Presence）。而过去有的译者将《水浒传》中武松打虎时称老虎为"大虫"硬译成"Great Worm"，弄得狗屁不通。听了林语堂的话，大家又笑了起来。

郁达夫笑着接嘴道："这样说来，李达嘴里的'鸟官'，就该译作Bird Officer了。"

席上又爆发出一阵哄堂大笑。

接着，林语堂谈到赛珍珠的译本使《水浒传》扬名全球，获得了世界文坛的好评，有的外国评论家甚至把《水浒传》作者施耐庵比作希腊史诗《伊利亚特》和《奥德赛》的作者荷马，赞扬《水浒传》是中国的《伊利亚特》和《奥德赛》。林语堂又说："不过赛珍珠本人很担心——现在正当'小猪八戒''闲话扬州'讼诉案连续发生的时候，而《水浒传》里写了开黑店、吃人肉等，也许有人会说她有意暴露中国人的野蛮。"

所谓"小猪八戒"和"闲话扬州"案，是当年轰动出版界的讼诉案。前者指北新书局出版的童话《小猪八戒》，里面触犯了回族禁忌，引起抗议，北新书局因此一度停业，改名青光书局；后者指易君左所著的《闲话扬州》一书，因描写扬州风俗，为扬州人所反对，经调解，由出版该书的中华书局登报道歉。赛珍珠怕《水浒传》中有关江湖黑店、卖人肉馒头的描写，也会引起类似的不愉快事件。

郁达夫认为赛女士过虑了，他满不在乎地说："那算什么！外国人一样吃人肉！"

林语堂又谈到赛女士为《水浒传》取了一个英文的书名：*All Men Are Brothers*，中文的意思是"四海之内皆兄弟"，林语堂激赞这个英文的书名，构思得妙极了，体现了《水浒传》的主题思想。

鲁迅不以为然。他说："便是梁山泊的山寨里，也有主仆，有上司下属，哪里都能称得上兄弟！"显然，鲁迅是以

“阶级论”来看待《水浒传》中的人物关系的，所以他看到的是阶级对立，而林语堂则是从人道主义的眼光出发的。正是仁者见仁，智者见智。

这天，东道主黎烈文邀请的客人都是活跃于《自由谈》园地里的杂文作者。幽默讽刺家欢聚一堂，当然诙谐百出，妙语连珠。他们的谈锋就和他们的笔锋一样出色，所以，谈话的内容异常精彩。

觥筹交错、杯盘叮当。席间，最活跃的是幽默大师林语堂，而鲁迅则总是言简意赅地说出自己的精辟见解，常常一语惊人。席上，大部分都是“烟民”，不一会儿就烟雾腾腾了。《论语》半月刊的《论语社同人戒条》第九条公开宣称论语社同人“不戒癖好（如吸烟、啜茗、看梅、读书等），并不劝人戒烟”。

此刻，林语堂见到鲁迅别具一格的吸烟姿势，忽然准备“幽”他一“默”。林语堂兴致勃勃地问鲁迅：

“你一天吸几支烟？”

“大概很多，我没有统计过。”鲁迅回答。

《论语》刚创刊时，鲁迅是主要的撰稿人之一，鲁迅十分清楚《论语社同人戒条》的内容，而且他肯定读过林语堂发表在《论语》第6期上的《我的戒烟》一文。但是，鲁迅认为，在20世纪30年代的中国，提倡西洋式的幽默是不合时宜的，在吸烟、戒烟之类生活细节上大做幽默文章，简直无聊至极。刚才，林语堂问他一天吸几支烟，鲁迅则从林语堂的眼神中看出对方又准备借抽烟来做幽默文章了。所以，鲁迅冷冷地反问：

“你是不是替《论语》找材料？”

林语堂坦白地回答：“我准备广播一下。”

“这其实很无聊，”鲁迅决定扫一下林语堂的兴，朝“幽默热”泼一点冷水，所以不客气地说，“每月要挤出两本幽默来，本身便是件很不幽默的事，刊物又哪里办得好！”

已经进入幽默境界的林语堂，被这一盆冷水扫了兴。他不反驳，也不作声。须臾间，热腾腾的空气骤然降温，气氛突然紧张起来。东道主黎烈文看到这光景，便赶紧把话岔开去，把大家的注意力引向郁达夫夫妇。

黎烈文以欢送郁达夫回杭州为名，殷勤地替郁达夫斟酒，气氛逐渐缓和了。可是，王映霞见黎烈文向郁达夫频频劝酒，不得不出来加以干涉。王映霞说：“达夫近来身体不好，遵从医生嘱咐，不能喝酒。”

陈子展打趣地问：“这禁酒令到底是太太的命令，还是医生的命令呢？”

郁达夫朝夫人笑了笑，这就暴露了妻子假借医嘱来限制丈夫酗酒的秘密。

接着，廖、王相互交流管理家政的经验，倒也各具特色：林夫人按照欧美式的“科学”方法治家，在夫人的“管教”下，林语堂的生活作息安排得有条有理，吃饭、散步、写稿，都有一定的时间，像英国绅士那样，一切都循规蹈矩；而郁夫人则采取放任自流的态度，因王女士“管”不住不拘小节、放浪任性的郁达夫，所以，郁才子过的是东方名士的生活，潇洒自如。

林夫人夸耀自己的家政时，大家不约而同地朝林语堂望去，希望能从林语堂那里证实林夫人的“政绩”。可是，林语堂却顾左右而言他，海阔天空地扯开去。他谈女人，介绍欧洲中世纪的贵族、骑士们在出征前用铁制的“贞操带”来锁住妻子下部的史实。林语堂还谈雍正皇帝，谈旗人的婚礼，滔滔不绝，口若悬河，刚才在鲁迅那里碰了钉子的尴尬相，已经一扫而光。

有林语堂这样健谈的客人在场，宴会是不会冷场的。但是，黎烈文请客，可不是为了倾听林语堂介绍外国贵妇人的“贞操带”如何精致，而是为了请大家在新的一年继续为《申报·自由谈》撰稿。所以，席终前，黎烈文说了约稿的意思，鲁迅立即打趣地接话：

“你要是能登骂人的稿子，我可以天天写。”

“骂谁呀？”陈子展问。

“该骂的多着呢。”

“怎么骂？”

“骂法也多着。”

于是，谈锋又转到骂人和批评上。鲁迅所以要“将”黎烈文的“军”，问他敢不敢登“骂人”的稿子，这是因为鲁迅的杂文有时会遇到新闻检查上的麻烦。譬如，1933 年 5

月 7 日，鲁迅作《王化》一文，抨击当局，稿子寄到《自由谈》，但被新闻检查处抽掉了，没有登出。这时，鲁迅立即把《王化》一文转寄《论语》，林语堂居然接过稿子马上发刊在《论语》第 8 期上。所以，鲁迅刚才的话，不是无的放矢。林语堂和黎烈文都清楚其中的原委。但不知情的人却在“骂人”上说开去了。王映霞说：“尽管周先生会骂人，却骂不过他儿子 !”

因为那时周海婴还不满 5 岁，所以郁夫人故意把幼童天真的言行引为谈笑。

林语堂接住郁夫人的话题打趣道：“鲁迅的公子终不会忠厚的！”

鲁迅一面笑着，一面赞同林语堂的意见，他说：“是的，我的孩子也骂我。有一次他（指海婴）严厉地责问道：‘爸爸！你为什么晚上不睡，白天困觉！’又有一次，他跑来问我：‘爸爸，你几时死？’意思是我死了之后，所有的书都可以归他；到了最不满意的时候，他就批评我：‘这种爸爸，什么爸爸！’我倒真的没有方法对付他。”

大家听了都笑个不停[①]。

林语堂的刊物上允许刊出鲁迅批评林语堂的幽默主张，两人面对面时，鲁迅给他泼冷水、让他碰钉子，他都不介意，照样与鲁迅说说笑笑，这是符合林语堂的个性的。而鲁迅呢，私

① 关于这次宴会的情况，取材于唐弢的《回忆·书简·散记》和徐懋庸的《回忆录》。

谊归私谊，原则归原则，在宴会上与林语堂碰杯的那只手，在宴席后照样握笔写批判林语堂的文章。在《人间世》创刊以前，鲁迅已撰写了《从讽刺到幽默》《从幽默到正经》《二丑艺术》《帮闲法发隐》《“论语一年”》《小品文的危机》等文章，畅谈了他对幽默讽刺的看法，批评了林语堂所提倡的幽默。

早在《人间世》创刊前四五个月，林语堂已经脱离《论语》编辑部了。

1933年11月1日出版的《论语》第28期上刊出了林语堂的《与陶亢德书》，以“今将有远行”等词，含蓄地表明自己与《论语》编辑部脱离关系。所以，从第28期起，《论语》实际上已由陶亢德接编，但林语堂仍是《论语》的主要撰稿人，在《我的话》等专栏上刊出他的幽默文章。

当时，《论语》每期印数已达数万册，是文坛上最畅销的杂志之一，在大学生中特别受欢迎。南京中央大学校长罗家伦曾对林语堂说：“我若有要在公告栏内公布的事，只需要登在你的《论语》里就可以了。”这虽是戏言，却也反映了《论语》畅销的盛况。

正当《论语》兴旺发达的时候，为《论语》立下汗马功劳的林语堂却突然辞去《论语》的编辑工作，去为良友图书公司办《人间世》了。外界对此议论纷纷，广为流传的说法是因为林语堂和时代书店老板邵洵美发生了矛盾。

因为，《论语》的出版发行和一切杂务琐事都由时代书店包揽，杂志的盈亏全部由书店承担。在杂志还没有诞生时，销路、盈亏等，都是未知数，论语社同人首先考虑的是杂志的生存问题。“开头并没有提到编辑费和稿酬，谁也没有想到钱。”[①] 创刊后，撰稿人和编辑林语堂都无偿地为杂志义务劳动了四五个月，大家都没有计较报酬。直到 1933 年 2 月 1 日，《论语》第 10 期出版之后，时代书店才决定给林语堂每月 100 大洋的编辑费，并从此给作者发稿酬，每千字 2 至 3 元，后来增加到 5 至 10 元。以《论语》为时代书店所做的贡献而论，这样的报酬标准并不高。

《论语》问世后，销路意外地好。畅销刊物编务繁忙。于是，林语堂先请陶亢德来帮忙，后来又把他的三哥林憾庐也安排到《论语》编辑部。同时，林语堂又提出把自己的编辑费从每月 100 元增加到 200 元。在林语堂看来，《论语》使时代书店发了点儿小财，水涨船高，书店给编辑多开支一些，也是顺理成章的。

时代书店老板邵洵美，也是 20 世纪 30 年代的文化名人，邵家颇有根底，先祖是雍正时的大官，曾祖父是清朝的漕河总督，祖父邵友濂，字小村，做过湖南巡抚，在甲午战争时被任命为全权大臣赴日求和。他的外公就是盛宣怀。那时，外人以为邵洵美是靠阔太太用陪嫁钱作文学资本的登龙者。其实，邵、盛联姻是门当户对。邵家虽有百万家产，邵洵美却热衷于文化出版事业，在文人朋友面前颇有阔少气派，耻于在钱财上

① 章克标：《闲话〈论语〉半月刊》。

斤斤计较。所以，对于林语堂的经济要求，几乎有求必应，大方地允诺了。

于是，邵洵美送了人情，林语堂得了实惠，却使一位夹在邵、林之间的当事人，大为恼火。此人就是时代书店总经理章克标。这位章经理早年留学日本，1925 年考入京都帝国大学数学系，后来因故弃理从文。1932 年，章克标出任时代图书出版印刷发行公司总经理后，试图改革书店的经营管理方法。按说，林语堂要求增加编辑部人员和开支等，属于经理的职权范围。可是，林语堂在与章克标相处一段时间后，知道自己的要求在章克标那里肯定会碰壁，所以，他就干脆越过章克标，直接和邵洵美打交道，终于达到了目的。

邵洵美答应过的事情，章克标当然不好公开反对，但日子一久，林、章之间的矛盾逐渐加深。章克标认为林语堂“过于重利轻义了，于是有点隔阂。……有点看不惯，有点恼火”。而林语堂这方面则认为：《论语》之所以一炮打响，要归功于“幽默”的招牌，即使抽掉他和邵洵美的私交，从论功行赏的角度来说，为《论语》增加一点开支，也是无可非议的。于是，林、章两人有了疙瘩，但表面上仍一团和气，只是面和心不和了吧。

正巧，良友图书公司准备办刊物，林语堂便以承包的方式为良友办《人间世》。由良友付给每期 500 元的经费，编辑薪金、作者稿酬都包括在内，另外良友还提供办公室一间，并负担办公室的用品。

林语堂脱离《论语》编辑部，另起炉灶，不知情的局外人以为这是林语堂和邵洵美的矛盾；知情人则知道主要是林语堂和章克标的矛盾。当时的社会舆论是倾向于林语堂的。

《人间世》和《论语》一样，也是林语堂主编的刊物，但这两个姐妹刊物在问世以后的遭遇却大相径庭。如果说《论语》创刊似是旗开得胜，那么，《人间世》则刚一诞生就成了众矢之的，出师颇为不利。

1934 年 4 月 5 日，《人间世》创刊，由林语堂撰写的《发刊词》提倡“以自我为中心，以闲适为格调”的小品文，并且界定了小品文的内容“包括一切，宇宙之大，苍蝇之微，皆可取材，故名之为人间世，除游记诗歌题跋赠序尺牍日记之外，尤注重清俊议论文及读书随笔，以期开卷有益，掩卷有味，不仅吟风弄月，而流为玩物丧志之文学已也……”这一段发刊词后来曾成为反对者攻击的靶子，文中的“宇宙之大，苍蝇之微”一句更是不知被嘲笑了多少遍。

比《发刊词》更惹是生非的，是周作人的那两首 50 岁自寿诗。按中国传统的计岁法，1934 年 1 月 15 日（癸酉十二月初一）是周作人的 50 岁大寿。为庆贺自己年过半百，1 月 13 日，周作人写了一首“牛山体”七律诗，15 日，他步原韵又写了一首。两首诗的全文如下：

前世出家今在家，不将袍子换袈裟。
街头终日听谈鬼，窗下通年学画蛇。

老去无端玩骨董，闲来随分种胡麻。
旁人若问其中意，且到寒斋吃苦茶。

半是儒家半释家，光头更不着袈裟。
中年意趣窗前草，外道生涯洞里蛇。
徒羡低头咬大蒜，未妨拍桌拾芝麻。
谈狐说鬼寻常事，只欠工夫吃讲茶。

对这两首自寿诗，周作人非常欣赏，手书多份赠送亲友。林语堂接到赠诗时，正在筹备《人间世》，幽默大师灵机一动，立即构思了一个为《人间世》造声势的计划：把周作人的自寿诗再抄送当时文化界有影响的名流，向他们索取唱和诗。1934 年 4 月 5 日《人间世》上柜，创刊号的版面安排确实不同凡响：周作人的两首自寿诗，林语堂、刘半农、沈尹默的唱和诗，都以手迹刊出。

在《人间世》第 2 期上，又印出了蔡元培、沈兼士、钱玄同的唱和诗手迹。

这标新立异的创举，达到了为《人间世》扩大影响的目的。

林语堂的唱和诗的题目是《和京兆布衣八道湾居士岂明老人五秩诗原韵》，全诗如下：

京兆绍兴同是家，布衣袖阔代袈裟。

只恋十刹海中蟹，胡说八道湾里蛇。
织就语丝文似锦，吟成苦雨意如麻。
别来但喜君无恙，徒恨未能与话茶。

《人间世》一马当先，大型刊物《现代》杂志和一些小报小刊也一哄而上，相继转载周作人自寿诗及唱和诗，弄得满城风雨，林语堂为自己的这一绝招十分得意。

乐极生悲，林语堂原以为这是一件颇有幽默感的雅事，想不到周作人的自寿诗刊出还不到十天时间，就招来了一阵对《人间世》和自寿诗的激烈批评。首先发难的是野容。这位野容就是32年以后在“文化大革命”中被打成“三家村黑帮分子”的廖沫沙。当年的野容，可是一位猛打猛冲的小青年。

4月14日，《申报·自由谈》上刊出的《人间何世》一文，一看题目，便知道矛头是指向《人间世》和林语堂的。这篇1500多字的杂文，集中火力批判《人间世》的发刊词，辛辣地说，在《人间世》上始终只见“苍蝇”，不见“宇宙”，并预言：刚刚创刊不到十天的《人间世》，肯定“和近来的《论语》相似，俏皮埋煞了正经，肉麻当作有趣”。野容说，当他揭开《人间世》封面，见到一幅周作人的十六英寸放大肖像时，还以为是错买了一本摩登讣闻呢！然后又用模拟手法写了一首讽刺的打油诗，对周作人的自寿诗极尽嘲弄挖苦之能事。

野容的杂文，对准备在《人间世》上大干一番的林语堂，无疑是当头一棒。如果仅仅是这一棒，也许，林语堂还能沉得住气。岂知文坛的风向变幻无穷，不久前，各报刊还是一阵风似的竞相刊出唱和诗，转眼间，舆论导向突然剧变，各报刊紧跟着野容的批评文章，又争相批判自寿诗和《人间世》，同时又引发了批判林语堂的幽默小品的浪潮，其来势之猛，出乎幽默大师的意料之外。

林语堂敏锐地感到：这是一场有组织有计划的围攻，是“系统的化名”，是虚张声势的捣鬼。因为不知道野容是廖沫沙，所以他就按照侦探小说常用的推理方法来寻找这场围攻的策划者，他怀疑是章克标掀起的浪头。

事情也凑巧，当时章克标的《文坛登龙术》一书刚出版不久，这是一本用讽刺笔法写成的散文随笔，书中以辛辣的笔锋揭露和讽刺了文坛上的种种恶劣的手段和行径，有不少切中时弊的地方。鲁迅的《登龙术拾遗》、林翼之的《文坛登龙术要》等文就是由章克标的这本书而引出的杂感。《文坛登龙术》出版时，在《论语》半月刊上登过广告，林语堂也是读过这本书的。而野容在杂文中讽刺林语堂办《人间世》是想当小品文“大师”，是“登龙之道”，符合《文坛登龙术》一书的思维定式，有点像章克标的文风。所以，林语堂就怀疑野容等署名文章，都是章克标的“系统的化名”。

怀疑毕竟是怀疑，如果缺乏证据，那将永远是怀疑。所以，林语堂开始查访落实。就在林语堂查访野容等笔名的正身时，鲁迅出来讲话了。鲁迅在 4 月 30 日给曹聚仁的信和 5 月 6 日给杨霁云的信中，都肯定了周作人自寿诗的“讽世之意”，认为周诗“还是藏些对现状的不平的”，而报刊上的攻击者不仅把自寿诗全部否定，而且还把“党国将亡”的责任推卸给“清流或舆论”，鲁迅不以为然。4月30日，鲁迅在《申报·自由谈》上发表了《小品文的生机》一文，鲁迅既反对1933年幽默大走鸿运时，“开口幽默，闭口幽默，这人是幽默家，那人也是幽默家”的一窝蜂的做法；同时也反对有人趁机把“一切罪恶，全归幽默，甚至于比之文场的丑角”的偏激观点。

鲁迅认为，现在大骂幽默的人，有的当初曾与林语堂志同道合地提倡幽默，只是看到幽默已从“大走鸿运”的高峰，落入了1934年“大塌台”的低谷，在幽默行情看跌的情况下，赶紧见风使舵，也出来骂几声幽默，于是“骂幽默竟好像是洗澡，只要来一下，自己就会干净似的了”。鲁迅十分厌恶这种趁机起哄的人，把他们比喻为改唱丑角戏的黑头。鲁迅觉得，林语堂和《人间世》被这种人攻击，不是坏事，而是好事，“这或者倒是《人间世》的一线生机罢”。

4月30日，林语堂读到《小品文的生机》一文，听到鲁迅的公正的声音，他心里非常宽慰。林语堂觉得鲁迅文章中所讽刺的“黑头”，似是影射邵洵美、章克标等人。所以，原来就把章克标列入重点怀疑对象的林语堂，这时立即写信给鲁迅，在感谢鲁迅的支持的同时，也说出了自己的怀疑。

5月4日，鲁迅收到林语堂的来信后，当夜作复，向林语堂分析了反对《人间世》的三种情况。

收到鲁迅的信后，5月10日，林语堂以为《人间世》组稿的名义在忆定盘路的寓中宴请鲁迅、唐弢、徐懋庸等10人。鲁迅应邀赴宴，并赠送林语堂日本瓷制的“舞子”一枚。席间，林语堂约请鲁迅等人为《人间世》撰稿——也许，他有意要与鲁迅重温《语丝》的旧梦，然而，今非昔比，鲁迅已不是当年的鲁迅，林语堂也不是当年的林语堂了。鲁迅并没有积极响应林语堂的约稿，只是把唐弢、徐诗荃等人的文章推荐给《人间世》。

人怕出名，猪怕壮。林语堂在号称“幽默年”的1933年出尽风头之后，已成为上海文坛上一棵招风的大树。

1934年，不顺心的事情接踵而至。年初，有人在报上造谣说，十九路军在福建独立，成立“中华共和国人民革命政府”时，林语堂曾秘密回福建接洽。转眼间，他成了新闻记者笔下的危险分子……《人间世》创刊后，又陷入了“左”“右”夹击的火力网。

如果说，“野容”们是来自“左”的阵营，那么，“微风文艺社”则代表了“右”的方面。这个站在南京政府立场上的“微风文艺社”，竟把鲁迅和林语堂并列在一起，同时进行“声讨”。1934年7月26日的《申报》上刊出了“声讨鲁迅林语堂应如何办理案”的消息报道。

林语堂曾以有“自省”精神而自许。可是，在文艺观念上，他却是一个固执的人，他喜欢标新立异，不愿盲从。所以，无论是“野容”们，还是“微风文艺社”，都不能动摇他提倡幽默、性灵的信念。20世纪30年代，他不仅勾画了中西文化融合的远景蓝图，而且还确立了“幽默—性灵—闲适”文艺观的理论框架。这时，林语堂已从周氏兄弟麾下的一员《语丝》战将，变成了掌着帅印的《论语》主帅。每当他的文艺主张受到大规模的攻击时，他都要挺身而出，保卫自己的文艺观念。所以，《人间世》诞生后所引出的一片反对声，并没有促使他去反思，他仍坚持走自己的路。作为应战，他写了《方巾气研究》一文，发表在《申报·自由谈》上。

当鲁迅斥责“趁队起哄之士”是改唱丑角的黑头时，林语堂也写了《母猪渡河》，刊登在1934年6月5日出版的《人间世》第5期上，以诙谐风趣的文笔，把那些两年前热衷于幽默，两年后又大骂幽默的人，巧妙地骂为“蠢猪”！

第十二章 据牛角尖负隅

机遇只垂青那些懂得追求它的人。林语堂就是一个懂得追求机遇的人。20 世纪 30 年代中期，林语堂及时抓住了赛珍珠所给予的机遇，使他的生活道路发生了重大的转折。

赛珍珠是一位著名的“中国通”。刚出生四个月时，便随着她那当传教士的父母来到中国。她的第一本书是《东风·西风》，但奠定她在文坛上地位的是《大地》，1931 年 3 月，小说出版后，即被美国出版界所组织的“每月新书”推选为杰作，连续再版，很快被译成 30 国文字，1938 年，《大地》荣获诺贝尔文学奖，她成为美国第一个得诺贝尔文学奖的女作家。

1933 年，赛珍珠决定寻找一位中国作家用英文来写一本介绍中国的书。但这样的作家实在很难找，因为能用英文来写作的中国现代作家本来就有限，再加上她的要求又相当高，她要求作者“在这混乱的时代并没有迷失方向。他们的幽默使他们能够正确地认识生活，这是多少代人用世故和学问培养出来的幽默。他们机智到足以理解自己、足以理解别人的文明。他们能够明智地选择自己民族所特有的东西”。她要求作者既能真实地袒露中国文化的优根和劣根，揭示中国文化精神的内核，又要在技巧上具有适合西方读者口味的那种幽默风格和轻松笔调。而在她看来，现代中国作家的作品，不是完全抄袭西方的，就是受西方的影响太深。因此，可供她选择的对象，屈指可数。起先，她曾想到请张歆海撰稿，因为张氏有精湛的英语写作能力。可是不久，当她全面地估价了张氏的文化素质之后，又认为他难以承担此项重任。

当赛珍珠快要失望的时候，正是林语堂在文坛上最出风头之际。1933 年是“幽默年”，“幽默大师”理所当然地成了“幽默年”的新闻人物。早在这之前，赛珍珠已经读过林语堂在英文杂志《中国评论周报》上的《小评论》专栏中的文章。1928 年，林语堂为该刊撰写的《鲁迅》一文，是最早向外国读者介绍鲁迅的英文资料之一。几年来，林语堂的那些题材新颖的英文小品及其“幽默与俏皮”的文风，曾给赛珍珠留下深刻的印象。赛珍珠特别欣赏林语堂的小评论在抨击时弊时的“无畏精神”——在俏皮中包含着火辣的讽刺，言人所不敢言，在不宽容时，又绝不宽容……

1933 年的一天晚上，赛珍珠到忆定盘路林语堂家吃饭。赛珍珠虽然已经 40 岁出头，但岁月好像没有消损她美丽的容貌。她的衣着和肤色都是西方的，可是在她幽静的态度和从容的谈吐中，又显示出东方女性所具有的某些性格和心理。这时，她的成名作《大地》已畅销世界，40 万美元的版税，使她成为一个富有的女人。她花了 5 年时间将《水浒传》译成英文，并已在美国出版，林语堂十分欣赏赛珍珠的英译

《水浒传》。他俩，一个是“中国通”，一个是“两脚踏东西文化”的学者，有不少共同语言，他们用英文交谈，谈得十分投机。

话题涉及某些在中国住过几年的西方人，他们回国以后就以“中国通”自居，著书立说，但是，这些著作充其量不过是海外猎奇，或者是对小脚、辫子之类的丑恶大展览。譬如，1894 年，美国传教士史密斯在《中国人的特性》一书中就竭力丑化中国人，认为容貌丑陋、长辫小脚、不守时刻、不懂礼貌、爱好嫖赌、不讲公德、溺婴杀生、见死不救、虐待动物等是中国人的天性。美国老牌“中国通”甘露德，在 1923 年写的《中国的毛病何在》一书中，断言中国是一个劣等民族……对此，宾主都不以为然。

赛珍珠表示，她希望有一本阐述中国的著作，要避免上述的毛病。这本书应该渗透着中国人的基本精神，由中国人来写，要坦诚相见，不要为了取悦外国人而自惭形秽，因为中国人向来就是一个骄傲的民族，具有坦率与骄傲的资本。

林语堂出其不意地说：“我倒很想写一本书，说一说我对于中国的实感。”

“那么你为什么不写呢？你是可以写的，”赛珍珠十分热忱地鼓励他写，“我盼望已久，希望有个中国人写一本关于中国的书。”

正是踏破铁鞋无觅处，得来全不费工夫。两人一拍即合，林语堂就成了赛珍珠的特约撰稿人。

林语堂受约之后，不敢懈怠，立即构思。

按照自己的写作习惯，林语堂通常都是在床上先打好腹稿。在幽静的深夜，他熄了灯，却并不睡觉，有时还从床上起来，走到窗口，眺望窗外的风景。黑暗中他的烟斗发出来的火星，像萤火般地闪烁。有时他静静地坐在窗口，陷入沉思。

他主要的工作场所是在世人皆知的“有不为斋”。为了使自己能进入创作境界，他把写作提纲抄写在纸上，又把纸贴在“有不为斋”的墙上①。林语堂进入高度紧张的工作状态时，“有不为斋”就成了他生命的一部分，全家没有一个人敢在他工作的时候去惊扰他，除了街上小贩的叫卖声之外，整幢楼房像深夜一样的寂静，只有遇到非常重要的事情，廖翠凤不得不与之商量时，才敢进去。仿佛怕泄露什么秘密似的，廖女士一进去就迅速把房门关好，而那些天真的孩子们则挤在钥匙孔前窥视那充满神秘感的书房和那突然变得不可理解的父亲。

四面都是书架的“有不为斋”，是一间舒适的屋子，安置在房间一角的那张写字台，平时总是十分整洁的。可是，此刻写字台中间堆着一堆稿子，还有几本常用的书、毛笔、铅笔和放大镜，烟缸里塞满了烟头和烟灰。写字台的周围，满地都是烟灰和火柴杆，整个房间烟雾缭绕，气味刺鼻。

有时候，林语堂一边写作，一边微笑。这就暗示着他写得非常顺利。他曾说，一个人心情忧郁的时候，无论怎样也写不

---

① 据周劭先生与笔者谈话的录音记录稿。

出好文章来，因为作者自己就憎恶作品，又如何能引起读者的兴趣呢。

《吾国吾民》一书前后共花费了林语堂 10 个月的时间，最后是在避暑胜地庐山脱稿的。

1934 年 7 月上旬，林语堂夫妇携带三个女儿登上去庐山的江轮。7 月 7 日半夜，舟抵九江。靠岸后，舱内燠热不堪，林语堂全家都睡到甲板上。天刚破晓，全家登岸，到中国旅行社取得行李，再雇得数名挑夫和轿夫，向山上进发。庐山轿夫一向以老实著称，但这一次却与林语堂发生了一点儿小争执。起因是林语堂要把三瓶凉水带在轿上，以便途中解渴，而轿夫认为三瓶水增加了他的负担，所以沿途念念有词，表示不满，直到林语堂不得不将其中一瓶水倒于涧中，事情才算了结。

牯岭是庐山著名的避暑区，海拔一两千米，越往上走，山风越凉。林家五口，雇了三顶轿子，最怕别人说她胖的廖女士独坐一顶，大女儿坐一顶，八岁的二女儿和四岁的三女儿合坐一顶，林语堂自己则徒步登山，走累了就和大女儿对换，上轿子坐一段。在险峻的地方，步行似乎比坐轿子安全，大家都下轿步行攀山，他们走在狭窄的山路上，下面是百丈深谷，令人胆战心惊。

从山脚到山顶，约有两个半小时的行程，到目的地后中国旅行社把他们介绍到建筑精巧的“仙谷旅馆”，林语堂租了一套两间半的客房。

次日，天刚亮，林语堂就醒来了。真是名不虚传的避暑胜地，和炎热的九江宛如隔了一个季节。但“仙谷旅馆”价格昂贵，伙食也不如意，据早来几天的游客介绍，山上另有空屋可租。于是，林语堂急忙搬出客舍，租到了一所避暑的别墅。

这是一幢用山石建筑的房子，一边对着山岩，另外三面都是树林，像云雾中的仙境。早上，可以看见密集的白云在山谷上游移，阳光从白云后面直照远山近谷。有时，乌云从敞开的窗户中飘进来，房间内变得模糊不清，身上也觉得有点寒气，于是只好把门窗暂时关闭片刻。通向山峰的小径铺着碎石，平滑而清洁，两旁都是松树，阵风吹来，树枝晃动，犹如大海怒涛的吼声。

如此赏心悦目的良辰美景，本是奋笔疾书的大好时光，可是林语堂竟三四天没有动笔——原来，在这别墅的屋后，林语堂发现了一个有泉眼的小水潭，他灵机一动想把它改造成一个可以洗脚的小水池。动手以前，他自负曾是圣约翰大学的运动明星，以为这点小事不费吹灰之力。半天下来，才知道不那么简单，由于长期忽略体育锻炼，肌肉已经开始退化了，今非昔比。然而，既已动工，林语堂的个性又不允许半途而废，只好硬着头皮干下去。孩子们觉得好玩，也来帮忙，父女们半是游戏，半是劳作，仅在小潭的四壁砌起小石块，就花费了父女四人两天半的时间，终于筑成了一个一尺深、一尺多长、一尺多宽的水潭。小水潭里充满了一定水位的泉水，从不外溢。看着这么好的水质，林语堂舍不得用这来之不易的水洗脚，而把它当作“土冰箱”，每天早晨把瓜果放进水潭，到中午取出来吃，清凉清凉的，别有风味。可是，这“土冰箱”的建筑师林语堂，由于两天半的劳动，臂酸手痛，一握笔手就颤抖，拇指发硬，伸屈不便，竟有三天不能写字，这对林语堂来说是个不小的损失。

廖女士见到此情此景，不禁怜惜地笑着说：“可怜的孩子，一点儿力气都没有。”但林语堂并不认输，他照样向女儿们夸耀自己在大学运动场上雄姿英发的光荣历史。

虽然不能写作，林语堂也绝不浪费时间，他趁机读完了《野叟曝言》，颇有心得。几天后，林语堂开始在英文打字机上创作《吾国吾民》。他工作的时候，孩子们也在练习毛笔字、读书、画图，各不相扰。

尽力工作，尽情作乐。这是林语堂的生活信条。一方面高效率快节奏地工作；另一方面，休息时，充分愉快地游乐。他利用写作间歇的时候，几次带全家去寻访庐山的名胜古迹。

经过一个多月的埋头苦干，《吾国吾民》的书稿终于杀青，林语堂的避暑生活也告一段落。8 月下旬，林语堂全家依依不舍地离别了庐山，登上了回上海的轮船。

江轮顺水而下，只见江水滔滔，漫无边涯，两岸青山滴翠，江上舟船往来，林语堂极目骋怀，神游于天地之间，不觉精神一爽。他的心潮也像江水一样汹涌奔腾——按照中国传统的年龄计算法，生于 1895 年的林语堂，这一年已是 40 岁了。孔子说，“四十而不惑”。“不惑”之年的林语堂已经以“幽默大师”而蜚声文坛，所以他踌躇满志地回顾了自己所走过的生活道路，写下了一首题为《四十自叙》的七言长诗。

然而，生活之舟却不像那只顺流而下的江轮那样一帆风顺。当林语堂还在庐山一面畅游牯岭，一面写作的时候，7月26日，上海《申报》刊出了“微风文艺社”对他的“声讨”。而当他带着踌躇满志之作《四十自叙》踏上黄浦江岸时，迎接他的不是掌声和鲜花，而是一批充满火药味的批判文章。

林语堂及其论语派是从美学的、艺术的和趣味主义的角度切入文学的，因此，他们看到的是幽默、闲适、性灵，是“表现即艺术”和“艺术即表现”。而鲁迅等左翼作家是从时代性和阶级性的角度切入文学的，所以，他们认为，在热河失守、榆关吃紧的国情下，在炸弹满空、水灾遍地的土地上，无法幽默也无法闲适，更谈不上抒发性灵。面对林语堂们刮起的“幽默风”，左翼作家忍无可忍，决定不再让其放任自流地占领文坛。所以，《人间世》创刊后围绕周作人五十自寿诗的风波，实际上是批判趣味主义和自由主义的前哨战。

1934年9月20日，《太白》在左翼作家的支持下创刊。以《太白》等刊物为阵地，以鲁迅、茅盾、陈望道、胡风、聂绀弩、徐懋庸、唐弢、陈子展、夏征农、曹聚仁等人为骨干，形成了一个“太白派”。他们以抵制论语派的幽默小品为己任，提倡“新的小品文”。可以这样说，1932年9月16日创刊的《论语》，不是作为左翼文艺的对立物而出现的，但1934年9月20日创刊的《太白》却是以批判论语派为目标的。

长期以来，很少有人从中国现代散文发展史的方位上去看待太白派和论语派之争。实际上，两派的分歧，不仅代表着两种艺术倾向的对立，而且也是语丝派分化和解体之后的一种正常的流变现象。如果把林语堂、周作人视为论语派的精神领袖，而把鲁迅当作太白派的精神导师，那么就会发现一个有趣的文学现象——现在剑拔弩张的论战双方，当年曾是同一战壕里的亲密战友。鲁迅、周作人、林语堂等人，作为语丝派的中坚人物，都为创立《语丝》文体而贡献过各自的一份力量。语丝派解体以后，他们又从不同方面继承了语丝派幽默讽刺的艺术传统，为现代散文小品注入了新的内容和形式。

林语堂等在邵洵美的客厅里七嘴八舌地筹建《论语》之时，并没有想要在文坛上造成什么声势，更没有统一文坛的打算，大家只是好玩而已[①]。林语堂在《今文八弊（中）》中说："《论语》提倡幽默，也不过提倡幽默而已，于众文学要素之中，注重此一要素，不造谣，不脱期，为愿已足，最多希望于一大国中各种说官话之报之外有一说实话之报而已，与救国何关?《人间世》提倡小品文，也不过提倡小品文，于众笔调之中，着重一种笔调而已，何关救国？"

但是，左翼作家们却如临大敌，在《太白》《新语林》等刊物上公开号召左翼作家以"新的小品文"来矫正闲适、幽默小品的弊端，写出包括宇宙之大的小品文来跟论语派比赛，让

① 根据参加《论语》筹备工作的章克标先生对笔者的谈话录音记录。

读者决定两者的命运。可见，太白派方面是摆开了决一雌雄的架势的。

早在《太白》问世之前，鲁迅就发表过不少有关幽默、小品文问题的文章。他强调社会现实和幽默的关系，他认为，林语堂及其论语派在失掉笑的年代，偏要提倡“为笑笑而笑笑”的艺术，岂不是故意点缀太平盛世吗？鲁迅对幽默小品的态度反映了他和林语堂之间不可调和的思想分歧，这种分歧，必然影响到林语堂和鲁迅之间的私谊。

如果按两次“相得”和两次“疏离”来说明林、鲁交往的阶段性的话，那么，从 1934 年 8 月 29 日以后，两人的关系进入了第二次“疏离”阶段。因为从那一天起，林语堂的名字就再也没有在鲁迅的日记里出现过。

林语堂说，他始终没有跟鲁迅“闹翻”过。如果说，林语堂心目中的“闹翻”的含意是指拍桌子骂娘，那么，他确实没有和鲁迅“闹翻”过。但要是“闹翻”是指思想上的决裂，那么，1934 年 8 月前后，他们的的确确已经完全“闹翻”了。

决裂，或者就按林语堂的说法“疏离”，导火线是关于翻译问题的通信。1934 年 8 月 13 日，鲁迅给曹聚仁的信中透露了一些蛛丝马迹。鲁迅说，他曾对林语堂说，劝他不要再提倡幽默、性灵、小品文之类的玩意儿，建议林语堂去翻译一些英国文学的名著。但林语堂回信说：这些事等他老了再说。因为鲁迅年长林语堂 14 岁，所以鲁迅很恼火，愤愤地说：“这时我才悟到我的意见，在语堂看来是暮气，但我至今还自信是良言，要他于中国有益，要他在中国存留，并非要他消灭。他能更急进，那当然很好，但我看是绝不会的，我绝不出难题给人做，不过另外也无话可说了。”

林、鲁间的隔阂传到了陶亢德的耳里，陶问林语堂到底是怎么回事。林语堂笑道：“几近挑拨呢。我的原意是说，我的翻译工作要在老年才做，因为我在中年时有意把中文作品译成英文。孔子说，四十不惑，五十而知天命，现在我说四十译中文，五十译英文，这是我工作时期的安排，哪有什么你老了，只能翻译的嘲笑意思呢？”①

林语堂没有接受鲁迅的“良言”，这是因为鲁迅的思维中心是希望林语堂向中国人介绍外国文化，而这时林语堂的思维中心已转移到向西方人介绍中国文化，两者相去甚远。半个多世纪过去了，不妨设想一下：当年林语堂假如按照鲁迅的“良言”专心从事英翻中，那么会有什么样的结果呢？结果大概是不可能为后代留下那36种英文著作，其中包括诺贝尔文学奖的候选作品《京华烟云》。

由于林语堂没有按鲁迅的“良言”改弦易辙，两人就话不投机半句多了。

譬如，有一次，《涛声》主编曹聚仁请客，林、鲁都在座。席间，林语堂谈起他在香港的一件逸事：当时有几个广东人在讲广东话，滔滔不绝，说得非常起劲。林语堂说：“我就

① 根据笔者和陶亢德先生的谈话记录，并参考林太乙的《林语堂传》。

插进去，同他们讲英语，这可就把他们吓住了……”

鲁迅听到这里，放下筷子，站起来责问林语堂：“你是什么东西！你想借外国话来压我们自己的同胞吗？……”

林语堂大吃一惊，不知说什么好[1]。林语堂被鲁迅责骂而不回口。有人说，这是林的“气量、风度”，也有人说这是林语堂的“聪明”，因为他自知不是“绍兴师爷”的对手，只好退避三舍。

曹聚仁请客的时候，林、鲁还没有真正决裂，因为鲁迅是极有个性的人，如果事先知道同席中有他所厌恶的人，是绝不会赴宴的。当年，周氏兄弟都是《语丝》的台柱，当他们反目后，语丝社每月一次在北京中山公园“来今雨轩”聚会或吃饭，鲁迅常常不出席，主要是为了避免与周作人照面的缘故。1934 年 8 月 19 日以后，凡有林语堂参加的宴会，鲁迅就设法避开。

大约是 1934 年，徐讦回宁波结婚，上海的熟友们都送了贺礼。徐讦回沪之后，在福州路大观楼补办喜酒宴请朋友。大观楼是一家很负盛名的旧式京帮菜馆，一进大门便是宽阔的扶梯，直登楼上雅座。宴席只设一桌，都是熟人，林语堂夫妇自然是被邀的贵客之一。那天，林语堂夫妇来得最早，他们面对楼梯落座。其余客人陆续来临。可是徐讦一直不让开宴，大家都知道他肯定还在等候一位贵宾，却不晓得这位姗姗来迟者是

---

① 陈望道：《关于鲁迅先生的片断回忆》。

谁。忽然，只见扶梯响处，上来一位破帽遮颜的客人，踏上扶梯还只露出半个身子，一眼瞧见林语堂夫妇，略一踌躇，便掉身出门，徐订也看到此一光景，连忙下楼去寻，但那位来客早已消失在闹市的人群里。这位未入席的客人就是鲁迅[①]。原来，徐订虽被人视为论语派的健将，但他孤芳自赏，不屑依傍他人门户。而且，徐订非常崇拜鲁迅，鲁迅对他也倍加青睐。在林、鲁第二次“疏离”后，徐订就不得不周旋于林、鲁之间，也实在难为了他。这次因补请喜酒而冒失地同时请了两人，不料鲁迅坚持不与所恶者共席，见林语堂在座，他就毫不犹疑地扭头便走，于是就发生了大观楼菜馆里的那一幕。

1934 年 11 月 19 日，鲁迅作《骂杀与捧杀》批评林语堂、刘大杰。从此，一发不可收。11 月 25 日，鲁迅又写了《读书忌》，针对林语堂、刘大杰等论语派推崇袁中郎和明人小品，鲁迅提倡读野史、笔记。几天之后，12 月 11 日，鲁迅作《病后杂谈》，12 月 26 日，又作《论俗人应避雅人》，矛头都是指向林语堂及其论语派的。

针对林语堂“赞颂悠闲，鼓吹烟茗”，1935 年 1 月 25 日，鲁迅作了《隐士》一文。1 月 26 日，鲁迅又作《“招贴即扯”》，讽刺林语堂抬出袁中郎“当作招牌”。3 月 7 日，鲁迅作《“寻开心”》一文。文中说林语堂提倡的“玩玩笑笑，寻开心”，“就是开开中国许多古怪现象的锁的钥匙”。4 月 20 日出

① 据周劭先生和笔者谈话的录音记录稿，周先生目击这位迟到的客人就是鲁迅。

版的《太白》第 2 卷第 3 期的《掂斤簸两》栏目中，刊出了鲁迅的《“天生蛮性”》，全文只有三句话：辜鸿铭先生赞小脚；郑孝胥先生讲王道；林语堂先生谈性灵。

把林语堂和复古派的辜鸿铭、满洲国总理大臣郑孝胥相提并论，足见鲁迅对林语堂的批评，已经远远超出朋友间的龃龉。

从 1935 年开始，几乎每期《太白》上都有鲁迅以化名所写的批“林”文章。林语堂虽然深谙鲁迅的笔法，但由于他采用了每写一篇文章就换一个笔名的办法，所以连林语堂也猜不出哪些是鲁迅的化名了。这回，林语堂才算真正领教了“系统的化名”的厉害。《太白》第 2 卷的头三期上，每一期都刊出了鲁迅化名的批“林”文章。第 5 期上鲁迅以“直入”的署名，发表了《有不为斋》一文，心爱的书室“有不为斋”是林语堂生命的一部分，而在鲁迅眼里不屑一顾。《太白》第 2 卷第 7 期上，鲁迅又以“直入”的化名写了《两种“黄帝子孙”》一文，指名批判林语堂。

为纪念创刊半年，《太白》推出一本名为《小品文和漫画》的纪念特刊，由鲁迅、茅盾等 58 位太白派作家撰稿，其中许多文章都是批判论语派的，批“林”浪潮被推到了高峰。

声势浩大的批判浪潮，并没有使林语堂畏缩。相反，他在弄清了火力点的方位主要在左翼之后，他按捺不住了。他要为捍卫自己的文艺观点而战。

林语堂写了《作人与作文》《我不敢再游杭》《今文八

弊》等文章，回答反对者的攻击。其中《今文八弊》一文，分上、中、下三篇，先后发刊于《人间世》第二十七、二十八、二十九期。他把近几年来论敌们的观点几乎包罗在“八弊”之内。他从“文学革命”的观念破题，洋洋数千言，算是对论敌们的一次总的反击。

就在《今文八弊（下）》在《人间世》发表后不久，6 月 10 日，鲁迅写了《“题未定”草（一至三）》全力反“反击”。1935 年 8 月 23 日，鲁迅作《逃名》一文，把林语堂的编英文教科书和推崇明朝袁中郎，都列入了文坛丑恶现象加以鞭挞。

林语堂则也在论语派的刊物上连续撰文，对因提倡幽默性灵而招致一片嘘声，感到不解。他说：

“办幽默刊物是怎么一回事？不过办一幽默刊物而已，何必大惊小怪？……充其量，也不过在国中已有各种严肃大杂志之外，加一种不甚严肃之小刊物，调剂调剂空气而已。原未尝存心打倒严肃杂志，亦未尝强普天下人皆写幽默文。现在批评起来，又是什么我在救中国或亡中国了。……现在明明是提倡小品文，又无端被人加以夺取‘文学正宗’罪名。夫文学之中，品类多矣，吾提倡小品，他人尽可提倡大品……”①

林语堂对所有的批评文章采取了全盘否定的态度，认为那些批评《人间世》的文字，没有一篇像样的。

① 林语堂：《方巾气研究》。

第十三章 告别上海

种瓜得瓜，种豆得豆。林语堂在庐山苦干一个夏天，所播下的种子终于收获了。1935 年 9 月，《吾国吾民》在美国出版，一炮打响……

林语堂果然不负赛珍珠的厚望。赛女士读罢那厚厚的一叠原稿，忍不住拍案惊呼：这是“伟大著作”！并亲自为该书撰写序言，誉之为：“这一本书是历来有关中国的著作中最忠实、最巨大、最完备、最重要的成绩。尤可宝贵者，它的著作者，是一位中国人，一位现代作家，他的根柢巩固地深植于往者，而丰富的鲜花开于今天。”

《吾国吾民》问世后的社会效果，使林语堂和赛珍珠同样感到激动。仅在 9 月至 12 月的四个月中，就印了七版，在当年美国畅销书目上名列榜首。一本中国人的著作，能列入 Best-Seller 十大名著之一，畅销美国，这在西方世界是破天荒的。林语堂在美国一举成名。林语堂在美国读者中获得了声望，也为赛珍珠和她的丈夫华尔希的出版公司带来了实利。作为出版家的赛珍珠夫妇，从接受美学的角度，认准了林语堂的这支笔与西方读者的心理是对路的，所以，他们建议林语堂到美国从事写作。

《吾国吾民》在国外的声誉传到国内文坛，引起正反两种反响。有的人认为中国作家能在国际文坛出名，这是中国人的光荣，许多团体请他写文章、演讲，林语堂又一次成为新闻人物。也有人说，林语堂发财了，《吾国吾民》得到了三万美元的版税[①]。更有甚者，俏皮地将“My Country and My People”的书名译成为“卖 Country and 卖 People”，意思说是“卖国卖民”。最滑稽的是，有的人在没有看到《吾国吾民》的中文本之前，竟然把上述的俏皮话作为根据，说《吾国吾民》是一本卖国主义的书，是一本出卖民族利益的书，而且几十年来，以此为据，辗转引用，作为批判《吾国吾民》的定性材料。

1936 年初，夏威夷大学请林语堂去执教，赛珍珠夫妇又不断催他去美国写作。林语堂终于下了决心——走！这是林语堂生活史上的一次重大决策，影响到他后半生的命运。

林语堂为什么决定去美国？

有人认为，当年林语堂在上海文坛还没有“山穷水尽”，他之所以赴美另有隐情：林语堂是《天下》作家群的主要成员，英文刊物《天下》的所有兼职编辑都是当时的社会名流，如吴经熊、桂中枢、温源宁、全增嘏等，这批人几乎都被聘为立法委员，每月 640 大洋，仅每周去开一次会，没有实际工作，是个肥缺。唯有林语堂和另一年轻的编辑姚克没有被聘为立法委员，这使林语堂的自尊心受到极大的损害，所以他决定

① 实际上，林语堂拿到 6000 美元的版税。

去美国[①]。

又有人说，是邵洵美祖父邵小村的一条遗训萌发了林语堂赴美的念头——在初创《论语》时，邵洵美在一次闲谈中谈及祖父的一条遗训：大意说，几十年之内，必然要发生世界性大战，在战乱中，我国将成为列强军队混战的战场，没有一片净土可以逃难，只有去美国避难才安全。林语堂及《论语》的同人们听后相互戏言，说一起逃到美国去，在美国出本《论语》杂志，也许还可以过下去。因此，有人就以此为据，认为林语堂所以在1936年出国，是因为看到中日必战，“想起了邵小村的这个遗训，想到现在正是要逃难避地的时候，只有去美国才对”[②]。

如果，仅仅因为没有当上立法委员或者是邵小村的“遗训”就促使林语堂离国，那么，林语堂也就不成其为林语堂了。实际上是各种内部和外部原因的合力，才促成了林语堂的这一重大的决策。

林语堂的一位朋友讲，他最大的长处是对外国人讲中国文化，而对中国人讲外国文化。林语堂觉得这个评价是一语破的的，一位朋友还为林语堂做了一副对联：“两脚踏东西文化，一心评宇宙文章。”假如说，在做这副对联时，林语堂“两脚”所使用的力量大致上是均衡的，那么，1935年《吾国吾民》出版后的意外成功，使他重新设计了自己的创作道路：不

① 据笔者访问周劭先生录音记录。

② 章克标：《林语堂在上海》。

再平均地使用“两脚”的力量，而把重心倾斜到向外国人介绍中国文化的那只“脚”上。

要全家五口旅居美国，必须得有充裕的财源为后盾。好在这时的林语堂和1919年去美国留学时的情况已大不一样，因为仅《开明英文读本》等教科书的版税，每年便可得6000元，还有开明书店的股份8000元，人寿保险7000元，中国银行存款2000元，再加上为中外刊物撰稿所得的稿费，经济实力是雄厚的。然而迁居需要不少额外的开支，仅船票费用就要1200美元，另外有各种杂用支出，大约共需2000美元，但林语堂算过细账后觉得，到美国后靠演讲、写文章的收入就可以维持全家的生活，不必动用在中国的收入和《吾国吾民》的稿酬。

举家赴美，非同小可，光是各种繁琐杂事，就很不容易处理。但林语堂不必为此操心，因为廖女士是出名的贤内助，有关家政方面的事可以放心地交她全权安排：房子退租，家具处理，衣服细软该带的带，该卖的卖，该添的还得添。一部分家具送给三哥林憾庐，一部分寄存在二哥玉霖和六弟林幽家，其余的寄存在朋友家。廖女士还把一些东西标价贱卖，不少朋友买了林家的便宜货，譬如陶亢德买了一张沙发。

廖女士里里外外地忙了一个多月，把大小事情处理得有条有理。唯一不用廖女士操心的东西是书，这必须由林语堂自己来选择。虽然林语堂已把10箱书寄存商务印书馆，但要带到美国的书籍仍旧非常多，仅仅是有关苏东坡的各种参考书籍就达13类100多种，其他各种珍本古籍也应有尽有。这是因为林语堂到美国是以写作为生，书籍是他写作时不可缺少的材料，所以，他不顾古籍线装书体积大、分量重，决定把大批必读书籍，甚至连孩子们的教科书也都装箱运走，因为他要让孩子们在国外继续学习中文，并由他亲自执教。

从书籍在行李中所占的比重，也可以看出林语堂的生活态度，如无此深谋远虑，日后他怎能在美国连续不断地写作和出版那些有关孔子、老子、苏东坡、武则天等人的著作呢！

临行前，林语堂还专程去北京一次，向文化古都告别。北京有他熟悉的琉璃厂书肆，有语丝时代的故人和现在的论语派同人……他在中山公园“来今雨轩”，抽着烟斗，在袅袅的烟雾中，他重温了《语丝》时的“土匪”生涯……这里埋葬着他青年时代的梦。此刻，一个新的梦，隔着他自己所吐出的烟雾，在太平洋彼岸晃动……

20世纪30年代，坐落在跑马厅附近的国际饭店，是上海，也是远东最高的建筑物。1936年8月9日，《中国评论周报》的桂中枢、朱少屏在国际饭店14层楼的宴会厅欢送林语堂夫妇赴美。

参加欢送会的有《申报》马崇淦，《新闻报》汪仙奇，《时事新报》董显元，《大公报》王文彬，《字林西报》胡德海，《大陆报》费休、吴嘉崇、宋德和、唐罗欢，《纽约论坛报》金维都，美国合众通讯社马立司，《密勒氏评论报》鲍威尔等中外新闻界人士。还有美国商务参赞安立德，工部局总办钟思，工部局情报处主任钱伯涵，《论语》同人中的简又文、全增嘏，林语堂的六弟林幽，温源宁教授偕夫人，钱新之，李之信偕夫人，陈湘涛偕夫人，苐立子偕夫人，邝耀坤偕夫人，伍连德，殷企勤，朱青，林引凤，全增秀，李爱莲，姚辛农等40余人。

一个月来，上海文化人已多次为林语堂饯别，他也多次谢别，但这是临行前的最后一次大型欢送会，因为第二天林语堂一家就要启程了。东道主桂中枢、朱少屏殷勤招待，中外新闻界人士和来宾也向林语堂夫妇频频祝酒，宾主谈笑风生，最后又合影留念。来宾中的伍连德博士还准备了一艘“伍员”号小火轮，停靠在外滩仁记路码头，准备次日下午把林语堂一家送上“胡佛总统号”海轮。

1936年8月10日，对于林语堂一家是个异乎寻常的日子。从上午10点钟开始，送别的人络绎不绝，善于应酬的廖翠凤女士一向深得她所熟悉的那个社交圈的好评，可是现在，大概是过分激动了吧，面对着一批批带着礼物来告别的至爱亲朋，她突然变得语汇贫乏起来，只能连声说：“谢谢！谢谢！”在这一迭声的道谢中，掺进了一种复杂的离愁别绪。

远涉重洋，告别那曾给他带来“幽默大师”称号又给他带来各种酸甜苦辣的上海，林语堂的心极不平静，但他极力掩饰自己心里的波澜，故意显出十分轻松的样子，吃完午饭，还像往常一样午睡……

下午，林语堂全家登上了朋友的汽车，车里放着朋友们送的两只大花篮。在水上饭店左边的码头上，一大群送别的朋友都站在岸边。林语堂一家下车后就被欢送者簇拥着踏上了“伍员”号，小火轮载着林氏一家向停泊在江心的“胡佛总统号”驶去。下午 6 时左右，林语堂踏上了海轮的甲板。

晚上 11 时，海轮在阵阵汽笛声中启航，向辽阔而神秘的大海驶去，把“探险的孩子”送上了新的征途。

第十四章 人生旅途上的新航程

1936年8月10日深夜，美国客轮“胡佛总统号”驶出了长江口，劈开万顷波浪，闯入夜幕笼罩下的太平洋。

甲板上，林语堂凭栏凝视着越来越远的故土，心潮难平，他明白：这是人生旅途上的一次新的航程。前途，像眼前的大海一样，广阔无边，充满希望；同时，在海水下也潜伏着看不见的暗礁。林语堂祈求在今后的生活航道上一帆风顺，但他也明白，好运不会在人们等候的那个地方自然而来，而是经过弯弯曲曲与困难得难以想象的道路降临，要得到它，就必须准备先付出。

回想送别的场面：亲朋好友云集码头，挥手扬巾，五彩缤纷，真可谓盛况感人。单是朋友们送给孩子们路上吃的糖果就有18盒，而大大小小的花篮竟达30只。在船舱的客房里，桌上、地板上……放满了表达欢送之意的花篮，连开启房门都感到不便，林语堂不得不把其中的一部分放在餐厅里。

横渡太平洋的旅程是漫长的，再加上中途的停泊，“胡佛总统号”要在茫茫的大海上航行20多天才能到达美国。他岂能白白浪费时间。于是，船舱成了他在旅途中的“有不为斋”。临别时，友人要他写离国杂感寄回《宇宙风》发表。林语堂觉得：告别故土，千绪万端，确实有情可言，但也不必把所有的感想全部倾泻出来，不如借此机会重申自己的文艺观点，表明他不是为了躲开批判的锋芒才离开上海到美国去避风头的，于是，他写了一篇《临别赠言》。

8 月 14 日，船到日本横滨，林语堂的《临别赠言》杀青，寄往上海。几天后，陶亢德收到稿子，立即发排于《宇宙风》第 25 期，这是他离国后在国内发表的第一篇文章。

途中，轮船在夏威夷停靠。20 多位欢迎者按照当地风俗，向来宾敬献了鲜花编成的大花环。林语堂和夫人的脖子上大约各被套上了 8 个花环，甚至连三个女儿也接受了 14 只花环。全家五口一共收到 30 只色彩鲜艳的花环。说来也巧，上海的欢送者送给他 30 只花篮，而夏威夷欢迎者所赠的花环也是 30 只，这两个 30 的数字，倒是一个生动的注脚，说明了他当年在中外读者中的声望。

到美国已经 9 月份了。林语堂最初落脚在位于宾夕法尼亚州乡间的赛珍珠家。

那时，赛珍珠与她的第二个丈夫华尔希结婚不久，赛女士眼目清秀，满面红光，华尔希风度翩翩，他们拥有大片土地，还有专门招待客人的一幢空房屋，屋外是一片苹果园。为省下采集苹果的开支，赛珍珠竟让成熟的果子落了一地，任其腐烂。廖女士见这种浪费感到可惜，常说“真作孽！真作孽！”她捡了不少苹果，但也吃不完。这是美国生活方式给林语堂一家上的第一堂课！

在赛女士的别墅里，林语堂饱享异国乡居的风味，饥来园中摘苹果，兴发涧上捉鱼虾，又时去纽约参加各种社交活动。原想久宿乡间，享受大自然的山林美景。可是，不到一个月，问题就来了。一是附近没有中国饭店，虽然爱吃牛肉的林语堂可以对付，但是三个女儿一时难以适应当地的饮食；二是要看戏、听音乐，还得跑到纽约，往返要半天，浪费时间。最后，林语堂决定定居纽约，在中央公园西边的一幢老式楼房的七楼上租了套公寓。

林语堂一家旅美之初，虽然享用了各种现代化的生活设施，却处处感到不舒服。这当然是和他们原先在上海的生活相比较而言的。

在上海，林语堂独住一座带花园的洋房。园中草木四季常青，仅白杨树就有 40 棵之多，园内还有一小块菜地，轮流种番茄、芹菜、南瓜等各种蔬菜；而在纽约，举目都是摩天大楼、柏油路、车辆。林家在上海至少有四五个仆人：有专门烧饭的厨子夫妇、有洗衣服的女仆、有带孩子的保姆，一度还有在室内听差的书童。而在纽约，劳动力就不像中国那样廉价了。每周来林家帮忙的零工，是按钟点付工资的，只有阔人才有钱专门雇人。因为写作需要，林语堂已经请了一位秘书，专职的仆人就雇不起了，仅有一位黑女人每周来两次，打扫房屋及洗衣服。

于是家务劳动的重担就压到廖女士的肩上，过去，她只是家政的组织者，现在变成了家里的主要劳动力，这个变化确实不小。不过，林夫人毫无怨言，因为早在20年前订婚时，钱庄老板的女儿廖二小姐就决心与穷牧师的儿子同甘共苦一辈子的。好在林语堂和女儿们都不是养尊处优的老爷小姐，于是，全家都争着帮忙分担各种杂事。

自己动手，人人劳动，成了家里的风气：大女儿、二女儿在厨房帮忙，林如斯第一次学会了炒鸡蛋，还管做面包吐司。林太乙拿牛奶、拿报纸、拾掇房间、揩拭桌椅，林相如做一些倒烟灰缸之类的轻巧事。

最难整理的是林语堂的房间。桌子下积满了火柴梗和烟灰等杂物。午饭后，林语堂常帮着洗碟子，速度相当快，可以在五分钟内洗好并擦干全家五口用的碟子，但是损耗却令人痛心：经常打碎餐具。所以，只要听到乒乒乓乓的声音就知道准是林语堂在厨房里洗餐具。

林语堂不得不改变自己的生活方式。一般人看来，这不过是一个“适应”与否的问题，不值得多费心思。可是“两脚踏东西文化”的林语堂，却在入乡随俗的过程中，悟出了东西文化互补的大道理，把一切思考都纳入了他的东西融合的思维逻辑之中。所以他在享受西方物质文明的同时，没有拜倒在这物质文明的脚下，他受益于西方机械文明的同时，也深察了这文明的缺陷。

以纽约的生活起居为例，林语堂觉得方便则有，舒服倒不见得，电梯、汽车、地铁、抽水马桶，皆方便之类，却不见得如何舒服。有人认为自己驾小汽车，十分逍遥，可是林语堂认为在高速公路上长途驱车，挤得水泄不通，成长蛇阵，把你的汽车挤在中间，此时欲速不能，欲慢不得，根本不逍遥也不自在，一不小心，发生车祸，性命攸关，心惊肉跳。那么，坐地铁如何？林语堂打趣地说：轰而开，轰而止。车一停，大家蜂拥而入，蜂拥而出。你靠着我，我靠着你，前为他夫之背，后为小姐之胸，小姐香水，隐隐可闻，大汉臭汗，扑鼻欲呕。然而，四十二街至八十街，二英里半的路程，五分钟即达，方便得很，舒服却未必。

可是，生活上的一点儿暂时的不习惯，与他到美国后所得到的东西相比，毕竟微不足道。美国为他提供了一个介绍中国文化的广阔天地，林语堂早就向往这样的自由境界：像一个荒漠中的孤游者，其佳趣在于走自己的路，一日或二三百里或百里，无人干涉，不用计较，莫须商量。——做一个精神上的流浪汉。

到纽约后，林语堂与美国文艺界有了广泛的交际。在宴会上，他认识了戏剧家奥尼尔（Eugene O' Neill）、诗人弗罗斯特（Pobert Frost）、德国诺贝尔文学奖得主托马斯·曼（Thomas Mann）、舞蹈家邓肯（Isadora Duncan）、女诗人米莱（Edna St. Vincent Millay）、女明星吉许（Lilian Gish）、戏剧评论家内森（George Jean Nathan）、诗人马克·范多伦（Mark Van Doren）、摄影家卡尔·凡·维克顿（Carl Van Vechten）、华裔女明星黄柳霜（Anna May Wong）等。这些都是当年美国文艺界的精英人物，林语堂与他们的交往中，对西方文化的现实水平有了进一步的直感体验。

1936年10月5日,《纽约时报》和全国书籍出版者协会共同主办了第一届全美书展。书展在刚落成不久的洛克菲勒中心举行，展出各家出版社的新书和各种新式的印刷技术。同时还邀请受公众欢迎的名作家演讲。林语堂是应邀演讲的主讲作家之一。那天，他身穿中国的长袍，风姿潇洒，充分表现出一种自由自在和无拘无束的个性，他以幽默风趣的口吻畅谈自己的写作经验和人生观。演讲的结束语和结束的方式更是别开生面，他说，中国哲人的作风是："有话就讲，讲完就走。"说完后，他不等听众们举手发问，挥了挥他的长袖子，飘然而去。

1936年下半年，日本侵略气焰日甚一日。在中华民族生死存亡的关头，21位代表不同的政治和文艺倾向的知名作家签署了《文艺界同人为团结御侮与言论自由宣言》(以下简称《宣言》),他们的名字是：巴金、王统照、包天笑、沈起予、林语堂、洪深、周瘦鹃、茅盾、陈望道、郭沫若、夏丏尊、张天翼、傅东华、叶绍钧、郑振铎、郑伯奇、赵家璧、黎烈文、鲁迅、谢冰心、丰子恺等。

《宣言》主张"全国文学界同人应不分新旧派别，为抗日救国而联合","不必强求抗日立场之划一，但主张抗日的力量即刻统一起来！"同时主张"言论自由"。

林语堂在上海时就在这份《宣言》上签了名。当《宣言》在1936年10月1日出版的《文学》第7卷第4期上正式刊出时，林语堂已经离开上海一个多月了。

1936年12月12日，清晨5时，张学良和杨虎城在西安华清池扣留了蒋介石等一批高级将领，提出改组政府、停止内战等八项抗日救亡主张。当天上午，电讯传到太平洋彼岸，成千上万的旅美华人都被这个消息所震惊了。同时，西安事变也成了美国民众最关心的热门新闻。

1936年12月19日，美国的几个团体在哥伦比亚大学举行了一个有关西安事变的公开讨论会。登台演讲的有六位，三位美国人，三位中国人。

中国人中第一个发言的是林语堂，其余两位发言者一位是著名的教育家陶行知，另一位是来美作短期逗留的胡秋原。

当时，欧美的新闻媒介称西安事变为Kidnap，如果译成中文是“绑架”。新闻标题大多是“蒋被张所绑”或“张绑架了蒋”。而英文的张（Chang）与蒋（Chiang）仅一个字母（i）之差。阅读时稍不注意便会把两者混淆，而且读音也没有多大区别。林语堂在与美国朋友交谈中发现了这一点。所以，在讨论会上发言时，林语堂首先向美国听众指出Chang与Chiang的区别。

林语堂是语言学家，他的语言学知识发挥了作用，他先用国际音标来区别这两个字的读音，再介绍张学良和蒋介石的不同身份，以及两者在西安事变中所承担的不同角色。他对美国听众说：张学良软禁蒋介石的目的，是为了抗日救国，否定了美国公众中流传着西安事变是“日本阴谋”的误传。

林语堂在发言中肯定了张学良的行动，并且很有把握地预言，根据中国的民族性和中国人的智慧，西安事变的结局肯定是喜剧而不是悲剧。最有趣的是，他竟大胆地推断张学良不仅会释放蒋介石，还会友好地陪同蒋介石一起回到南京。

林语堂采用谈心式的口气来发表自己对时政的见解，亲切动人，像朋友间谈心一样。这一席漂亮的英语演说博得了听众们的阵阵掌声。

不久，西安事变顺利解决，果然不出林语堂所料，张学良陪蒋介石同机飞回南京。美国朋友对林语堂的料事如神感到惊讶。

第十五章

《生活的艺术》畅销美国

一脚踏上“胡佛总统号”轮船的甲板，“两脚踏东西文化”的林语堂就清楚地知道：出国后，他应该把劲儿使在哪一只脚上。

千里之行，始于足下，一切宏伟的行动都拥有一个微不足道的开始。起初，林语堂想翻译一些可以代表中国生活艺术及文化精神的名著。譬如《老残游记二集》、《影梅庵忆语》、《秋灯琐忆》、张心斋的《幽梦影》格言、曾国藩和郑板桥的《家书》、李易安的《金石录后序》等。但赛珍珠的丈夫、出版商华尔希认为：从《吾国吾民》的轰动效应来看，西方读者对《吾国吾民》的最后一章“生活的艺术”最感兴趣。因为生活在高度工业化的西方社会中的现代人，被飞速的生活节奏压得透不过气来，所以，林语堂在书中所宣扬的那种中国诗人旷怀达观、高逸退隐、陶情遣兴、涤烦消愁的人生哲学，对于医治西方人的“现代文明病”，正好对症下药。因此，《吾国吾民》出版后，很多美国女人都把书中的最后一章奉为生活的法则。华尔希针对美国读者的心理，要求林语堂写一本介绍中国人的生活艺术的书。譬如，如何品茗、如何行酒令、如何观山玩水、如何养花畜鸟、如何吟风弄月等。这个美国出版商把士大夫的趣味当作所有中国人的生活趣味，把士大夫的精神当作中国文化精神的真谛，这显然是对中国人和中国文化的片面理解。

充塞着商品经济价值观的美国出版商，是不会以完整地介绍中国文化为己任的。所以，华尔希的约稿要求首先是畅销，其次是畅销，最后仍是畅销。也许，正巧是林语堂的文化观与华尔希的出版观不谋而合；也许，是为了迎合出版商的口味。不论是什么原因，反正从后来出版的《生活的艺术》中，可以明显地看出，林语堂是按照这位不懂中国文化却深谙经商之道的美国书商的思路构思而撰写《生活的艺术》的。

1937 年 3 月初，《生活的艺术》开笔，两个月就写了 260 页。5 月初的一天晚上，林语堂酝酿写序，回过头来检查书稿，觉得自己从批评西方现代物质文化弊端破题的写法，很不理想……他狠了狠心，将原稿 260 页全部毁掉，决定推倒重来。

5 月 3 日，重新写第二稿，到 7 月底，全书 700 页打字稿杀青。在这三个月里，林语堂自喻“如文王囚在羑里一般”[①]一步也走不开，但他并不叫苦。只要睡眠充足，早睡早起；坐在明窗净几前，也没有什么腹稿，只要烟好茶好心情好，“一面抽烟，一面饮茗，清风徐来，鼻子里嗅嗅两下，胸部轩动，精神焕发，文章由口中一句一句一段一段念出，叫书记打出初稿，倒也是一种快乐”。

《生活的艺术》涉及的面极为广泛，对品茗、赏花、赏

① 林语堂：《关于〈吾国吾民〉》。

雪、听雨、吟风、弄月等细节的叙述非常详尽。这要归功于他不顾行囊的沉重把大批线装古籍书带到了美国——陈眉公《宝颜堂秘笈》、王均卿《说库》、开明《廿五史》、《文致》、《苏长公小品》、《苏长公外纪》、《和陶合笺》、《群芳清玩》、《小窗幽记》、《幽梦影》等。当初笨重的行李，使他获益匪浅。

“发前人未发之论，方是奇书。”如果这就是奇书的标准。那么,《生活的艺术》不失为一部“奇书”，因为书中确有不少“发前人未发之说”。

《生活的艺术》奇就奇在：林语堂异想天开地要用公式来表示人类的进步和历史的变迁。公式如下：

“现实”减“梦想”等于“禽善”

“现实”加“梦想”等于“心痛”(普通叫作“理想主义”)

“现实”加“幽默”等于“现实主义”(普通叫作“保守主义”)

“梦想”减“幽默”等于“热狂”

“梦想”加“幽默”等于“幻想”

“现实”加“梦想”加“幽默”等于“智慧”

为了研究分析世界各民族的特点，林语堂发明了一个拟科学的公式。他说：

我用“拟科学”这种字眼，因为我不相信一切表现人类活动或人类性格的死板的机械公式。把人类的活动归纳于一个呆板的公式里，其本身就缺乏幽默感，因而也就缺乏智慧。……下面是我替某些民族的特性所定的公式：这些公式完全是我个人所定，绝对无法可以证实的。随便什么人都可以反对它们，改变它们，或加上他自己所定的公式，只要他不宣称他能用一堆统计的事实和数字去证明他私人的意见。以“现”字代表现实感（或现实主义），“梦”字代表梦想（或理想主义），“幽”字代表幽欢感，——再加上一个重要的成分——“敏”字代表敏感性（Sensibility）。再以“四”代表“非常高”，“三”代表“高”，“二”代表“普通”，“一”代表“低”。这样我们就有下列的拟化学公式可以代表下列的民族性了。

现三　梦二　幽二　敏一　等于英国人

现二　梦三　幽三　敏三　等于法国人

现三　梦三　幽二　敏二　等于美国人

现三　梦四　幽一　敏二　等于德国人

现二　梦四　幽一　敏一　等于俄国人

现二　梦三　幽一　敏一　等于日本人

现四　梦一　幽三　敏三　等于中国人

唯有“幽默大师”才会冒出这种奇想！但在列出上述公式后，林语堂又赶紧声明，上述公式本身就很靠不住，每一公式都可能引起严厉的批评。

果然，不出所料，林语堂的“公式”引起了强烈的反响，国内的批评者认为这个公式歪曲了中国人的民族性格。外国的评论家却认为很新奇。而朋友们则对“公式”的疏漏之处提出了建设性的意见。譬如，论语派大将徐訏曾对林语堂说：似乎还应加一种“神秘感”。林语堂听了，顿悟似的大为称赞。

民族性本是一种极为复杂的精神现象和社会文化现象，林语堂显然无法对其进行全方位的观照，他选择了一个自以为最佳的角度，从“幽默—性灵—闲适”的文化视角出发来分析世界各国的民族性，视野是有限的，你可以批评其不尽如人意之处，却不能不承认这是一个独特的视角。

《生活的艺术》写于第二次世界大战前夕，林语堂故意夸大幽默的作用，说要用幽默来防止世界大战，缔造和平。他说：“派遣五六个世界上最优秀的幽默家，去参加一个国际会议，给予他们全权代表的权利，那么世界便有救了。”他还天真地设计了一个十分滑稽的幽默避战法。他说：

> 假如世界真要避免战争的话，最好各国政府都行一种制度：每隔十年募集二十岁到四十五岁的人，送他们到欧洲大陆去做一次旅行，去参观博览会一类的盛会，现在英国政府正在动用五十万万金镑去重整军备，我想这笔款子尽够送每个英国人到利维埃拉（Riviera——法国东南地中海边名胜区）去旅行一次了。他们以为战争的费用是必需

的，而旅行是奢侈。我觉得不很同意！旅行是必需的，而战争才是奢侈哩。

这些话，自然是幽默大师的“玩笑”，但从这些幽默的玩笑中，也可以看出林语堂对幽默的社会功能所寄予的不切实际的期望。

《生活的艺术》出版后，在欧美等西方国家的读者中，形成了一阵“林语堂热”，出现了一批“林语堂迷”，他们把林语堂著作当成生活指南和“枕上书”。1937 年 12 月，美国“每月读书会”把它选为特别推荐书。书评家 Peter Prescott 在《纽约时报》上撰文说：“读完这本书之后，令我想跑到唐人街，遇一个中国人便向他深鞠躬。”

《生活的艺术》成为 1938 年全美最畅销的书，在美国高居畅销书排行榜第一名，而且持续 52 个星期之久。它的畅销也是适逢其时，因为当时的西方读者对中国历史文化的了解十分贫乏且片面。林太乙在美国学校里的遭遇就是一个典型的例子。那些同学以好奇的心理向林太乙提出了一连串荒唐的问题：

“你为什么不裹小脚？”

“你的身后没有辫子吗？”

“你吸鸦片烟吗？”

“你是用鼓棒吃饭吗？”

“你吃鸽子窠臼吗？”

“在中国有车吗？”

“你不戴碗形的帽子吗？”

“你也穿睡衣上街吗？”

上述问题的提出，足以证明当时的美国青少年对中国的情况是多么不了解，他们头脑里有关中国的知识，大部分是被歪曲和变形的东西。所以《生活的艺术》写得正是时候。它不仅在认识功能上填补了西方读者对于中国知识的空白，而且摆出了一副为西方文化的弊端寻找疗救药方的架势。因为有的放矢，所以按准了美国读者的脉搏，这是《生活的艺术》能风靡一时的主要原因。

《生活的艺术》发行以后，在美国重印40版以上，并被译成十几种不同的文字，在英国、法国、德国、意大利、丹麦、瑞典、西班牙、葡萄牙、荷兰等也同样畅销，四五十年而不衰。《生活的艺术》确立了林语堂在国际文坛的地位。

美国《纽约时报》一年一度要举行“全国图书展览会”，在1938年的展览会里，主持者搞了一个节目叫“林语堂比赛”。比赛的内容是根据《生活的艺术》第一章里的那个“拟科学公式”制订的。比赛的规则是：提出10位当代世界名人，请参加比赛者按照林式公式，估定这10位名人的性格。节目主持人先请林语堂将他自己的答案写出来，作为标准答案，密封保存，然后将参赛者的答案与标准答案比较，最近似者得头奖。结果是纽约的金士伯先生获得头奖。这种“林语堂比赛”，实际上是出版商别出心裁的广告术，借此来扩大自己产品的社会影响。

第十六章

《京华烟云》问世

1937年7月7日，日本挑起卢沟桥事变，全面抗战爆发。林语堂和千千万万旅美华侨一起，同仇敌忾，以各种方式支援战乱中的故国。

“七七”事变后，美国国务卿赫尔宣布：美国对中日双方保持“友好的、不偏不倚的立场”。一部分坚持孤立主义立场的美国人，主张美国应避免介入中日冲突的旋涡；另一部分同情中国的美国人则痛斥那些貌似不偏不倚的“和平家”与“中立家”。

林语堂应美国《新共和周刊》主笔之约，撰文痛斥了那些虚伪的“中立家”。

《纽约时报》也请林语堂撰文阐释中日战争的背景。

中国驻美大使王正廷把林语堂请到华盛顿做演讲，向美国人阐述中国的立场。

8月29日，《时代》周刊发表了林语堂的《日本征服不了中国》一文。

《吾国吾民》第13版即将开印时，林语堂奋笔疾书，补写了80页，加在书中，成为第十章，题目是“中日战争之我见”，表明他的中国必胜、日本必败的坚定信念。他说：

“这样一个四万万人团结一致的国家，具有如此高昂的士气……绝不会被一个外来势力所征服。我相信，经过西安事变，中国获得真正团结之后，她就渡过了现代历史最危急的时刻。……最后是我对最终胜利的预见——中国最终会成为一个独立和进步的民主国家。”①

1936年8月10日离开中国时，林语堂一家买的是来回船票，期限一年，不能延长。原先，林语堂打算回国后到北京定居。而“七七”事变后，北京沦陷。接着，上海战事爆发，炮火焚毁了林语堂多年的心血——他从1932年起开始编中文辞典，已编好的52册底稿在上海全部被毁，只剩下带到美国的那13册底稿。战争打乱了他的全盘计划。林语堂决定推迟回国的时间。

中日战争爆发后，支持中国抗战的美国公众发起了抵制日货的运动。因为日本生丝出口的85%是销往美国的，所以丝织品成了抵制的主要对象。在抵制运动的高潮中，美国各大学女生都不穿日本丝袜，改穿细棉织品。在新闻纪录片中，Rocheste书院的数百名女生，由礼堂排队而出，手中各执一丝袜，扔入垃圾桶里。而男生则宣布：不与穿丝袜的女生跳舞。

林语堂向国内军民及时报道了美国人民抵制日货、支持中国抗战的感人事迹，鼓舞了中国军民的抗战士气。

那时，旅美华侨有七八十万人，大多在洗衣业、制衣业等

① 林语堂：《〈吾国吾民〉1939年版序》。

行业从事体力劳动，集中居住在纽约、华盛顿、旧金山、檀香山、洛杉矶、波士顿、芝加哥等大城市的唐人街里。林语堂耳闻目睹了华侨的爱国热情，深受感动。他亲自参加了华侨的各种抗日救亡集会。同时，他还支持妻子参加救亡工作。

纽约的华侨妇女组织了中国妇女救济会，精明而消瘦的王正绪夫人任会长，廖翠凤任副会长。在丈夫的鼓励下，廖女士每天上午 11 点钟到第五十七街的救济会去办公，中午也不回家，而在救济会吃午饭，到下午五六点下班。虽然是没有报酬的义务劳动，但救济会的 10 多位工作人员都认真负责地积极向美国公众宣传中国抗日军民的正义斗争，最忙的时候，她们昼夜办公。第一批募集到的 3 万美元，立即直接汇到中国。在募捐大会上，有的华侨唱京剧，有的拍卖古董，成绩不错。她们还向纽约的贵妇们分送宣传品、信件，或召开有关救济中国难民、孤儿的各种会议。

廖翠凤在救济会里提出的许多建议和计划，常令人拍案叫绝。日子一久，廖女士透露了其中的奥妙。原来，林语堂不仅支持廖女士丢开家务杂事，外出参加社会活动，还经常为廖女士的救济会工作出谋献策，所以廖女士的那些高见，往往来自幽默大师的锦囊妙计。

林语堂还经常向国内读者报道旅美华侨怀着赤子之心支援故国抗战的动人事迹，以鼓励抗日军民的斗志。他在一篇《海外通信》中写道：“三月来美国华侨所捐已达 300 万余元，洗衣铺、饭馆多按月认捐多少，有洗衣工人将所储三千小币

（值五分者）全数缴交中国银行，精神真可佩服。所望维何？岂非中国国土得以保存？国若不存，何以家为？此华侨所痛切认识者。”

林语堂宣传中国抗战的文章，在美国公众中产生了很大的反响。因为，全面抗战爆发之时，正是林语堂著作风靡美国之时，美国读者见到自己所喜爱的畅销书作者林语堂站出来批评“中立主义”，呼吁支持中国抗战，这些读者带着信任或崇敬林语堂的心情，接受了林语堂的观点。徐訏在回忆当年的情况时认为：林语堂对美国公众的影响，使日本舆论界感到自愧，日本文化界的一些人认为，中日正式宣战后，美国舆论倾向于中国是因为中国有林语堂等为美国读者所熟悉的著名作家在美国大造舆论的结果。“当时日本舆论界觉得他们没有一个林语堂这样的作家可以在世界上争取同情为憾事。”① 其实，美国公众之所以同情中国，主要因为中国的抗战是正义的事业，而日本是侵略者。当然，也不能否认美国读者所熟悉的知名作家的声音在宣传上的效果。但是过分夸大个人的作用也是不恰当的。

1938 年 2 月初，林语堂全家离美旅欧，游览了欧洲的名胜古迹，领略了各国大自然的美丽景色和民情民俗。一年之内，英国、法国、意大利、瑞士、比利时等地都留下了他们的足迹。

林语堂去欧洲，主要不是为了游览，而是为了节省开支。

① 徐訏：《追思林语堂先生》。

因为欧洲的生活水准要比美国低。当时林语堂是一位靠版税过日子的专业作家。1937 年，他的总收入是 13 000 美元，包括《吾国吾民》的版税、演讲费、稿费，以及国内开明书店的版税，而在美国的支出是 10 000 美元。到 1937 年年底，林语堂一算账，结余是 3000 美元，他把 1938 年的生活费寄托在新书出版后的版税上，但在没有得到足以维持一年生计的版税之前，林语堂决定减缩开支，到欧洲找一个生活费用低的小镇从事写作。

意大利的城市中，林语堂最喜欢佛罗伦萨。

佛罗伦萨是西方文艺复兴运动的发祥地，热衷于中西文化融合的林语堂，从佛罗伦萨整个城市的设计中感受到了人类的尊严和生命的价值。

米开朗琪罗广场中央矗立着大卫的雕像，这不朽的艺术品是米开朗琪罗青年时代的杰作，现在被视为佛罗伦萨的灵魂。林语堂在大卫像下沉思：大卫那美俊昂然的神态，那充满智慧和毅力的眼神，那自然健美的身躯，表现了人类的自信心和自豪感。林语堂在这里看到了西方文化观念中理想人格的样品，这是他建构中西大融合的文化观的一项重要的原材料。

为旅游业服务的商店和旅馆大部分分布在河岸上。林语堂为妻子在商店里选购了一串美丽的珊瑚，每人都买了一只皮夹，可是林语堂在品尝美味的意大利炸面卷时，竟把那只精美的皮夹丢失在卖炸面卷的店里了。

佛罗伦萨的名胜古迹展示了西方文化价值取向。对于执着追求东西文化互补融合的林语堂，在这文艺复兴的发源地生动地感受到了西方文化价值取向与东方文化价值取向之间的异同，为探寻两种文化的互补交融，积累了丰富的感性资料，进一步启发了他在比较研究方面的理性思考。

初到意大利，林语堂住在边境小镇蒙顿。这时，他受蓝登书屋（Random House）之约，为其“现代丛书”编写《孔子的智慧》一书。这套“现代丛书”格调很高，只出版名家名作。所以，他对自己能被蓝登书屋约稿，介绍中国文化名人孔子，感到很光荣。书商吃准了林语堂的这种心态，在洽谈出版条件时，趁机以 600 美元的低价，买断了这本书的版权，使他蒙受了经济上的损失。

蒙顿是个幽静的小镇，林语堂可以不受社交活动的干扰，专心写作，但廖女士觉得小镇生活太冷清，她没有朋友，又不会讲法语，同时，三个孩子也应该入学读书。所以，在蒙顿住了一个月，他们便搬到了巴黎。

在号称艺术之都的巴黎，林语堂又对西方文化的特征做了一次实地的观察：在爱丽舍大街的咖啡馆里，他找到了自己在《生活的艺术》中所宣扬的那种抒情哲学的情调……林语堂像一块干燥的海绵，竭力从巴黎汲取他所需要的艺术水分。

1938 年的巴黎，给予林语堂的最珍贵的东西是《京华烟云》。这部日后被提名为诺贝尔文学奖候选作品的长篇小说，就是诞生在世界艺术之都——巴黎。

1938 年春，林语堂曾想把曹雪芹的《红楼梦》翻译成英文。后经再三考虑，觉得《红楼梦》距离现实生活太远，所以改变初衷，决定借鉴《红楼梦》的艺术形式，写一本反映中国现代生活的小说。

1938年3月，林语堂开始构思《京华烟云》的人物安插和情节结构。经过5个月的酝酿，8月8日开笔，1939年8月8日脱稿，历时一年。

70万言的《京华烟云》是林语堂的第一部长篇小说，这部呕心沥血的力作是林语堂小说艺术百花园里最美丽最鲜艳的花朵。这朵灿烂的鲜花根植于民族精神和爱国主义的土壤。《京华烟云》的成功，奠定了林语堂作为小说家在文学史上的地位。

以前从未涉猎小说创作的林语堂，能够写好计划中的鸿篇巨制吗？当他在酝酿写作计划时，家人都对小说创作的成功率表示疑问。可是，他却信心十足——一个人在哪儿都能找到自己的天地，只要他肯付出代价。

有一次，林语堂向女儿们透露了他能胸有成竹的原因。他说："以前，在哈佛大学上'小说演化'课时，白教授（Prof. Bliss Perry）的一句话给我的印象特别深，就是西方有几位作家，40岁以后才开始写小说。我认为长篇小说之写作，非世事人情经阅颇深，不可轻易尝试。因此素来虽未着笔于小说一门，却久蓄志愿，在40岁以上之时，来试一部长篇小说。而且不写则已，要写必写一部人物繁杂，场面宽广，篇幅浩大的长篇。所以这回着手撰《京华烟云》，也非意出偶然。"

1938年，43岁的林语堂，在幽默小品的创作上已自成一家，而他的英文著作《吾国吾民》和《生活的艺术》更是蜚声欧美文化界，他以为自己已具备白教授所说的写小说的各种条件，于是他决定把“久蓄”的宏愿寄托在《京华烟云》这部长篇小说上。

“七七”事变后，抗日民族解放斗争的烽火点燃了林语堂心中爱国主义的烈焰。他在给郁达夫的信中袒露了《京华烟云》的创作动机：为“纪念全国在前线为国牺牲的勇男儿，非无所为而作也”。

“不到山河重光，誓不回家乡。”这是《京华烟云》结尾时，抗日军民所唱的一段歌词，也是林语堂在写作时的心声。林语堂觉得：作为一个中国知识分子，在国难当头的时候，应该把自己的命运和祖国人民的命运联系在一起，参加到抗日救亡的时代洪流中去。但作为一个作家，最有效的武器是文学作品，当然，演说、宣传和政治论文也需要，小说却更具有深入人心的艺术感染力。当时，有的人不解林语堂的深意，误以为《京华烟云》写的是“才子佳人”的故事。林语堂在给郁达夫的信中，表露了心迹，他说：

> 弟客居海外，岂真有闲情谈说才子佳人故事，以消磨岁月耶？但欲使读者因爱佳人之才，必窥其究竟，始于大战收场不忍卒读耳。

这一段话，亮出了林语堂的良苦用心，他寓抗日救亡宣传于“才子佳人”的故事之中。

决心做某一件事情的时候，林语堂具有不达到目的誓不罢休的精神，他把所有的力气、所有的手段、所有的条件都用上去，盯住不放。《京华烟云》开笔前，仅打腹稿就花费了林语堂几个月的时间，他把人物的年龄、性格、经历和人物关系等都用图表画出来。1938 年 8 月开笔后，每天早晨伏案写作，一天写两页、八页、十五页……都有，书中穿插了许多佳语或奇遇，都是涉笔生趣。

《京华烟云》使林家全家牵肠挂肚，大家都关心它的问世，特别是爱好文学的大女儿和二女儿，简直着了迷。二女儿林太乙每天放学回来，连大衣都来不及脱，就跑到书房争着阅读林语堂当天写出来的稿子。有一天，林太乙没有敲门就冲进父亲的工作室，发觉父亲眼泪盈眶。林太乙问：“爸，你怎么啦？”

正在聚精会神写作的林语堂，已经完全沉浸于他自己所创造的那个艺术世界中，并成为其中的一个角色。女儿的发问使他从创作境界回到了现实世界，他惊愕地抬起头来，说道：“我在写一段非常伤心的故事。”

原来，他正好写到红玉跳水自杀那一段，他动了真情。他为红玉之死而悲伤。林语堂先取出手帕擦了擦眼睛，然后笑着说：“‘古今至文皆血泪写成’，今流泪，必至文也。”

林语堂与作品中人物同呼吸共命运的真情实感，深深地打动了女儿们的心。在父亲的感染下，女儿们早已对文学产生兴趣，见到父亲对作品中人物的深厚感情，女儿们不禁又想起在上海时，父亲的一段教诲：要做作家，最要紧的，是要对人对四周的事物有兴趣，要比别人有更深的感觉和了悟。要不然，谁要听你说话?

父亲的话，使女儿们悟出了一个道理，作家必须要热爱生活，对世界抱冷漠态度的人，是写不好作品的。父亲以自己的言传身教在女儿们幼小的心灵里描绘着“作家”的形象。不知是出自对父亲的爱，还是出于对“作家”的崇敬，女儿们在此刻的感受是：“天下没有什么比做作家更高尚的了。”

林语堂全身心地投入紧张的脑力劳动之中。当他全神贯注地写作时，有时廖翠凤跟他讲话，他会听不见。即使不动笔时，他也常聚精会神地构思作品。为了保证不受任何干扰，他曾住到城外松树林中夏令营的简单的木屋里。把一张桥牌桌子搬到树林里，一个人专心致志地写作，甚至连头发长了也顾不得理，他说不写完《京华烟云》就不去理发!

1939 年 8 月 8 日早上，林语堂郑重地向家人宣布，下午 6 点半完稿。全家人都激动不已。这一天，他奋笔疾书，写了 19 页。在爱国主义精神的感召下，撰写到结尾的壮丽场面时，他眼眶里充满了泪水……

一切生命的意义就在于创造的激情，一年来，林语堂把全身心都投入创作之中。当写到最后一页时，他心情万分激动，把妻子和三个女儿都叫来，大家围着他的桌子，等他写完最后一句，画上最后一个句号，放下笔来，全家都拍手欢呼，女儿们还唱歌，以示庆贺。

晚上，林语堂驾车带全家去一家中国饭馆，吃了一顿龙虾饭。第二天，他去理发了。

林语堂立即把书稿杀青的消息电告赛珍珠夫妇。对方兴奋地复电说："你没有意识到你的创作是多么伟大。"

1939年，《京华烟云》由纽约约翰·黛公司出版后，便被美国"每月读书会"选中，成为特别推荐书。《时代》周刊发表书评说："《京华烟云》很可能是现代小说之经典之作。"

对于《京华烟云》，林语堂的自我感觉也很好。他说："我写过几本好书，尤其以《京华烟云》自豪。"

《京华烟云》最早的读者、最热烈的崇拜者是林语堂自己的女儿。小说还没有出版前，她们就每天阅读手稿。小说问世后，大女儿林如斯说，《京华烟云》是"现代中国的一本伟大小说"。二女儿林太乙说："在现代中国小说中，《京华烟云》是首屈一指的杰作。"女儿们的话表露了父女间的一种深沉的感情。

如果说，《吾国吾民》《生活的艺术》是以散文论著的形式向外国人介绍中国文化，那么《京华烟云》则是以艺术形象来向外国人全面地描述中国的历史文化，他按照赛珍珠丈夫华尔希的要求，采用了中国传统小说的艺术表现方法——这对中国人来说是陈旧的，但对外国人来说却是新鲜的。

在向外国人介绍中国文化的系统工程中，《吾国吾民》、

《生活的艺术》和《京华烟云》是相互呼应、互相补足、相辅相成的两个子系统。有的批评家不理解这个系统工程的总的思维定式是“向外国人介绍中国文化”。所以，见《京华烟云》不厌其烦地介绍一些中国人所熟悉的风俗人情、历史知识、社会情况，感到多此一举。岂不知这些对中国人来说路人皆知的常识，对外国人却是新奇的见闻。

林语堂的初衷是把《京华烟云》当作全面介绍中国社会的一扇大门，不熟悉中国国情的洋人从这扇大门里伸头探入中国社会，然后登堂入室。小说像是一位无声的导游，引导外国读者随意观赏各种景致，同中国人一起生活、一起喜怒哀乐。

《京华烟云》以书中人物的悲欢离合为经，以时代变迁为纬，通过姚、曾、牛三大家族的兴衰浮沉，以传神的水墨画式的素描笔法，描写了从义和团事件起，至“七七”抗战为止的40年间中国社会的生活画面。除了一般小说所应具有的文学性、思想性之外，林语堂根据向外国人介绍中国文化的这一系统工程的特殊需要，加强了知识性和可读性。

《京华烟云》既是为纪念“在前线为国牺牲之勇男儿”而作，所以小说脱稿后，林语堂就急于让抗战中的故国同胞能读到它的中文译本。1939年9月4日，他亲自写信请好友郁达夫把此书译成中文。

为什么自己不译而请郁达夫翻译呢？一则因为他忙于英文创作，无暇于此；同时，他也颇有自知之明，知道自己的“京话”功底不深，能否译好小说中的北京话，心里没有把握；二则，郁达夫精通英语，又精通现代小说创作，而且两者都是高水平的，能够胜任此事；三则，林语堂痛恨白话文中“假摩登之欧化句子”，而郁达夫的行文中没有这一弊病。所以，林语堂把英文版的小说里所引用的出典、人名、地名以及成语等签注了3000余条详细的注解，前后注成两册寄到新加坡。为了使郁达夫能静下心来工作，不为生活所扰，林语堂还给郁达夫附了一张5000美元的支票。

郁达夫接受译书邀请时，正值郁、王婚变前后，心情极端恶劣。所以，译事只开了个头，在英国情报部主办的《华侨周报》上连载过，但没有译多少便停止了。1940年5月21日，林语堂给郁达夫写信，提起译稿，并约郁达夫到重庆见面。林语堂经过香港时，与郁达夫通了电话。郁达夫回答说不可能回重庆，而译稿则可以从7月开始在《宇宙风》上连载刊出。但这一许诺没有兑现。

郁达夫未能践约却花掉了那5000美元，觉得自己很对不起朋友。在当时，大家只知道林语堂请郁达夫翻译《京华烟云》，而林语堂却从未向外人提起过曾预支5000美元的事。此事在文坛上被传为美谈。徐讦重提旧事时说：“语堂对谁都谈到过该书交郁达夫翻译的事，但从未提到他先有一笔钱支付郁达夫。这种地方足见林语堂为人的敦厚。”[①]

郁达夫为什么半途而废？众说不一。一般人分析是由于婚

① 徐讦：《追思林语堂先生》。

变后心情不好，无法安心译书；另一说是郁达夫在生活上一向“放浪形骸”，没有计划，也不想计划，所以事情被糊涂过去了；还有一说是，有人知道郁达夫接受译事后，就对郁达夫说：“你怎么为林语堂作翻译？”言外之意——以郁达夫的文学地位去翻译林语堂的作品，是有失身份的……总之，不管出于什么原因，《京华烟云》未能由郁达夫翻译，是非常可惜的。

在《京华烟云》的中文全译本难产之际，日本在1940年却已出版了三种日译本，即明窗社出版的藤原邦文的节译本《北京历日》；今日问题社出版的鹤田知也的译本《北京之日》；四季书房出版社的小田岳夫、中村雅男、松本正雄合译的《北京好日》。由于小说中有明显的抗日救亡的意识，所以这些日译本不仅都经过删削，甚至还歪曲了作者的原意，这是问题的一面，问题的另一面是，日译本竟比中译本早出版，也是值得中国出版界深思的。

第十七章 要希特勒赔偿损失

林语堂一家周游欧洲的时候，正是第二次世界大战前夕。德国法西斯疯狂地向外扩张，吞并周围的弱小邻国，进而争夺欧洲中心的战略要地，而英法等国却采取所谓不干涉政策，对侵略者纵容姑息。

曾获得德国莱比锡大学语言学博士学位的林语堂，1938年带领全家踏遍欧洲，却唯独没有去德国。这是因为林语堂一向憎恨希特勒，这个独裁者的形象是他作品中讽刺鞭挞的对象。

1938年8月8日，《京华烟云》开笔时，德捷边境的形势非常紧张，战争一触即发。巴黎上空，战云密布。林语堂主张立即回美国去，廖女士却不相信马上会大难临头，想留在巴黎静观其变。丈夫以安全第一为理由，据理力争，终于说服了妻子。尽早离开巴黎，这是最后的共识。于是，林语堂马上去抢购最早离法的船票，一天两次到轮船局探听船讯、船期。廖女士则到银行去取款，而三个女儿在家开箱倒柜整理行李。

还有一件事也非办不可，那就是到美国领事馆去办理护照签证。平时，这是不甚费事的例行公事，现在美国成了人们向往的避难之地，大家争先恐后地拥到美国领事馆，签证处就排起了长队。已经排队轮到林语堂了，临时才知道要交照片，前功尽弃，只得赶快回家通知全家立刻到附近的照相馆去拍快照。

第二天早上，林语堂再去排队，而廖女士先到中国领事馆去盖印，大女儿林如斯去取照片。等大女儿把照片送到美国领事馆时，林语堂前面只剩下两个人了。两分钟后，廖女士也来了，刚巧正好，全家配合默契，一点儿也不误事，林语堂高高兴兴地进去办完了去美国的签证手续。

签好护照，订好 10 月 5 日的船票，万事俱备只欠东风。林语堂扳着指头算日子，只等船期一到，就可以远离战雾弥漫的巴黎……

在风云激变的那几天里，林语堂每天都要收听柏林的广播。一天晚上，客厅的收音机里播出了希特勒的广播演说。在追随者狂热的欢呼声中，独裁者以响亮的声浪嘶喊出野心勃勃的战争狂言，法西斯的魔影在欧洲上空晃动。

10 点半，广播结束时，林语堂再也控制不住自己的感情，他愤怒地喊道："世界是没有上帝的！假使是有，应当使希特勒在演说中间停止其心脏的跳跃，以挽救世界和平。"

9 月 29 日，突然传来慕尼黑会议的消息，巴黎人都感到和平还有一线希望。9 月 30 日，刊出慕尼黑签约的消息。一场虚惊过去了，林语堂在重新执笔撰写《京华烟云》之前，计算了一下，整整浪费了五天的时间，这五天原来可以写不少文章的。"和平"使林语堂的幽默感又悄悄地跳了出来。他开玩笑地说，预备写一张个人损失的清单：损失五天的工作时间，按每天100元计算，共计500元，要希特勒赔偿这笔经济损失。

慕尼黑事件前后的战争恐怖气氛，使林语堂体验到日寇侵略者铁蹄下的祖国人民的苦难。在《生活的艺术》里，林语堂曾轻松地为世界开出了一张和平的药方：用幽默来挽救世界和平，可是，现实生活中，日、德、意侵略者的战争机器无情地碾碎了幽默大师的幽默梦。

国内文坛上，对于林语堂的英文著作在国外畅销后的经济收益，曾有过不少传闻和猜测。一位妇女读物的作者在访问林语堂夫妇时，直截了当地问道："听说林先生新近在美国出版的《吾国吾民》一书，获得三万美金的稿费，可有这回事？"

"全是人家造谣，哪有这回事！书是去年秋天出版的，销数确实可观，而且列入Best-Seller十大名著之一；照例每年抽版税两次，至今尚未结算过。"

林夫人插言道："外间常说林先生发了财，真笑话，不过中国人的著作，能列入十大名著，在美国畅销，可以说破天荒，这是事实。"

是否"发财"？是相对而言的。与美国华尔街的百万富翁相比，林语堂的这点稿费当然算不上什么"财"，但与国内爬格子的穷作家相比，林语堂的收入是可观的。所以，林夫人也不必谦虚。

1938年，《生活的艺术》出版后，林语堂的收入倍增，全年收入3.6万美元，开支1.2万美元，包括捐款救济国内难民及给亲戚的补贴——廖家破产后，一家20口全靠廖悦发的一点储蓄维持生活，坐吃山空。林语堂的大姐夫去世了，留下大姐瑞珠和8个孩子。林语堂的大哥去世后，也留下一群子女。二哥玉霖失业，有7个孩子。三哥憾庐所编的《宇宙风》，因战争而影响了出版发行，三嫂及多病的孩子们滞留漳州——林语堂经常在经济上接济这些亲属。

1938年结余的美元，按说完全可以存入美国银行。可是林语堂对中国货币有信心，用1.6万美元买了10万银圆，存入中国银行。

有人说，林语堂会算账。当年因编写英文教科书而与开明书局谈判版税时，“门槛精，太斤斤计较”[①]。又有人说他在赴美前，把家具拍卖给亲友，也要亲兄弟明算账[②]。上述追忆，即使是事实，也仅是林语堂金钱观的一方面。

其实，林语堂并不是守财奴，该花的钱，他不吝惜，对有困难的亲属很厚道，林、廖两家的亲戚大多曾受惠于他的接济。他不仅为国内难民捐款，而且还在国外捐赠4320法郎，承担了抚养6个中国孤儿的义务。那是在1938年旅法期间，林语堂夫妇为救济在战争中失去亲人的中国孤儿来到了一个法国的事务所。那里有50个中国孤儿的资料，一年花720法郎就可以选一个孤儿来抚养。林语堂夫妇选了四男二女，捐款4320法郎。

对于以卖文为生的林语堂来说，4320法郎不是一个小数目。但在人道主义的天平面前，林语堂是懂得如何投放砝

① 章克标：《林语堂与我》。

② 徐讦：《追思林语堂先生》。

码的，他没有吝惜自己有限的金钱。捐款以后，他对家人说："金钱藏在我们自己的口袋里，而不去帮助别人，那钱又有什么用处呢？金钱必须要用得有价值，又能帮助人。"这豪言壮语式的"家训"，显示了林语堂金钱观的另一面。

1939年，欧洲像一只即将爆炸的火药桶。各国人民都在谈论战争，结论是一致的：开战只是时间问题。林语堂不愿在火药桶里提心吊胆地过日子，在希特勒入侵波兰前，他就带全家回到了纽约，住在曼哈顿东边八十六街的一所公寓里。

1939年5月9日，第17届国际笔会大会在纽约举行。美国历史学家卢龙担任大会主席，在会上发表演讲的有德国的托马斯·曼、法国的莫洛亚和中国的林语堂等。

林语堂的演讲题目是《希特勒与魏忠贤》，他把希特勒比作中国历史上邪恶与奸佞的化身魏忠贤。他在演说中激动地强调："自杀乃是独裁暴君的唯一出路。"

五年后，林语堂的预言应验了，穷途末路的希特勒，不得不以自杀结束了其罪恶的一生。

这篇演说词的中文稿，半年后发表在上海出版的《宇宙风乙刊》第17期（1939年11月16日）。整篇发言，义正词严，同时又幽默机智，体现了林语堂一贯的文风，生动地反映了他的反法西斯立场。

1939年9月1日，欧洲战争爆发时，林语堂已在纽约。11月12日，他的《真正的威胁，不是炸弹，是概念》一文在《纽约时报》周刊发表，后来又为《读者文摘》转载。林语堂在文章中表露了他对人类的前途充满信心，尽管法西斯猖獗一时，侵略者威胁世界，但他坚信文明一定会战胜愚昧。

《京华烟云》等著作的轰动效应提高了林语堂在欧美文坛上的知名度。著名的书评家克利夫顿·弗迪曼编辑了《我的信仰》一书，书中收集了在欧美读者中众望所归的19位文化名人的文章。其中有爱因斯坦、美国名作家韦尔斯、西班牙哲学家及诗人桑塔亚那、英国哲学家罗素、美国的赛珍珠、德国的托马斯·曼、美国哲学家杜威、美国经济学家魏白等。在这19位名人中有两位是中国人：胡适和林语堂。

林语堂对自己跻身于“名人”之列，喜忧参半。喜的是，向外国人介绍中国文化的宏大设想，已初见成效；忧的是，随着知名度的提高，意外的“干扰”也接踵而至，两者是成正比的。也许这就是生活的辩证法：没有任何满足不带有缺陷，正如没有任何欢乐不伴随着忧虑，没有任何和平不连着纠纷，没有任何爱情不埋下猜疑，没有任何安宁不隐伏恐惧……

摆脱一切杂务，专心写作。这是性喜在大荒中孤游、在寂寞中思考的林语堂决定离华赴美的原因之一。刚到美国的头一两年，他的确比较清静。可惜这样的日子并没有持续多久。因为美国人是崇拜成功女神的。电影明星、歌星、名作家周围都有一批崇拜者。《京华烟云》问世后，他由名人成了忙人，各种演讲、邀请，纷至沓来，使他应接不暇。每天都会收到一大堆崇拜者的来信，有的表示敬意，有的请教问题，还有多情女子袒露衷情的，光是阅读这些信件就得花费几个小时，如果再一一作复，那么就会占去更多的时间。没有办法，林语堂只好委托女儿拆阅信件，让女儿把关：在大量来信中挑选出一些特别有意思的，或非由他亲自答复不可的信，交给他阅读和处理。回信也由他口授，女儿打字。女儿成了他忠实的小秘书，减轻了他的不少负担。

信件可以由女儿拆阅，来访者却无法拒之门外。许多慕名"幽默大师"的朋友、中国留学生，常常会闯到家里，一进门便对林语堂高声喊道："林博士，林博士，我有个笑话说给你听听！"然而，一旦说出内容，有的也并不幽默，有的简直是啼笑皆非。这些络绎不绝的来访者常常搅扰得林语堂无法安心写作。

有一次，林语堂北大英文系的老同事张歆海来访。这位张教授一度被赛珍珠看中，想请他写一本关于中国的书，只是由于此人生性疏懒，赛珍珠才改变初衷，请林语堂撰稿。这时张氏也在美国，眼看昔日的同事现在名震欧美文坛，心里有说不出的滋味。交谈中，稍不留神，流露出自己的情绪，他对林语堂说："语堂，我是来看看，你变了没有？"

林语堂觉得自己在海外出名后，没有忘乎所以，想不到老朋友竟如此看待，心里极不痛快，接连好几天都没有恢复情绪。

然而，真正使他为难的，还是来自女性的搅扰。

一天，林语堂带家人去划船。一件意想不到的事发生了：有个 30 岁左右的"林语堂迷"，曾多次向林语堂投书求爱，因为得不到答复，单相思得感情失控了。那天，这个女人见自己心中的偶像林语堂在小河里划船，她就站在岸上，故意当众脱得精光，然后，一丝不挂地跳入水中，游向林语堂的小船。林语堂赶紧把船划开，而那女的紧跟着小船游泳。想不到女“林迷”竟选择这样奇特的方式来表达她对林语堂的崇拜，使林语堂和家人们目瞪口呆，不知如何是好。

又有一天，一位在国内时就熟悉的交际花来访。不知是美国的“林语堂热”影响了她，还是她早有此意只是在上海时没有找到示爱的机会。所以，这次她瞅准了廖女士外出买菜的机会，来到林家，真奔书房，一跃而坐在写字台上，向林语堂卖弄风情。幽默大师先是一愣，接着是万分尴尬。最后，他灵机一动，以幽默的方式使交际花碰了一鼻子灰，颓然而去。可见，林语堂在对付性干扰方面，还是有办法的。

林语堂倾向于把性看作正常的人类感情，一种正常的生理机制，把性和家庭、繁衍后代以及道德观念联系在一起。

在对妻子的忠诚和尊重、对家庭的责任感方面，林语堂的一生是无可指责的。但这不等于说他内心没有矛盾，更不等于他是目不斜视的理学家。恰恰相反，他非常轻视那种迂腐的旧道德。他对妻子的忠诚，不是出自封建的家庭观念，而是因为他和廖翠凤的关系建立在相互爱慕、相互信赖的基础之上，是高尚的情爱生活。

一次，徐訏对林语堂说：“我非常敬佩你与胡适之那样对太太的忠诚。”

此语出自徐訏之口是由衷之言。因为徐訏觉得当代文人学士，婚变者，比比皆是，徐訏自己就曾多次结婚、离婚。徐訏与林语堂的婚恋观截然不同。徐訏深受尼采、叔本华的影响，认为妻子好像沙漠旅行者肩上的一个包袱，晚上露宿时没有它简直不行，但白天走路要带着它上路，却是非常累赘而又讨厌。林语堂深知徐訏的婚恋观，所以，他听了徐訏对他和胡适的评价，不大高兴。他认为徐訏误解了他的家庭生活。

林语堂忠于家庭，但在异性面前也不是一个自我封闭的男子，在社交生活上，他是开放型的。林语堂的开放型与现代的所谓性解放的含义是不同的，他始终坚守“发乎情止乎礼”的原则。在上海，他也跟着时代书店的朋友去舞厅，并且很喜欢一个舞女。别人曾凑热闹起哄，撮合他与那舞女，但他不愿越过雷池一步。

从一个特殊的文化角度——不是从玩弄女性的角度——去接触“欢场”妇女，这是他的中西融合的文化观的一个组成部分。当林语堂把苏东坡等古人作为东方文明的体现者而介绍给西方读者时，他曾从一个奇特的视角阐述了中国古代文人与妓女、姬妾的关系。他回避了妓女问题中不道德的、违反人性、摧残女性的这一面，而从艺术的角度，从爱情补偿的角度去看待封建社会中的妓女问题，这是幽默大师的标新立异之处。

第十八章 回到抗战中的故国

1940年，林语堂一家回到抗战中的故国。在重庆，林语堂又成了记者们追踪的新闻人物，但新闻媒体的热点倒不是他誉满欧美文坛的那些英文著作的出版情况，而是急于从林语堂那里收集美国朝野对中国抗战的态度。另外，林语堂本人在政治态度上的重大变化，也使记者们觉得大有文章可做。

因为，出国前的林语堂一向以“不左不右”的中间派自居。可是，四五年不见，此刻出现在记者面前的林语堂，已不是当年只谈幽默不问政治的幽默大师了。一到重庆，他的明显的“亲蒋”立场，非常引人注意。

到重庆的次日，林语堂便会见了蒋介石夫妇。他在《新中国的诞生》一文里说，蒋介石的“智慧及道德观念，足以应付日本的侵略以及国共的纠纷”。把抗战胜利的希望和中国的命运寄托在蒋介石的中国政府之上，这是林语堂的由衷之言，不然，他是不会把美元换成中国货币存到中国银行的。然而，这个虔诚的信念，却因为法币的贬值而使林语堂日后蒙受了巨大的经济损失，这是后话，暂且不提。

林语堂一家是在日机狂轰滥炸的高潮中来到重庆的。他在北碚饱尝了空袭、跑警报、躲防空洞的滋味，不久便搬到缙云山的一座庙宇里。幸亏及时迁移，因为他们在北碚的住房后来就在空袭中被日机扔下的炸弹炸毁了。

与国外优裕的写作环境相比较，笼罩在空袭的恐怖气氛中的重庆，显然不是林语堂理想中的工作条件，朝不保夕，又如何能写作？他萌发了重返美国的念头，在旁人看来，他是逃兵，可是林语堂却心安理得，因为他有自己的逻辑：在国外为中国抗战作宣传，要比在国内跑警报更有贡献。所以，他就给宋美龄女士写信表达了上述的意向，并征求她的意见。

在宋美龄女士的支持下，林语堂准备离开重庆，返回美国。临行前，蒋介石夫妇在官邸招待林语堂一家。林语堂接受了蒋介石侍从室“顾问”的头衔——1940 年之前，他的“旅游签证”使他们全家不得不每六个月离开美国一次，然后再重新申请入境；有了“顾问”的头衔，他就可以享受“官员签证”的待遇，不必每隔六个月就重办一次手续了。

1940 年 8 月，离开重庆之前，为表示对抗战的支持，林语堂慨然将他的私宅——重庆北碚蔡锷路 24 号“天生新村”那套四室一厅的住房连同家具捐赠给中华全国文艺界抗敌协会使用。

刚到重庆没几天，又要全家赴美，消息传来，舆论界议论纷纷。

“林语堂镀金回来啦！”

“林语堂拗不住跑警报，又回美国去啦！”

林语堂全家福。1939 年摄于四川北碚，前排左起：林语堂、三女林相如、廖翠凤；后排左起：长女林如斯、次女林太乙

就连大女儿林如斯对父亲离国的决定也非常想不通，她宁愿像千千万万的中国普通青年那样，穿草鞋，吃糙米饭，在国内坚持抗战，也不愿因为是林语堂的女儿而受到特殊照顾，离

开艰苦的环境到美国去过安逸的生活。在香港等候去美国的轮船时，林如斯哭得很伤心，她不愿意离开苦难的祖国。为了纪念这段不平常的日子，林如斯把她在重庆的见闻写成《重庆风光》一书，在1940年出版。

在一片指摘声中，郁达夫挺身而出，力排众议，为林语堂说话。郁达夫说：

林语堂氏究竟发了几十万洋财，我也不知道。至于说他镀金云云，我真不晓得，这两个字究竟是什么意思。林氏是靠上外国去一趟，回中国来骗饭吃的么？抑或是林氏在想谋得中国的什么差使？文人相轻，或者就是文人自负的一个反面真理，但相轻也要轻得有理才对。至少至少，也要拿一点真凭实据出来。如林氏在国外宣传的成功，我们则不能说已经收到了多少的实效；但至少他总也算是为我国尽了一分抗战的力，这若说是镀金的话，那我也没有话说。总而言之，著作家是要靠著作来证明身份的，同资本家要以财产来定地位一样。跖犬吠尧，穷人忌富，这些于尧的本身当然是不会有什么损失，但可惜的却是这些精力的白费。[①]

① 林太乙：《林语堂传》。

郁达夫在为林语堂的辩护中，同时也饱含着对林语堂的期望。

林语堂不负朋友和同胞的厚望，回到美国就积极宣传抗战。《纽约时报》以《林语堂认为日本处于绝境》的标题，刊出了记者写的采访报告。林语堂还亲自投书《纽约时报》指责美国政府的两面手法：对中国冷淡，却把汽油、武器和大量军用物资卖给日本，发战争财。这些揭露美国“中立主义”支持侵略者屠杀中国人民的信件，其中有五封被刊登在《纽约时报》的读者来信专栏中。

他利用自己在美国读者中的声望频频地向《新民国》《大西洋》《美国人》《国家》《亚洲》《纽约时报周刊》等刊物投稿，谈论中西关系、中日关系、西方对亚洲的策略等问题。

1941 年，约翰·黛公司出版了林语堂用英文写作的第二部长篇小说《风声鹤唳》。小说以抗日战争为时代背景，描写了男女主人公在民族解放的洪流中获得新生的故事。

1943 年 7 月，在“政论热”的情势下，林语堂推出了他的《啼笑皆非》。林语堂从批评美英大国的远东政策破题，以中西互补的文化观作为建立世界新秩序的灵丹妙方。

从《吾国吾民》开始，林语堂从不亲自动手把自己的英文著作翻译成中文，唯有《啼笑皆非》是一个例外，他亲自把该书前半部分的 11 篇译成中文，后 12 篇由徐诚翻译。

1943 年秋天，林语堂带着译成中文的《啼笑皆非》，随着访美归国的宋子文一起乘飞机，从美国迈阿密市飞到开罗，再飞到加尔各答，越过喜马拉雅山抵达昆明，再到重庆。

林语堂回国后，十分活跃，或乘车或乘飞机，穿梭于重庆、宝鸡、西安、成都、桂林、衡阳、长沙、韶关等地。在参观访问的同时，多次发表演说。重庆的当权者向林语堂热情地伸出了欢迎的手臂。在半年多的时间里，蒋介石夫妇六次接见林语堂。在重庆时，他先住在熊式辉将军家里，后来住在孙科家里，当局为他安排了访问国家要人，以及到前线和后方参观等各种活动。

1927年以后的一段相当长的时间内，林语堂与蒋介石政府曾保持一定距离。可是后来他的政治倾向非常明朗，许多人对他的亲蒋态度，特别是他接受蒋介石侍从室“顾问”的头衔颇有微词，而林语堂却理直气壮地回答：

> 我敢说，我在蒋委员长侍从室那些年，只是挂了个名儿，我并没有向中央政府拿过一文钱；只是为拿护照方便一点儿而已。[①]

抗战中的中国和大战中的世界一样，使许多人产生一个直觉：在现实生活里，飞机大炮最有发言权。来自太平洋彼岸的林语堂，没有把握大后方人民的心理，下“机”伊始，对久违

① 林语堂：《八十自叙》。

的同胞高谈东西文化互补，推出了以文化建设和心理建设来治世的药方。

1943年10月16日，林语堂应重庆中央大学之请，发表了《论东西文化与心理建设》的演说。11月13日，他又在西安青年堂做了《中西哲学之不同》的演说。在上述两次演说中，林语堂都宣扬和平哲学，即耶稣、释迦牟尼、孔子所倡导的精神，以及老庄的柔胜刚的道理。

1943年11月28日，林语堂乘邮车到成都，接见记者，谈论“民主政治”的必要。12月初，由成都飞往桂林，又到衡阳、长沙。1944年1月14日，在长沙中山堂发表了“论月亮与臭虫”的演说，宣传他的东西互补的文化观。

坚信批判的武器不能代替武器的批判的左派作家们，对林语堂的言行极为反感。郭沫若在重庆《新华日报》上首先发难，他把林语堂的新著《啼笑皆非》改了一个字，变成了自己的文章题目：《啼笑皆是》。田汉写了《伊卡拉斯的颠落——读林语堂先生“论东西文化与心理建设”》。秦牧写了《恭贺林语堂博士》等文。一时间，重庆《新华日报》《大公报》，延安《解放日报》都发表了批林的文章。有一天，在桂林，一位记者请林语堂对“论战”发表意见。林语堂很不服气地说：

> 郭沫若的文章，根本是歪曲的、谩骂的。他们那般人，天天劝青年不要读古书，说古书有毒，《三国》《水浒传》里忠孝节义的话有毒，其实他们还不是天天看线装书

么！我说要读古书，就是希望我们知道自己固有的文化。我的英语好不好，只有让英国人、美国人，总之是懂得英语的人去批评，郭沫若是没有资格批评我的英语的。至于读《易经》，郭沫若也是读的，我林语堂也是读的，我林语堂读了不敢说懂，郭沫若读了却偏说懂，我与他的分别是这一点。①

除在桂林向记者谈话时骂了郭沫若一通之外，林语堂对其他的批评文章，没有一一答辩。只在离国赴美之前，写了《赠别左派仁兄》的打油诗三首，把他与左派作家的矛盾看成“文人相轻”和个人意气。

1944 年，林语堂离开重庆，又回到了美国，在纽约市哥伦比亚大学附近的公寓住下。

这次归国观光，在重庆当局的影响下，使林语堂对美国的对华政策，特别是对史迪威的反感更加强烈了。早在“七七”事变之后，林语堂就对美国当权者的“中立主义”的烟幕和东方慕尼黑的阴谋，义愤填膺，曾多次撰文抨击。《啼笑皆非》一书更是尖锐地批评了美国盟国的远东政策。

只要一提起美国对华政策的执行者史迪威，林语堂就要咬牙切齿地予以痛斥，他说：

① 林太乙：《林语堂传》。

……那时史迪威来到中国，犹如到印度去对一个印度酋长作战一样。……史迪威就像个独裁暴君一样，他不是来帮助中国，他是来破坏中美的团结……无论如何，美国派到中国来的应当是个外交家，不要派个粗野的庄稼汉，要派一个中国人认为具有绅士风度的人来。[①]

在重庆，林语堂问何应钦："在过去几年史迪威给了中国什么？"

这位蒋介石政府的军政部长回答："只有够装备一个师的枪弹而已。"

1944年，林语堂在大后方看见疲惫不堪的毛驴，经过万里行程的跋涉，把大西北玉门油田的石油运到大西南的昆明，此情此景，使林语堂痛苦得"真要为中国哭起来"！他把这一切归罪于美国援华政策的失误。

回国前，林语堂抱憾中国未被盟国理解；回国后，林语堂发现自己未被国人理解。因此，他是怀着双重的抱憾离开中国的。

到了美国，林语堂以重庆当局的忠实支持者的形象出现在美国公众面前。他在广播电台上说："现在在重庆的那批人，正是以前在南京的那批人，他们正撸胳膊，挽袖子，为现代的中国而奋斗。"

---

① 林语堂：《八十自叙》。

林语堂的声音与美国新闻媒介有关中国情况的报道大相径庭。然而，林语堂的个人声誉，并没有改变一般美国人在中国问题上的既定的想法。美国听众哗然，就在电台播出他讲话的第二天，林语堂接到一个严厉的警告，告诉他："不可以，也不应当再说那样的话。"①

这个警告不是来自反蒋的左派人士，而是林语堂著作的出版商华尔希。

林语堂的声誉在下降，不是因为文章的失误，而是由于他的政治选择。但林语堂仍然负隅抗争。

林语堂意识到自己是在进行一场毫无胜利希望的战斗，他成了失利一方的一名伤兵。

尽管，亲蒋的立场使林语堂在美国公众中间的声誉受到了损害。但他仍像 20 世纪 30 年代中期那样，"欲据牛角尖负隅"对抗。他把自己回中国的见闻，用英文写成一本抗战游记《枕戈待旦》。1944 年由纽约约翰·黛公司出版。

《枕戈待旦》问世后的遭遇，使林语堂感触颇深。因为在此之前，他的英文著作在美国本本畅销，而《枕戈待旦》出版后，由于书中的亲蒋态度，使美国的"自由主义者"对他"突然冷落"。

种种流言广为传播。林语堂最恼火的是不少人都在传言，说他已被重庆用重金收买，接受了何应钦给的两万美金。这是

① 林语堂:《八十自叙》。

赛珍珠和史沫特莱等人分别当面对林语堂说的，背后的议论者自然更多。

面对无中生有的流言，林语堂非常愤慨。他自信是清白的，因为他没有拿过重庆政府的一分钱，他觉得他的收入是正大光明的，全部来自版税。

而总体来看，林语堂的国际声誉仍在不断提高。1940 年，纽约艾迈拉大学授予他荣誉文学博士学位。1942 年，美国新泽西州若特格斯大学授予林语堂荣誉文学博士学位。1946 年，美国威斯康星州贝路艾特大学授予林语堂荣誉人文学博士学位。

第十九章 面对破产的困境

1945 年 8 月 15 日，日本宣布无条件投降。中国抗战胜利了。逃离各地的文人们，带着辛酸的经历，回到了上海。人们估计，已蜚声西方文坛的幽默大师大概要回上海来重整旗鼓。谁知，出人意料的是，昔日论语派的主帅没有“卷土重来”。

这一段日子，林语堂过得并不如意。本来嘛，要使整个人生都过得舒适、愉快，这是不可能的，因此人类必须具备一种能应付逆境的本领。实际上，人生有价值的事，并不是人生的美丽，却是人生的酸苦。

第一个打击来自经济方面。抗战胜利后，物价飞涨，法币贬值，林语堂在中国银行的存款变得一文不值。1939 年时，林语堂曾以 2.3 万美元兑换 13 万银圆，分存 7 年、10 年、14 年的定期储蓄，他计划让每个女儿在 22 岁的时候，都可以得 10 万银圆。可是，抗战胜利后，由于通货膨胀到令人吃惊的地步：与抗战前相比，上涨了 6 万倍。因此，林语堂的存款连本带息从银行取出来，也等于是一堆废纸。

养女金玉华被迫回国，对林语堂也是一个不小的打击。金玉华原由西安的一家孤儿院抚养，1943 年，林语堂回国时，在孤儿院观赏了她的歌舞表演和钢琴演奏。12 岁的玉华，以她可爱的容貌、优美的舞姿和多才多艺的文化修养吸引了林语堂。他觉得自己的三个女儿已逐渐长大，希望总有天真烂漫的儿童和他做伴，所以就决定把玉华收为养女，带她去美国。玉华和她的母亲在惊喜中答应了林语堂的提议。但孤儿院的规矩是玉华不能离开孤儿院，林语堂可以认她为女儿，并且为她提供教育费。抗战结束后，林语堂费尽心机，总算把玉华弄到了美国。14 岁的玉华，长得眉目清秀，又弹得一手好钢琴，博得了林语堂的欢心。但是廖女士却不怎么欢迎，因为领养玉华的事，林语堂事先没有与夫人商量就先斩后奏。廖女士觉得家里已经有三个女儿，再要一个做什么？不是她生的，她不要。而玉华的哥哥这时也反对妹妹去做林家的养女，认为这是使全家丢脸的事。而玉华本身也患有风湿性心脏病，难以医治，恐怕寿命不长，于是玉华只好回国，回到母亲和哥哥身边。玉华成年后结了婚，40 岁去世。

金玉华被迫回国，对林语堂是一个大打击。“他的伤心，没有办法对人讲。在他心灵深处，藏着几个伤痕，他毕生不能忘怀，但是他戆直浑朴的个性并没有因此改变。”①

大女儿林如斯的婚姻问题，是这段时间里对林语堂的第三个打击。

林如斯是深得父母欢心的长女。1943 年，20 岁的林如斯回到中国，投身于抗日救亡的时代洪流，在昆明军医署林可胜

---

① 林太乙：《林语堂传》。

医师手下服务。1945年，林如斯认识了汪凯熙医师，打算与他到美国结婚。林语堂夫妇都很赞成大女儿的这门亲事。

当这对恋人来到美国后，林语堂夫妇就忙于张罗女儿的订婚仪式，向亲朋好友们发出订婚宴会的请帖，林语堂以为这一下可以坐下来松一口气了。谁知就在亲友们都准备前来参加订婚宴会的前一天，林如斯突然和一个美国青年私奔了。这意外的消息，犹如晴天霹雳，林语堂夫妇不知如何是好。

这个美国青年是林如斯去昆明前认识的一般朋友，名叫狄克，父亲是纽约一家广告公司的老板，很有钱。但狄克是个浪子，中学时被学校开除，不务正业，靠父亲养活，仪容平常，却颇有口才。林如斯为什么会迷恋狄克，林语堂不明白，可是生米已经煮成熟饭，只得承认现状。

从此，林如斯跟着狄克过着不安定的生活，他们常常迁居。每次回到父母家里，廖翠凤都要烧出六七样菜来款待，把女儿女婿当作贵宾招待，生怕女儿不肯回家。

女儿喜欢狄克，父母不喜欢也得装出喜欢的样子，廖翠凤总是热情地招呼女儿女婿："吃，吃呀！"

面对既成事实，林语堂无可奈何，他不赞成但也不干涉女儿的婚姻。他对女儿的选择很担心，因为凭他的阅历，觉得狄克靠不住，把爱女的终身大事交托给这样一个靠不住的美国浪子，林语堂不放心，同时也很伤心。

"憨囡囝，"林语堂对家里人说，"怎么做出这样的事来？

我现在比以前更加疼她。我舍不得。”[①]

雄心是生活的动力，也是一切灾难的渊源。在20世纪40年代后期，梦想发明中文打字机的宏图，使林语堂品尝了破产的苦果。

林语堂和中国现代文学史上的一些著名作家一样，并非读不了数理化才被迫去读文科的。他自幼热衷于发明创造，小学里学到虹吸管的原理后，他花了几个月时间思考改良水井的吸水管设备，想使井水自动流到园内。青年时代，在去厦门的途中，他又对轮船上的蒸汽机着了迷。林语堂一生与中文打字机有不解之缘。早在1916年，他就对中文打字机及中文检字问题产生了兴趣。50岁前后，他已累积了十几万美元的财产，自以为在经济上已具备研制中文打字机的财力，正式动手研制，经过两三年的努力，花费了他全部的外汇储蓄10多万美元，到1947年，终于发明了一架每分钟能打50个汉字的中文打字机，林语堂把它取名为“明快”打字机。样机研制成功后，由于成本太高，他已无力把这项发明成果投入商品生产领域。林语堂与许多公司联系，但由于中国又燃起内战的烽火，使精明的商人不得不考虑今后的商品市场问题，他们不愿对一项销售市场不稳定的商品大量投资，所以竟然没有一个资本家愿意接受这项新发明。负债累累的林语堂感到很失望，廖女士则常常伤心地哭泣。

---

① 以上资料来源于林太乙《林语堂传》。

1947年，倾家荡产的林语堂准备离开美国去法国出任联合国教科文组织美术与文学组主任。这是一个有着优厚高薪的职位，破产后的林语堂，在债务的重压下，很乐意地接受了中国驻联合国教科文组织代表陈源的提议，带着妻子和小女儿去巴黎任职。

卖掉了纽约的公寓和家具，偿还了部分债务。全家忙忙碌碌地收拾行李，主要是衣服和书籍。林语堂有数千册必须随身携带的参考书，每次迁居，它们都是最沉重的负担。虽然林语堂已经自己设计了一种木箱，旅途中装书，到达目的地后，打开来便是书架。但要带着20多只这样的木箱作跨国跨洋的旅行，也是相当费事的。廖女士一听说搬家，就马上想到这些叫人头痛的书。头痛归头痛，整理行李时不得不小心伺候好这些书，因为它们是林语堂的宝贝。

出发前的准备工作大致就绪，还有两天就要启程了。突然，接到一封美国税务局的来信，通知他必须缴清积欠的个人所得税3万多美元，否则不准离境！真是晴天霹雳！

“我的天呀！”林语堂看完信，拍着额头大声叫道。这时，所有的幽默感都被抛到九霄云外，他真正感受到了经济破产的严重恶果。幸亏卢芹斋先生的借款和《苏东坡传》的部分版税及时到手，才为林语堂解了围。

《苏东坡传》是林语堂最偏爱的一本英文著作。

一般作家都垂青自己的成名作，而林语堂最喜爱的，倒不是畅销西方的《生活的艺术》，也不是后来荣获诺贝尔文学奖提名的《京华烟云》，而是人物传记《苏东坡传》。

林语堂偏爱《苏东坡传》，是因为他偏爱苏东坡的才气和悯人讽己的“幽默”。他厚爱苏东坡的奥秘在于：他不仅从苏东坡的著作中汲取了精神营养，而且从苏东坡身上找到了自己的身影。于是,《苏东坡传》中的苏东坡，多少有点现代化了。因为这是一个经过林语堂再创造的苏东坡。林语堂的《苏东坡传》也许并不是研究苏东坡的最重要的史料，却是研究林语堂内心世界难得的材料。

《苏东坡传》开笔于 1945 年。虽然林语堂在《苏东坡传》的原序中声称，他写这本书并没有什么特别理由，只是以此为乐而已。但实际上,《苏东坡传》从酝酿到脱稿，历时一二十年之久，是呕心沥血之作。早在 1936 年，林语堂举家赴美时，他变卖了上海家中绝大部分的动产和不动产，却不顾行囊的沉重和旅途的遥远，把有关苏东坡的 100 多种参考资料、珍本古籍，全部带到美国。可见，他早就把《苏东坡传》列入了写作计划。

日后，如果苏东坡研究也能形成“苏学”的话，那么林语堂是当之无愧的“苏学”家。他不但掌握了苏东坡本人的大量史料，编写了《苏东坡年谱》，研究了苏东坡诗文的早期版本，而且还对苏东坡的家庭和家族的情况做了考证。因此，书中那些精彩情节，虽然未必字字有来历，却熔铸了他对苏东坡的独特认识和独特理解，至少也可以算是林氏的一家之言。

不知道 900 多年前的苏东坡是不是真如此的幽默风趣，但书中的苏东坡，倒真够得上宋代的幽默大师了！人生难得真知己，林语堂一生只找到了一位“真知己”，他就是苏东坡。

一天，午饭后，在地中海海滨城市坎城的“养心阁”别墅里，林语堂正在花园里晒太阳。二女儿林太乙突然问他：“人死后还有没有生命？”

林语堂环顾这布满了鲜艳的九重葛的美丽花园，处处都是胭脂红的、玫瑰红的、铜橙色的、砖红色的、杜鹃红色的花朵，蜜蜂在其间嗡嗡作响。他肯定地回答：“没有。你看这花园里处处都是生命，大自然是大量生产的。有生必有死，那是自然的循环。人与蜂有什么分别？”

林语堂为了进一步说明自己的意见，引用了一首苏东坡的诗：“人生到处知何似，应似飞鸿踏雪泥。泥上偶然留指爪，鸿飞那复计东西。”

林太乙望着双鬓斑白、目光炯炯的父亲，感到时光的流逝使父亲正在变老，不觉一阵凄凉，甚至恐怖，她忍不住问：“人生既然这么短暂，那么，活在世界上有什么意思？”

“我向来认为生命的目的是要真正享受人生。”林语堂在《苏东坡传》中就是这样来解释苏东坡的人生观的，现在他又以同样的思路来向女儿阐明他对生与死的看法，他说：“我们知道终必一死，终于会像烛光一样熄灭……”虽然如此，他仍教育女儿要珍惜有限的生命，要明智地、诚实地生活。

谈到这些，林语堂又想起了苏东坡，他说：“苏东坡逢到悲哀挫折，他总是微笑接受。”

确实，林语堂在自己的日常生活中时时以 900 多年前的苏东坡为榜样，微笑地接受挫折所带来的后果。相比之下，夫人廖翠凤就显得脆弱一些。因发明“明快打字机”而负债的严峻事实，使原先十分能干和精明的廖女士竟变得唠唠叨叨，成天重复地说：“我们没有钱了，我们欠人家钱。……”

也许，正是苏东坡的精神力量，使这位不走运的发明家经受住了破产的打击，在波折面前保持了乐观的态度。

联合国教科文组织的美术与文学组主任一职，薪俸虽然丰厚，但工作相当辛苦。每天要准时上下班，工作时讲究效率，开会讨论问题，通过议案，写备忘录，应付人事问题，等等。林语堂每次下班回来，都精疲力尽，躺在沙发上，动也不想动。紧张的“官场”工作，更使他在个性上难以适应。他开始秃顶，人也显得苍老和消瘦了。他终于提出辞职，并从巴黎搬到地中海边风景优美的坎城，再度以写作为生。

林语堂一家在坎城住在朋友卢芹斋的海边别墅“养心阁”里。“养心阁”位于山坡上，面向地中海，一向以“山地的孩子”自许的林语堂，这时从地中海宜人的景色中又回归自然了。

他口含烟斗，在花园的棕榈树下，欣赏着异国的海光山色，他的心飞回了坂仔的青山和西溪的沙滩。他自信，他的智慧和道德信仰来自故乡山水所给予的灵气，此刻，他把往日对坂仔山水的迷恋移情于这地中海边的自然景色。他要借助大自然的力量使自己从破产的打击中尽快复苏过来……

傍晚，他在岸边观赏着满载而归的渔船，分享着渔人的忧乐。或者坐在露天咖啡室里喝一杯浓咖啡。这里的生活费用比纽约便宜得多，有新鲜的鱼虾、蔬菜、水果。对于经济拮据的林语堂来说，在这里租个公寓，倒是个理想的写作环境。

发明打字机时所欠下的债务，给廖翠凤造成了巨大的心理负担，而林语堂却没有一蹶不振，他对前途仍充满信心。当妻子唠叨时，他抓住她的手说："凤，我们从头来过。你别担心。我这支邋遢讲的笔还可以赚两个钱。"

1950 年，林语堂和夫人在法国

地中海的山水使他文思泉涌，长篇小说《唐人街》就是在坎城开笔的。

早在"七七"事变以后，林语堂有感于旅美华侨抗日救国的热情，就想写一部反映海外华人爱国主义精神的小说。

“五四”以来，虽然郁达夫、老舍、许杰等作家都描写过华侨或留学生的生活，但以美国唐人街的华侨为题材的作品并不多见。20世纪三四十年代，在海外的华侨，大多数是含辛茹苦的体力劳动者。

林语堂的《唐人街》反映了纽约唐人街上的华侨劳动者的生活。小说寄托了林语堂对理想的婚恋观的向往。熟悉他的人都知道，青年时代，他曾因为不能与心爱的姑娘陈锦端结合，经受了巨大的打击。那无法逾越的门第观念的鸿沟，是他失恋的主要原因。对此，他一直耿耿于怀，陈锦端成了他毕生不能忘怀的一个隐痛，他把热恋的纯情珍藏在心灵的圣殿之中，他常常会悄悄地去抚摸这块心灵深处的伤痕。有时，他以作画自娱，画的女人总是留着长发，用一个宽长的夹子夹在背后。有一次，二女儿林太乙忍不住问道：“为什么老是画这样的发型？”林语堂并不隐瞒自己的真情，他回答说：“锦端的头发是这样梳的。”在他的小说创作里，总是喜欢歌颂敢于冲破门第樊篱的青年男女，譬如，《风声鹤唳》《朱门》等小说的主人公，都是这一类人物。可见，那次失恋在他的生活中留下了多么深刻的烙印，直接影响到他的文学创作的取材和构思。在现实世界中失落的东西，在他的艺术世界里得到了补偿——林语堂让《唐人街》中一对并不门当户对的恋人，经过一番周折之后，完满地结合了。

《唐人街》，1948年由美国纽约约翰·黛公司出版。但由于艺术技巧上的缺陷，无法成为林语堂小说行列中的上乘之作。

在坎城住了一段日子以后，林语堂夫妇又去瑞士小住过一段时间，但因为瑞士要交纳的所得税奇高，他们不得不又搬回坎城。

这时，二女儿林太乙已经结婚，三女儿林相如在纽约哥伦比亚大学巴纳德书院就读，林语堂夫妇挂念女儿，于是又搬回纽约，但原来的公寓和家具都已出让，现在只好租了一套公寓，一切从头开始。

恢复专业作家的生活之后，林语堂就得靠写作卖文为生了。

1949 年，他撰写了《老子的智慧》一书，被列入只出版经典之作的蓝登书屋的“现代丛书”。与他 11 年前为同一“丛书”所撰写的《孔子的智慧》、7 年前由蓝登出版的《中国印度之智慧》是姐妹篇。1950 年，约翰·黛公司又出版了他的《美国的智慧》一书。在《老子的智慧》中，林语堂通过孔子和老子的对比，比较出儒道的差别，进而论述了两者互补的必要性和互补的前景。

1950 年，林语堂根据《杜十娘怒沉百宝箱》的故事用英文改写成《杜十娘》一书，由伦敦威廉·海涅曼公司出版。1951 年，约翰·黛公司出版了林语堂英文编著的《寡妇、尼姑、歌妓》一书，书中节译了老向的《全家庄》，刘鹗的《老残游记二集》，再加改写的《杜十娘》。1952 年，林语堂又在约翰·黛公司出版了《英译重编传奇小说》，他把 20 篇唐代传奇用英文进行改写，他认为这不是翻译，而是重新编写，因为他以现代西洋短篇小说的技巧对原著进行加工改造，是他的精心结构之作。这些著作出版后销路很好，使林语堂获得了可靠的经济来源。

20世纪50年代初，海外的华文报刊很少，二女儿林太乙和女婿黎明从毛里求斯回到纽约后，就和林语堂商量，大家投资一点儿钱，办一份类似当年《西风》的文艺性月刊。林语堂欣然同意。刊物名为《天风》，由林语堂任社长，具体的编务工作由林太乙、黎明夫妇承担。1952年4月，创刊之初，声势赫赫，大有重振当年论语派雄风的势头，许多旅美的文化名人都列名为《天风》的特约撰稿人，如胡适、李金发、沈有乾、陈受颐、陈香梅、黄文山、熊式一、高克毅、黎东方，以及在港台的徐讦、简又文、谢冰莹等，美国女作家赛珍珠也跻身其中。唐德刚、刘厚醇、萧瑜、蒋彝、杨联陞等人也经常给《天风》投稿。这个撰稿人的阵营还是颇有实力的。

《天风》借了《"中央日报"》在唐人街的办公室里的一张写字台作为营业点，而大部分编务工作则在林太乙夫妇的家里完成。筹备阶段，黎明和林太乙出力最多，可是出刊前，黎明考入联合国机构任翻译，这是个有经济保障的"金饭碗"，黎明就把主要精力放到这份差事上了。《天风》从编辑、校对、发行到包装等工作，几乎都落到林太乙一个人头上。

看见女儿忙得焦头烂额，《天风》的挂名社长林语堂也坐不住了，只得亲自出马来帮女儿的忙。办杂志，林语堂是识途老马，原先以为只要在编务上做方向性的宏观指导就行，实际上却要卷起袖子直接干粗重的体力工作，如包装杂志、开汽车把杂志运送到邮局去等。为了《天风》的生存，林语堂毫无怨言地做着力所能及的事。尽管连林语堂也到了第一线，《天风》却仅仅出了几期就停刊了。

1953年，林语堂出版了英文写作的30万言的长篇小说《朱门》。小说采用直缀的艺术构思方式，在20世纪30年代初中国西北部的社会背景中，表现善与恶的冲突、正义与非正义的较量。

林语堂把《朱门》和以前出版的《京华烟云》《风声鹤唳》三部有着内在的精神联系的作品合称为“林语堂的三部曲”。这不仅是他自我感觉最良好的三部小说，而且也是最能体现林语堂东西文化大融合的理想的作品。林语堂把自己的理想、希望、爱憎全部融于“三部曲”中的那些理想人物身上了。所以这“三部曲”实际上是林语堂的文化观、人生观、世界观的形象说明。

“三部曲”中的杜柔安（《朱门》女主人公）、姚木兰（《京华烟云》女主人公）等理想人物，并不是林语堂凭空想象出来的，而是以林语堂所赞赏的一些中国古代妇女为模特儿，加工设计而成的。

林语堂最崇拜的古代妇女是李香君，他把《桃花扇》中李香君痛骂奸贼阮大铖的一段唱词与岳飞的《满江红》相提并论。他认为，李香君一个弱女子能代表东林党人骂阮大铖之类的魏忠贤党羽，骂得好，骂得痛快，与岳飞的《满江红》一样，是惊天地、泣鬼神的文字。

20世纪30年代在上海时，林语堂托朋友从杨季眉处购得一幅李香君的画像，挂在书房里。从此，这幅李香君的画像成了他的终身伴侣，不论到哪里，都带在身边。他说，能得到此画，是一生快事。兴致所至，还在画像上题了一首打油诗：

香君一个娘子，血染桃花扇子。
气义照耀千古，羞杀须眉男子。
香君一个娘子，性格是个蛮子。
悬在斋中壁上，叫我知所观止。
如今这个天下，谁复是个蛮子？
大家朝秦暮楚，成个什么样子？
当今这个天下，都是贩子骗子。
我思古代美人，不致出甚乱子。

这首打油诗，借古讽今，寓庄于谐，寄寓了林语堂的爱恨好恶。林语堂特别欣赏李香君舍生取义的侠胆忠心。在他的小说的理想人物身上，几乎都可以找到李香君式的侠义性格和侠义行为。

《浮生六记》中的芸娘也是林语堂所崇拜的古代妇女。林语堂认为《浮生六记》是古今中外文学中最温柔细腻的闺房之乐的记载。他欣赏芸娘与沈复促膝畅谈书画的场面，他爱芸娘的憨性，芸娘见了一位美丽的歌伎，想暗中替她丈夫撮合娶为侧室，后来那歌伎为强者所夺，芸娘因而生了一场大病。《京华烟云》中的姚木兰想为丈夫物色小妾的意向，与芸娘何其相似。林语堂为芸娘夫妇的那种爱美、爱真的精神和知足常乐、恬淡自适的天性，几乎感动得如醉如痴。

20世纪30年代，林语堂曾请在东吴大学读书的周劭帮他在苏州郊外的福寿山上寻找芸娘夫妇的坟，林语堂准备备香花鲜果，供奉跪拜祷祝于这两位清魂之前。可惜，这对平民夫妇的坟墓早已湮没在野草乱石之中，难以寻觅[①]。林语堂只好放弃了他的祭奠计划，但芸娘的影子却总是不断出现在林语堂小说作品中，成为他塑造理想女性时，所不可缺少的艺术材料。

著名的女诗人李清照也是他所赏识的古代妇女。李清照的才华，特别是李清照与其丈夫赵明诚即使典当衣服，也要买回碑文，夫妻相对赏碑帖的潇洒态度，使林语堂羡慕不已。

林语堂喜欢李清照、芸娘等古代知识妇女风雅洒脱的性格，所以他笔下的理想女性，多少带有几分不食人间烟火的贵族气。

---

① 材料来源于笔者和周劭谈话的录音记录稿。

第二十章 和赛珍珠决裂

1953年出版的《朱门》是林语堂交给赛珍珠夫妇的约翰·黛公司出版的第13本书，也是该公司为林语堂出版的最后一本书。因为，此后，林语堂和赛氏夫妇绝交了。

20年前，林氏夫妇和赛氏夫妇的跨国友谊，曾被国际文坛引为佳话。可是，20年后，竟然情断义尽。这两位文化名人的决裂，使旁观者感到惊讶。而在知情者看来，这是原来被掩盖着的隐患，在适当条件下的必然暴露。

林语堂的知己朋友郁达夫，早就说过："林语堂生性戆直，浑朴天真……唯其戆直，唯其浑朴，所以容易上人家的当……"①

不幸而言中了！林语堂之所以与赛氏夫妇决裂，在林语堂看来，是因为赛氏夫妇不仅让他上了一个大当，而且让他上了19年的当。因此，他忍无可忍了。

矛盾的焦点是版税。一般来说，一本书的海外版及外文翻译版的版税，原出版公司只抽取10%，可是赛氏夫妇的约翰·黛公司居然抽取50%，而且版权还不归林语堂，而是归出

① 郁达夫：《现代散文导论（下）》。

版公司。如此巨大的经济损失，林语堂竟然在吃亏了 19 年后才如梦初醒，也真是“戆直”和“浑朴”得到家了！

有人说，恐怕正因为这家出版公司是赛氏夫妇经营的，才能把林语堂蒙蔽 19 年之久。换言之，是林、赛间的特殊交情使林语堂受到了蒙蔽。

平心而论，林、赛的友谊的确非同一般。1934 年，是赛珍珠主动把机遇的彩球抛给林语堂，才会有《吾国吾民》的问世，而该书在美国的巨大反响，也与赛珍珠的大力推荐有关。赛氏在美国公众还不熟悉林语堂的情况下，亲自为《吾国吾民》撰写序言，给予极高的评价，实际上，等于是赛珍珠以自己的声誉为林语堂做了信用担保。《吾国吾民》畅销后，赛珍珠又邀请林语堂到美国去写作。1936 年 8 月，林氏一家五口，远涉重洋，到美国后，最先的落脚点就是赛氏在宾夕法尼亚州的乡间别墅①。所以，从这个角度来看，没有赛氏的扶植也就不会有《吾国吾民》，林语堂也不会去美国写作。如果不去美国，日后也未必能有《生活的艺术》《京华烟云》等著作的诞生。

但从另一个角度来看，赛氏的球不抛给林语堂又能抛给谁呢？再说，正是林语堂的畅销书为赛氏夫妇的出版公司带来了丰厚的利润。从 1935 年到 1953 年，林语堂成了约翰·黛公司的一棵摇钱树。

---

① 有关林、赛的友谊，请参见施建伟《林语堂出国以后》(《文汇月刊》1989 年 7 月号）和《林语堂和赛珍珠》(《文学报》1989 年 7 月 20 日）。

赛珍珠在林语堂身上的感情投资，获得了意想不到的收益——林语堂多次拒绝了其他出版商高额版税的诱惑，坚持把那些畅销书全部交给约翰·黛公司出版，让赛氏夫妇去赚钱——因为他不是一个忘恩负义的人。

可是赛氏夫妇却是以西方文化的价值观念来看待与林语堂的关系。赛氏夫妇认为，朋友是朋友，赚钱是赚钱，朋友的钱照赚不误。所以，赛氏夫妇在和林语堂签订出版合同时，毫不手软地“斩”了林语堂。

虽然，林语堂在著作中把东西文化取长补短的前景描绘得极其乐观，但在现实生活中——在签订出版合同的时候——这两种文化观念却实在难以调和。林语堂明知吃亏，但认为大家是朋友，不好意思斤斤计较钱财，为了报答赛女士的知遇之恩，也就心甘情愿地接受了赛氏夫妇以美国生活方式所提出的签约条件。结果，所谓出版合同，成了赛珍珠要怎么样就怎么样的东西。

如果事情仅仅到此为止，那么，周瑜和黄盖扮演完各自的角色，也就相安无事了。谁知，偏偏节外生枝，插进了一个发明“明快打字机”的小插曲：作为“发明家”的林语堂，实在不走运，为了研制样机，耗尽了多年积蓄的10多万美元，到了倾家荡产的地步，一度穷到靠借债度日。借钱的第一个目标当然是好朋友赛珍珠。因为，她是林氏全家最亲近的美国朋友，不仅赛氏夫妇和林氏夫妇过从甚密，而且连两家的孩子们也成了好伙伴。

不料，见林语堂张口借钱，赛氏夫妇一反往日殷勤有礼的常态，冷冰冰地招待了这位倒霉的“发明家”。赛氏夫妇前后的态度判若两人，使林语堂看到了美国社会世态的炎凉和人情的淡薄。

一向以中西文化比较研究而闻名于世的林语堂，直到被“宰”了19年之后，才恍然大悟。这也足以证明，林语堂虽然在许多著作中侃侃而谈东西文化融合的必然性，然而在世俗生活里，他却是一位带有几分书生本色的谦谦君子，想以中国古代“名士”的潇洒、风雅态度去感化货真价实的西方文化价值取向，怎能不吃亏呢？他不得不感慨地说：“过了一二十年才明白，朋友开书局也是为赚钱的，这损失的版税也就可观，但是已后悔不及了。”

“后悔不及”的林语堂回想自己过去对钱财的“潇洒”态度，再对照眼下赛氏夫妇在他患难之际的冷酷无情，不由得大怒特怒——林语堂不轻易发怒，但一怒则大怒而特怒——他委托律师与赛氏夫妇交涉，将所有著作的版权全部收回，而且毫无妥协的余地。

面对“突然袭击”，赛氏夫妇非常惊讶，以为林语堂发神经病了，赶紧打电话给林太乙，赛珍珠在电话里问道：“你的父亲是不是疯了？”于是，这对跨国朋友终于闹翻了。

友谊上的损失换来了经济上的收益。林语堂与约翰·黛公司决裂的消息传开后，许多出版商都主动来找林语堂签订合同，提供的条件自然要比约翰·黛公司优惠得多。吃一堑长一智，林语堂了解了美国出版界的行情后，就直接与出版公司洽谈出版新书的条件，而美国以外的地方，则委托英国大经纪公司蔻蒂斯·布朗代表他与出版商接洽。——约翰·黛公司失掉了一棵摇钱树。

1954年，林语堂准备出任南洋大学校长，去新加坡前，他从纽约给住在宾夕法尼亚州的赛珍珠的丈夫华尔希打电报辞行，而赛氏夫妇居然置之不理，这意味着蔑视。从此，双方情断义绝。直到20年后，提起往事，林语堂还耿耿于怀地说："我看穿了一个美国人。"

如果仅仅只有上述现象，那么，很容易把林、赛的断交当作经济纠纷引爆了感情上的危机。其实，经济纠葛只是问题的表象。而在这表象下面，隐藏着更深刻的思想原因。远在1949年以前，赛珍珠和林语堂在对蒋介石政权的评价上，就发生了根本分歧。1944年，林语堂的《枕戈待旦》出版后，书中的亲蒋立场使美国的"自由主义者"对林语堂"突然冷落"起来，并且还流传着林语堂接受何应钦两万美元的说法，而赛珍珠就是这流言的散布者之一。林语堂非常恼火，认为这是一个"中伤的谣言"[1]。在与约翰·黛公司签约时颇为"温良恭俭让"的林语堂，对这个"谣言"很计较，这自然也损害了友谊。

思想分歧是友谊之舟最危险的裂缝。对于美国对华政策的

① 林语堂：《八十自叙》。

评价，林、赛之间也有严重的分歧：林语堂站在亲蒋的立场上，认为蒋政权的失败，罪魁祸首是美国。而赛珍珠则站在美国的立场上为美国政策辩护。赛珍珠所肯定的东西，正是林语堂所竭力反对和攻击的。

20 世纪 40 年代以后，林语堂对左翼知识分子的态度，越来越敌视，而赛珍珠则以自由主义和人道主义的态度同情和支持中国的左翼知识分子。这种政治、思想上的对立，是造成林、赛最终彻底决裂的大前提。经济纠纷和林语堂破产后赛氏夫妇的失礼行为等，仅仅是导火线，存在已久的思想分歧才是地雷和炸药。

1954 年，南洋华侨拟在新加坡筹建一座培养华侨子弟的高等学校，并成立了以陈六使为主席的南洋大学执行委员会。执委会对校长的人选提出三个条件：一、必须是新加坡当局可以接受的；二、既不能是共产党员，也不宜是国民党员；三、必须具有国际声望而又为南洋人士所崇仰者。以上述三个条件来衡量，可供选择的人选寥若晨星。所以有人提出林语堂的名字，执委会即顺利通过，并委派执委连瀛洲赴美国征求林语堂的意见。

经过多次接触，林语堂首肯。1954 年 1 月 9 日，他亲自致函陈六使。在客套寒暄之后，林语堂婉转地表示，如要办成东南亚第一学府，必须要有雄厚的资金物力，同时，校长要有职有权。这是 1926 年的前车之鉴，1926 年，林语堂出任厦门大学文学院长之始，何尝不是雄心勃勃，想振兴厦大文科，专意从北京请来了鲁迅、沈兼士等人。一时间名人学者云集鹭江，但因为没有财权和实权，眼看鲁迅被实权派逼走，爱莫能助，最后自己也不得不离开厦大，一走了之。吃一堑长一智，所以这次林语堂要把话说到头里。

去新加坡之前，记者问他有何感想，踌躇满志的林语堂又有了幽默的雅兴。他对记者说，因为南洋天气炎热，可以不戴领带，所以他愿意去新加坡（原来，林语堂一贯痛恨戴领带，认为领带束缚脖子，曾斥之为“狗领带”）。记者立即以花边新闻刊出了他的俏皮话。

1954 年 10 月 2 日，林语堂飞抵新加坡，他亲自选拔的一个由学者专家组成的工作班子，也在此前后到达南洋大学。林语堂还让二女儿林太乙出任校长秘书、女婿黎明任行政秘书（相当副校长的职权）、侄儿林国荣任会计长。

让才学兼备的黎明、林太乙夫妇来担任自己的主要助手，在林语堂看来这是“内举不避亲”。可惜，不少人不理解他的用心，认为这样的人事安排是“任人唯亲”。

而林太乙夫妇也感到十分勉强。林太乙在回忆这件事时说：“父亲要黎明任行政秘书。创办大学牵涉到千头万绪的事，他要有个他能信任的人。黎明在联合国任翻译，那是个稳定的职位，对侨居美国的文科留学生来说，那是非常好的差事了。但是，那也是个没有多大意思的差事。然而，辞去这个金饭碗，实在需要胆量。我们犹豫不决，父亲有点不耐烦了。他说，他请了那么多位教师他们都去，难道你不去？

我们想来想去，好像没有理由不去，何况黎明是在哥大师范学院念教育的。于是，他毅然辞去联合国的职位，我们一同去新加坡了。”①

林语堂提出南洋大学办学的两大宗旨：“学生必学贯中外”和“所学能有所用”，使执委会感到满意。但当书生气十足的林语堂又推出一个建造“第一流大学”的预算方案时，执委会认为开支过分庞大，无法通过。为此，双方经过几个月的讨论和争执，仍未有结果。林语堂在报上公开发表声明坚持自己的立场，终因与执委会关系破裂而辞职。这就是轰动一时的“南大预算案”。

1955 年 4 月 17 日，林语堂一家登机飞离新加坡。

因为当时南洋大学还未开学上课，所以，林语堂是在还没有学生的南洋大学当了六个半月的校长，人们谑称为“影子校长”。而在 1968 年 6 月 18 日至 20 日，林语堂就是以曾出掌南洋大学的这段经历，参加了在韩国汉城（今首尔）举行的“国际大学校长协会”第二届大会，并以“趋向于全人类的共同遗产”为题，发表了关于东西文化比较和融合的理论，引起与会者的重视。

困厄无疑是个很好的老师，它使人认识生活；然而，这个老师索取的学费很高，学生从它那里所得到的时常还抵不上所交的学费。

---

① 林太乙：《林语堂传》。

南洋大学的挫折，一度像噩梦似的萦绕着林语堂，使他感到气馁。但幽默的人生态度使他的心理机制很快就恢复了平衡。他在超然一笑之中获得解脱。可是，廖女士却无法像林语堂那样超然，那样轻松。南洋大学的经历使女人脆弱的心受到了极大的损害。为了抚平妻子在新加坡所受到的打击，林语堂带着神经衰弱的廖翠凤，在法国南部风景优美的坎城租了一所普通的公寓，开始了疗养生活。

享受大自然的美景，忘却人间的痛苦和烦恼。林语堂把回归大自然当作解脱世俗烦恼的灵丹妙药。他曾说：人性的束缚，人事的骚扰，都是因为没有见过或者忘记这海阔天空的世界。要明察人类的渺小，须先看宇宙的壮观，所以，此时林语堂想用旅游来医治妻子的心灵创伤。

1955 年夏天，他带着妻子、长女、幼女一行四人，漫游欧洲，这是一次真正的漫无目的之游，他们像流浪者一样，不仅没有规定旅游的日程，甚至连预定的目的地也没有事先规定，他们不需要任何向导，完全是凭着兴致所致。他们不为参观名胜古迹而赶路，不写明信片作纪念，连照相机也不带！因为林语堂一向对那些因忙于摄影留念而忘却了旅游的本意——欣赏良辰美景——的“俗人”们，嗤之以鼻。他曾在论著中讽刺在杭州虎跑泉品茶的游客，故作举杯饮茶的姿势让人照相。他说，虎跑泉品茶的照片固然好，但影中人为了照相而忘却了茶味。林语堂从《生活的艺术》的角度出发，觉得到名胜古迹游览，如果把时间和精力消耗在拍照、取景、摆姿势上，必然无暇去欣赏大自然。这种本末倒置的做法，是一般旅游者的通病。

这是一次表现林语堂个性的漫游，他以自己的“生活的艺术”安排了这次不拘形式的、林语堂式的漫游。

他在奥地利凭吊天才音乐家莫扎特之墓，在莫扎特的铜像前面，林语堂流下激动的眼泪，他说：“莫扎特的音乐是那么细腻缠绵，是含泪而笑的。”

含泪而笑，这正是林语堂经过新加坡的挫折后漫游欧洲时的心态。林语堂带领家人们无拘无束地在欧洲各国漫游了几个星期。然后，又各奔东西了：林如斯和林相如回美国，林如斯按照父亲的规劝拟在美国找一份工作，自食其力；林相如在哈佛大学研究院攻读生物化学，后来获博士学位；二女儿林太乙和丈夫则在伦敦；而林语堂夫妇则留在法国坎城。

在这座异邦的小城里，没有人认识林语堂，他过着与世无争的隐居生活，与新加坡那种紧张的气氛截然相反，他的神经放松了，身心得到了休息。

林语堂曾说，真正的隐士，不必到深山老林去离群索居，在城市的隐士才是最伟大的隐士。

在坎城，林语堂夫妇过着城中隐士的生活，他在陌生的外国人中间，避免了因“名作家”身份而带来的社交活动，卸掉了“知名度”给他的压力，随便穿着舒适的便服，与夫人手拉手一起上街买菜。廖女士还兴致勃勃地在阳台上种马铃薯。在新加坡时，廖女士每天早晨都害怕看报纸，因为说不定又有骂林语堂的文章刊登在哪一张当地的报纸上，而现在，廖女士能与丈夫一道提着菜篮子上菜市场，能在厨房里做心爱的厦门菜，她心满意足了，神经衰弱也逐渐痊愈了。

坎城成了林语堂精神上的世外桃源。在这里，他恣情肆意，展示出自己的心灵姿态和生命律动，他的神思旁骛八极，怡游万仞。他拿下了人格面具，按照自己的天性生活。有时，他在街上会发出兴奋的叫喊，坐在露天咖啡室里大声打呵欠，别人看他，他也不在乎。他觉得人生活在社会上要承受来自各方面的社会压力，有物质的、精神的、心理的，有形的和无形的，这些社会压力把许多人挤压得变了形。所以，他提倡“不羁”精神，认为人要有点胆量，我行我素，能独抒己见，不随波逐流。这“不羁”精神是人类最后的希望。

他对生命的自然形态的爱，被充分释放出来了。内心的生命律动冲破了现代文明自设的心理樊篱而在文学创作中取得了艺术的实现。一部科幻小说问世了。1955 年，《远景》（又名《奇岛》）由纽约普兰蒂斯—霍尔公司出版。小说反映了林语堂向往已久的生活理想：远离现代文明社会，寻找古朴的世外桃源。早在 1933 年 8 月 18 日的《申报·自由谈》上，林语堂就曾撰文说：

假定我能积一点钱，我要跑到太平洋之南的岛上，或是钻入非洲山林中。假使富春楼老六之辈，仍然不能消此浩劫，而欧洲文明全部焚灭了，那时我居在非洲深林的树上，可以拍胸说："上帝啊！至少我是诚实的。"[①]

时隔20多年，林语堂又继承了20多年前的思路，写出了长篇反战小说《远景》，以科幻的手法描绘了东西文化大融合的"远景"。

《远景》出版后，获得了欧美读者的好评。这时，林语堂又转向中国古代经典著作的翻译工作。1957年由台北世界书局出版的《英译庄子》是他自己较满意的几本"好书"之一。《英译庄子》的出版，使林语堂对中国古代著作的翻译形成了一个配套的系列。因为在此之前，1938年已出版了《孔子的智慧》，向外国人系统地介绍了儒家的学说；1948年出版的《老子的智慧》和这本《英译庄子》，则全面地介绍了以老庄为代表的道家思想，从而比较系统地向外国人介绍了中国传统文化思想。如果再加上他1942年出版的《中国与印度之智慧》、1950年出版的《美国的智慧》等英文著作，便形成了两个平行的系列，构成了林语堂的东西文化思想比较研究的基础工程。

1957年，林语堂的第二部历史传记《武则天传》出版。

倘若说，在《苏东坡传》中，林语堂是怀着崇敬的心情来描述这位"快活天才"的一生的，那么，在《武则天传》中，林语堂对这个古代女强人的感情倾向是憎恶，甚至可以说是非

① 林语堂：《让娘儿们干一下吧！》。

常的憎恶。《武则天传》不是历史小说，而是历史传记，书中的人物、事件、对白等资料，全部来源于《旧唐书》和《新唐书》。但在资料的选择、集中、概括、剪裁的过程中，表现了作家的主观态度和合理的想象。

第二十一章

浓得化不开的乡情

金圣叹批《西厢记》，列举“不亦乐乎”三十三事。其中一条是：久客还乡之人，舍舟登陆，行渐近，渐闻本乡土音，算为人生快事之一。久居异域的林语堂也有此感，他非常渴望能听到熟悉的乡音……

马星野是林语堂在厦门大学时的学生，在与林语堂的接触中，他深深地感受到林语堂已被浓郁的乡愁所牵萦，所以就极力劝林语堂到台湾去看看，因为台湾与林语堂的故乡闽南隔海相望，许多台湾居民的祖籍都是闽南泉州、漳州一带的，闽南方言至今仍是一种通用的社交语言。所以，林语堂将会在那里听到乡音，感受到乡情。

1958 年 10 月 14 日上午 11 时，林语堂夫妇在松山机场下机，欢迎的人群如浪如潮。

从 10 月 14 日到 11 月 1 日的半个月时间里，林语堂接待了慕名来访的各界人士近千人。除文人学者、亲朋好友之外，还有不少社会名流和党政要员。台湾当局的黄少谷、梅贻琦、于右任、张道藩、张厉生、郑彦棻等人都热情接待了林语堂夫妇。

10 月 16 日下午 5 时，蒋介石和宋美龄在士林官邸会见首次来台湾的林语堂夫妇，在座的还有马星野、郑彦棻、梅贻琦及黄仁霖等人。当时正值金门炮战的高潮阶段，可是蒋介石竟然把金门补给之类的军务大事暂放一边，与林语堂大谈《红楼梦》。

在台北的几家亲戚联合起来为这位稀客洗尘，亲人们在一家福州饭馆聚会，林语堂在这里又尝到了地道的厦门薄饼，这是由一位小辈亲手制作的。这些亲属大多是林、廖两家的侄甥辈，不少人都是第一次见到这位长辈，林语堂与这群生龙活虎的后辈相聚，心里非常高兴，尤其使他兴奋的是小辈中竟有两位女作家，她们是侄儿媳妇毕璞和钟丽珠。

林语堂那一腔浓得化不开的乡情、乡思，给所有人留下了深刻的印象。见到家中晚辈、同乡，他一律用闽南语交谈。他沉醉在乡音中了，他说："回到台湾，就像回到闽南漳州的老家！"在台湾，他感到最惬意的，是能听到乡音。他说：

> 我来台湾，不期然而然听见乡音，自是快活。电影戏院，女招待不期然而说出闽南话。坐既定，隔座观客，又不期然说吾闽土音。既出院，两三位女子，打扮的是西装白衣红裙，在街中走路，又不期然而然，听她们用闽南话互相揶揄，这又是何世修来的福分。[1]

林语堂夫妇在台湾观光期间，受到台湾文化学术界的隆重

① 林语堂：《说乡情》。

欢迎。10月24日，他应邀在台湾大学做了“《红楼梦》考证”的学术讲演，对后四十回是否是高鹗所续这一“红学”的热门话题发表了自己的意见。同时，在台湾的“中央研究院”院刊《庆祝赵元任先生六十岁论文集》中也发表了一篇《平心论高鹗》的长篇论文。

在台湾期间，林语堂向亲属们透露了一个久藏在心头的夙愿：他迟早会离开美国，落叶归根的。他说，在国外生活几十年，就像住在高高在上的大厦里一样，经常有一种根不能着地的感觉，他希望以后能在台北附近风景秀丽的阳明山麓，作为他回国后的定居处。

由于历史的原因，有人曾误认为林语堂是属于“月亮也是外国好”的崇洋者。事实恰恰相反，林语堂旅居欧美数十年，不论著书立说，还是讲课演说，处处表现出对民族文化、对祖国人民的深情厚谊，要说有什么偏颇的话，林语堂的偏颇之处绝不在于“崇洋”，而在于他有时会过分美化中国文化中不该美化的东西。“月亮也是中国的好”，这才是林语堂的写照。

林语堂在美国哥伦比亚大学讲授“中国文化”课程时，当年的美国青年平常所听到的，都是关于中国如何愚昧野蛮的报道，可是林语堂博士不仅把中国文化说得光辉灿烂，而且还要以中国文化来补救西方文化精神的危机，使听课的美国学生耳目一新。但其中有一位女学生见林博士老是赞扬中国的一切，她沉不住气了，举手发问：“林博士，你好像是说什么东西都是你们中国的最好，难道我们美国没有一样东西比得上中国的吗？”说完后坐下，以为将了林博士一军，很自信地等待答复。林语堂在讲台上寻思片刻后，悠然回答：“有的，你们美国的抽水马桶要比中国的好。”林博士的妙语引起哄堂大笑。这意外的回答使那位女学生窘得脸红到耳根。

林语堂反对“两个中国”的坚定立场，在旅美华人中曾被传为美谈。1959 年 11 月 1 日，美国参议院外交委员会发表了所谓“康隆报告”，报告中提出了“两个中国”的谬论，使绝大多数旅美华人大为震动，当即由赖景瑚发起，联络反对“两个中国”的同道者撰文驳斥。梁和钧用两个月的时间，深入思考，执笔操觚，写就《康隆报告的分析：亚洲人所见的谬妄和矛盾》，针对“康隆报告”逐段驳辩。文章的英文译稿初定后，即请林语堂修正定稿。

林语堂斟酌推敲，十分认真，逐一核定了长达 19 页的英译文本。定稿后，林语堂领衔签名。在林语堂的带动下，纽约《华美日报》的 9 位董事和一些有影响力的华人，也纷纷签名，表明华夏子孙共同反对“两个中国”的决心。

在那段日子里，凡有人去拜访他，常常会听到他慷慨激昂地批评“两个中国”的言论。

有一次，陈纪滢在纽约访问林语堂时，看到了林语堂对“两个中国”的愤怒态度，那旗帜鲜明的立场，给陈纪滢留下了深刻的印象。后来，陈纪滢回忆道：

他说这段话时，是站着说的，浑身用力，双拳并举，两眼要迸出火星似的。我真没想到林氏是这样快人快语。可惜那一刹那间没留下镜头，否则必是一幅动人的身影。虽然如此，我至今还记得这一幕景象。[①]

乡恋乡思乡情，几乎是古今中外一切游子的共性。20世纪60年代初，林语堂怀着浓得化不开的乡愁，站在香港新界落马洲的山峰上，遥望内地那边一片片的田地和薄雾笼罩着的山丘。眯着眼睛看，眼巴巴地看，他多么希望有一双千里眼，能穿越眼前的薄雾，一直透视到他出生的故土坂仔。

这时，站在他身边的女儿林太乙问："爸爸，坂仔的山是什么样子？"

"青山。有树木的山。"林语堂回答道，"香港的山好难看，许多都是光秃秃的。"

在林语堂的心目中，故乡的山水是最美的，坂仔的一山一水，一草一木，不仅是无可比拟的，而且成了他判断其他事物的一个标准。此刻，他又以坂仔的秀丽青山为参照，觉得眼前香港的那些山，越瞧越难看，他忍不住说："这些山好像长满疮疤，那是什么？"

女儿回答："那是难民的木屋，使山的表面像蜂窝一样。"

父女俩登上山峰。在女儿看来，这里有绿树有青山，景色

① 陈纪滢：《我所知道的林语堂先生》。

宜人。可是，林语堂却直摇头，觉得这山与他家乡坂仔的山无法相比。

林语堂指着落马洲一带的水域，说："环绕坂仔的山是重重叠叠的，我们把坂仔叫作东湖。山中有水，不是水中有山。"

原来，林语堂身在落马洲，心在坂仔。移花接木，他在寻找那些童年时的记忆，他的心已回到故乡深奥的山谷。

第二十二章

美食家和旅行爱好者

1960年，法兰克福德国烹饪学会给《中国烹饪秘诀》一书颁发了奖状。这本书的作者是林夫人廖翠凤及其三女儿林相如。

了解内情的人都说，这张奖状实际上应该发给林语堂。因为，林语堂对美食和食谱有着长期研究，耳濡目染，影响到他的妻女。这本《中国烹饪秘诀》不过是“夫唱妇随”或者说“父唱女随”的结果罢了。

研究饮食文化，是中国历代文人的一个传统，文学史上有不少文学家同时也是美食研究家。比如，屈原在《楚辞·招魂》中记述了卤鸡、炖牛筋、酸辣汤等菜肴，生动地反映了当时楚国的饮食风味特色。宋代苏东坡曾写过大量与饮食有关的诗文，他所创造的煮肉法，经过不断改进，成为现代名菜“东坡肉”。提倡敞开胸怀享受人生的林语堂，继承了美食研究这一古代文人的遗风，在《吾国吾民》中，他以中华民族悠久的饮食文化而感到自豪。他认为应该认真对待“吃”的问题，公开承认“吃”是人生为数不多的享受之一，应把吃和烹调提高到艺术的境界上。他赞赏中国人领受食物像领受性、女人和生活一样。所以，伟大的戏曲家、诗人李笠翁和伟大的诗人、学者袁枚都把论述烹饪方法的论著当作自己的文化遗产，骄傲地传给了后代。

林语堂常以自己生来便是一个“伊壁鸠鲁派的信徒（享乐主义者）”自许，他毫不掩饰地说：“吃好味道的东西最能给我以无上的快乐。”可惜幼年家贫，因此，“那时所谓最好味道的东西只是在馆中所卖的一碗素面而已”[①]。直到与廖翠凤结婚后，他对美食的向往，才逐步变成了现实。

廖女士出身于富商之家，从小受的是严格的旧式教育。她认为让丈夫吃好，这是天经地义的，正是这样的家教，造就了她那一手高超的烹饪技术。她制作的美味可口的厦门菜，使林语堂赞赏不已。林语堂为自己的口福而得意到“忘形”的程度，他竟成了“廖翠凤迷”。妻子烧菜的时候，他站在一边观赏。有时会插嘴说：“看呀！一定要用左手拿铲子，炒出来的菜才会香。”

厨房是妻子的天地，廖女士可不喜欢丈夫在这里指手画脚。她说：“堂呀，不要站在这里啰唆，走开吧！”

林语堂乖乖地走开了，而且他还告诉家里人，吃饭做菜之类的事，大家都要听从夫人的安排。

廖女士爱热闹，一请客就大量买菜，像开大伙似的。她烧出大锅的厦门卤面。

兴之所至，有时全家都去唐人街，一起采购各种中国蔬

---

① 林语堂：《林语堂自传》。

菜、海鲜和活的家禽。清蒸鳗鱼、清蒸螃蟹等，也是廖女士常做给林语堂吃的厦门名菜。

厦门薄饼是最受大家欢迎的厦门名点了，但要到过年过节、过生日、招待贵宾时，才有机会品尝到这种佳肴。薄饼又叫春饼，相传明代福建同安人蔡复一总督云贵湖广军务时，整日批阅公文，无暇吃饭，蔡夫人担心丈夫受饿，累坏了身体，便用面皮包着菜肴，让蔡公右手执笔左手进餐，方便简捷。这种吃法后来流传开了，这种薄饼便成为厦门著名的传统食品。

林语堂全家都爱吃这种薄饼，三女儿林相如在母亲的教导下，已经掌握了烙薄饼皮这项繁难的工艺。这薄饼皮是用很薄很软的面粉皮做成的。包薄饼的料子有猪肉、豆干、虾仁、荷兰豆、冬笋、香菇，样样切丝切粒炒过，再放在锅里一起熬。熬的功夫是一项精细的工艺，料子太湿，则包起来薄饼皮会破，太干没有汁，也不好吃，太油也不好。要花费几个小时才能熬得恰到好处。

吃的时候，桌上放着扁鱼稣、辣椒、甜酱、虎苔、芫荽、花生米，还有剪成小刷子般的葱段，用来把酱刷在薄饼上。有了饼和佐料，还要包卷得法，薄饼才美味可口。包薄饼的时候，先把配料撒在皮上，然后把热腾腾的料子一调羹一调羹放上去。会包的人包得皮不破，也不漏汁。吃的时候，是用双手捧着，将薄饼送到嘴边。一口咬下去，有扁鱼的酥脆，花生米的干爽，芫荽的清凉，虎苔的甘香，中心的料子香喷喷，热腾腾，各种味道已融合在一起，色、香、味、形一应俱全，吃起来软中有酥，咸中有甜，芳香爽口，回味无穷，百吃不厌，实在过瘾。林语堂一家人认为薄饼是天下最好吃的东西，但只有闽南人才懂得如何欣赏吃薄饼的乐趣，也只有同乡人在一起，薄饼才会吃出滋味来。

林语堂一家把吃薄饼视为愉快的节日，边吃边嬉笑，越吃越有趣。嘴巴馋的人会把馅放得过量，包得太臃肿，还没有吃完皮就破了。用两张皮包一卷的人，功夫不够，大家取笑。谁加汁太多，吃起来，汁会从手指缝里流出来，大家也要笑他。全家包着吃着，比赛谁包得最好，谁包得皮破了，说呀笑呀，胃口倍增！

《中国烹饪秘诀》一书的获奖，大大鼓舞了林语堂一家对美食的研究。厨房变成了美食的实验室，其中三女儿林相如的兴趣最浓。那时，林相如已在哈佛大学取得了博士学位，在纽约哥伦比亚大学进行生物化学的科研工作。闲来，在父亲的指点下，照着袁子才食谱，依葫芦画瓢，一一试验，真正做到理论与实际相结合了。

那年，名画家张大千由巴西路过纽约到欧洲，林语堂设家宴招待。碰巧有朋友送来一个大鲤鱼头，廖翠凤做了红烧鱼头，林相如则以“煸烧青椒”向四川人张大千献技。席间开了两瓶台湾花雕，酒味虽有别于绍兴的正宗花雕，但毕竟是中国的酒啊，故国的酒勾起两位老友的回忆。他们回忆起 1943 年冬，林语堂由美国返回中国，而张大千则从敦煌临摹壁画回来，两人相遇于四川成都的往事，张群为他们接风，座上陪客有沈尹默，大家相谈甚欢。时光荏苒，再次相逢时，却已在异国他乡。

不久，张大千由欧洲归来，路过纽约，由张大千做东，请林语堂到四海楼吃晚饭。张大千点的菜有鲟鳇大翅，林语堂生平第一次尝到这种产于南非的鱼翅，是稀物。还有一味“川腰花”是张大千发明的菜；另有一样酒蒸鸭，其味清香可口，有上海“小有天”的风味。

原来，张大千也对饮食文化颇有兴趣，在大陆时，经常出入名菜馆，品尝名厨的手艺。现在坐在纽约四海楼，心里却情牵上海的“小有天”。他对林语堂说：“上海‘小有天’进门扶梯上去，迎面就是一副郑孝胥的对联：道道非常道，天天小有天。甚雅隽。”

林语堂机智地说：“且说话，莫流涎，须知纽约别有天。”

两位文化名人，又都是美食家，难得相聚在异邦，边吃边谈，雅趣非常。

热衷于饮食文化，无可非议，但若过分挑剔，就容易引起别人的反感。1954 年，林语堂出任南洋大学校长时，飞抵新加坡不到一个星期，就调换了好几个厨师。他的理由是：吃不好人生还有什么意义？弄得接待他的人无所适从。反对他的报纸，刊出了这一消息。这些，后来都成了攻击他“奢侈”的具体材料。

其实，日常生活中，林语堂并不是一个穷奢极侈的饕餮客，因为他居家时，所最爱享用的美食，也不过是烤牛肉而已。对饮食的挑剔，那是成名和“暴富”以后的事。

林语堂在《吾国吾民》中曾以大量篇幅从理论上探讨美食的必要性，而且还从中西美食文化比较研究的角度，发表自己的宏论高见。在《生活的艺术》一书中，谈论饮食的篇幅就更多了，在《论肚子》一节里，他开门见山地认为：“凡是动物便有这么一个叫作肚子的无底洞。这无底洞曾影响了我们整个的文明。”他畅谈美食的必要性，直言饮食是人的本性，是“人生中难得的乐趣之一”。

他赞美中国人把食品和药物相结合的药疗食物，总结出美食哲学的三要素：“新鲜、可口和火候适宜。”“中国最贵重的食品，本身都同样具有三种物质，即无色、无臭和无味，如鱼翅、燕窝和银耳都属于这一类。这三种食品都是含胶质的东西，都是无色、无臭、无味。其所以成佳肴，全在用好汤去配合。”在《生活的艺术》和其他论著中，只要一谈到饮食问题，他必定要调动自己知识库里有关中西饮食文化方面的全部信息，引经据典，旁征博引，引申发挥，十分内行。

精通美食理论的林语堂本身的食欲也很好，消化力很强。有一次，他给妻子写信时，风趣地夸张自己惊人的消化力，他说：“我的肚子里，除了橡皮以外，什么也能消化掉。”

生病时，他比平时吃得还多，甚至吃双倍的东西。他说，他的病要吃才会好。

他的原则是：不和自己的肚子过意不去，饿了就吃，直到真正饱了为止，绝不故作文雅的推辞。有时，半夜里，感到饥饿，他也会到饭厅去吃东西。

1969年，廖翠凤和林相如母女又合著了一本《中国食谱》，在美国出版。林语堂亲自为该书撰写序言，他激赞三女儿是一位天生的烹饪专家，对于饮食之道有强大无比的记忆力。他回忆：有一次在法国南部某饭店吃了一顿晚餐，若干年后，林相如还能记得那次所吃各道菜所用的材料和它们的味道。林语堂还告诉读者：《中国食谱》上所介绍的菜肴烹饪法，都由作者先做过几番实验，把所有的用料用量仔细地调整好，又将操作程序仔细推敲，然后才写出来的。差不多有两年工夫，林家厨房成了研究美食的实验室。林语堂也是参与者，不过他的工作非常轻松愉快——具体地说，品尝和享受美味，就是他的“工作”。

“文章可幽默，做事须认真。”这是林语堂的生活信条。但是，他做事严肃认真，讲究效率，也不等于整天像机器人一样过着干巴巴的枯燥无味的生活。

林语堂的生活，有规律有节奏，有张也有弛。在工作与游乐之间，存在着一种和谐，他把两者巧妙地结合起来，生活的艺术就在其中了。他非常喜欢张潮《幽梦影》里的一句格言：“能闲人之所忙，然后能忙人之所闲。”

用他自己的话来说：“尽力工作，尽情作乐。”

旅居欧美时，林语堂为自己规定每年出版一部作品，只要新的作品问世，他就给自己放一两个月的假，外出旅行。林语堂去旅游，就是为了享受大自然。他认为旅游是激发人的观赏力和幻想力的赏心乐事，大自然包括了一切声音、颜色、精神和气氛。大自然本身永远是一个疗养院，即使不能治愈病患，至少也能治疗机械文明所造成的人类的自大狂症。他虽不是职业旅行家，但也积累了丰富的旅游知识和经验，并且还有独特的旅游理论，可以算得上是一位行家了。

除旅游外，钓鱼也是林语堂在“尽力工作”之后，“尽情作乐”的一项内容。

提倡“生活的艺术”的林语堂，对钓鱼也有一套自己的见解，他的高见的要点是：乐在钓而不在鱼。

他说，钓鱼的人，都喜欢上钩后会“斗”的鱼。如果一条鱼乖乖地被钓，十分驯服，毫不挣扎，就会感到乏味。一边拉线，一边与鱼斗，有的鱼出水后还会挣脱，这种一拉一斗，即使一无所得，也与钓得一条大鱼纳入竹篓一样其乐无穷。林语堂说那滋味和乐趣，都是很难向人描述的，唯有垂竿而钓的人才能体会。

林语堂喜爱钓鱼，因为钓鱼可以调剂他的生活节奏，放松一下他那绷紧了的脑神经。他长年旅居的纽约，地处大西洋之滨，北及长岛，南接新泽西州，钓鱼的风气甚盛，设备也好，鱼又多，钓鱼为乐的人亦不少。

有一次，林语堂到长岛近郊的华盛顿港避暑，自己拿个铁桶，去摸蛤蜊，赤足走在海滨沙滩上，以足趾乱摸。蛤蜊在海水中沙下一两寸，一触即是，触到时，用大趾及二趾夹上来，扔入桶中，咕咚一声，十几米外都可以听到。林语堂有时也参加当地人叫作 dam-bake 的烤蛤蜊宴会，其乐无穷。

长岛靠近大洋，林语堂在长岛北部避暑的那一年，他站在桥上看到螃蟹随海潮出入洲渚，成群结队而来。只要用长竿蟹网，入水便得。因为来得太容易，所以在此地吃螃蟹不要钱，林语堂大享口福。

长岛附近的羊头坞，是纽约人出海钓鱼用的船坞。夏天一到，常有三四十条渔船，冬天也有十来条。这些渔船船身一般都有二十几米长，设备齐全，服务周到。午餐总是三明治、汉堡煎牛肉及啤酒、热咖啡之类。船上钓竿、钓钩及一切杂具，应有尽有。鱼饵也由渔船包办。今天钓什么鱼，用什么饵，钓钩大小，鱼的活动规律，都由船员帮忙指导。而船主更是掌握鱼情：这几天有什么鱼，到何处去钓，了如指掌。所以，林语堂和女儿们，只要挥动鱼竿，即有收获，岂不快哉！

林语堂去钓鱼，每次都是早晨七时出发，一到船坞，就见许多船员在岸上为各自的渔船拉生意。每船载客四五十人，林语堂上到渔船，也像其他的钓鱼客一样，占据了一个钓位。每逢有人钓到大鱼，全船哗然，前呼后应，甚是热闹。然后水手跑过来拿长钩及网，帮钓鱼客制服猎物，以免鱼出水时，挣扎脱钩而去。

林语堂在纽约二三十年，长岛钓鱼是他生活中的一大乐趣。成年累月，也积累了不少钓鱼的经验，知道 7—8 月是捕捉蓝鱼的最佳时令。蓝鱼生性猛悍，以捕食其他鱼类为生。每年鲭鱼出现时，蓝鱼就追踪而来。林语堂不喜欢钓温驯的鱼，比如像海底比目鱼之类，一上钩若无其事就拉上来，他感到乏味。他喜欢蓝鱼的凶猛，钓蓝鱼就像人与鱼决斗一样，上钩以后，它还一路挣扎，鱼力又猛，不挣得筋疲力尽，是不会轻易就范的。即使到了甲板上，蓝鱼仍然活蹦乱跳，不让人轻易捉住。林语堂十分欣赏蓝鱼负隅挣扎坚持到最后一刻的搏斗精神。

蓝鱼是钓鱼者的宠物，每年蓝鱼旺季时，海面上常有上百条渔船。又因为钓蓝鱼以夜间为宜，钓者常是通宵钓鱼。在苍茫的夜色下，海面灯火辉煌，另是一番气象。有一次，已是9月初，蓝鱼逐渐稀少，林语堂和三女儿相如兴致勃勃地参加夜钓。这一夜，父女俩钓到两条大鱼，一条装一布袋，长一米多，看起来像两把雨伞，到拂晓四点钟左右才回家。

钓鱼成了林语堂休息时的一大乐趣，每年夏天，出去旅行或避暑之前，总要事先打听好途中有没有钓鱼的机会，如有就及早列入日程。因此，林语堂足迹所至的瑞士、奥地利、法国等地，都为他留下了垂钓的回忆。

使他难忘的是阿根廷的巴利洛遮湖，这是钓鳟鱼的胜地。因为地形的变迁，这些鳟鱼不能入海，而与鲟鱼混种。林语堂在美国所见的鲟鱼平常只有一二磅，大的三五磅，而巴利洛遮湖一带却有一二十磅的鲟鱼及二三十磅的鳟鱼。当地人告诉林语堂，美国已故总统艾森豪威尔也喜欢来此垂钓。

那年，在旅游指南的引导下，林语堂来到巴利洛遮湖畔的一家饭店，倚栏凭眺，碧空寥廓，万顷琉璃，大有鸿蒙未开的气象。晨曦初拂，即见千峦争秀，光怪陆离。层层叠叠的青峦秀峰与湖水的碧绿、阳光的红晕，相映生辉，被称为世界第一风景。

来此之前已做好钓鱼准备的林语堂，早知道这里钓鱼与纽约不同，时兴“慢行拖钓”方法，名为 Trolling。林语堂入乡随俗，登上慢慢开行的汽船，所用鱼钩呈汤匙形，鱼竿插在舷上，任钓丝拖在船后 30 多米外的水中，随波浪旋转，以其闪烁引起鱼的注意，所以不需下饵。插在船舷上的鱼竿摇动之时，就是有鱼上钩了。

然而，渔翁之意不在鱼，而在于这捕鱼的佳趣。林语堂在船舷上欣赏着风景，一路流光照碧，船行过时，惊起宿雁飞落深处，夕阳返照，乱红无数。游遍世界各地名川大山胜景的林语堂，面对此景此情，也忍不住赞叹：“不复知是天上，是人间。”

1961 年，林语堂在巴利洛遮湖上湖钓尽兴之后，又到了阿根廷首都布宜诺斯艾利斯东约 150 海里的海滨避暑胜地“银海”去海钓。

林语堂一个人雇了一条 6 米多长的汽船，在烟雨荡荡之时出发海钓，船中仅林语堂和船夫两人。船夫问他怕不怕海浪，他壮着胆子说不怕。一路上倒也没有遇到大风浪，但船夫预先警告，归程时逆浪，可不是闹着玩的。到目的地停泊以后，两人开始垂钓。也不用钓竿，只是手拉一捆线而已，果然天从人愿，钩未到底，绳上扯动异常，一拉上来，有鱼上钩，一线三根钩上，或一条，或三条。这样随放随拉，林语堂感到大有应接不暇之势，连抽烟的工夫都没有。不到半个小时，舱板上已有 150 多条鱼，大半是青鬣。林语堂建议回去，船夫把一套雨衣雨帽扔给他，叫他蹲在船板底。船夫开足马达，在风急浪高中满载而归。

到岸后，捡得两篓多鱼，全都赠送给堤上一家有名气的海鲜饭店。这是林语堂有生以来收获最大也是最满意的一次钓鱼。为了让廖女士与他一起分享收获的喜悦，他打电话给夫人，请她来饭店共尝海味。

林语堂经常畅言钓鱼的乐趣，千万不要因此而认为他是一个沉溺于钓鱼的游荡者。因为，钓鱼是他休假时、避暑时的余兴节目。在工作的日子里，他是不会轻易放下写作计划而去寻欢作乐的。工作时拼命工作，休息时尽情欢乐，是林语堂的生活准则。

第二十三章

归去来兮

1961年，在马星野的安排下，林语堂偕夫人访问了中南美洲六国。由于中南美洲国家的人民，除巴西讲葡萄牙语外，其余都讲西班牙语，而《生活的艺术》等著作的西班牙语译本早已在这些国家广为流传。所以，林氏伉俪在中南美洲六国访问的两个月，到处受到热烈的欢迎。读者争相瞻仰自己所喜爱的作家的风采。有一次在某大学讲演时，因为听众太多，警察只好将街道封锁起来。

林语堂应邀在各国发表演讲，介绍他的中西文化比较研究的成果。在委内瑞拉讲的是《一个不墨守成规的人的声明》；在哥伦比亚讲的是《使不好的本能发生良好的作用》；在智利讲的是《本能和合乎逻辑的思想》；在秘鲁讲的是《阴阳哲学和邪恶问题》；在阿根廷讲的是《中国的文化传统》；在乌拉圭讲的是《科学和好奇心》。这些讲稿后来都收集在《不羁》一书中，该书由美国克利夫兰世界出版公司出版。

在巴西的一个集会上，林语堂在演讲中插入了一段幽默风趣的发言，他说："世界大同的理想生活，就是住在英国的乡村，屋子安装有美国的水电煤气等管子，有个中国厨子，有个日本太太，再有个法国的情妇。"听众们忍俊不禁，当地报纸立即刊出。后来，这句话成为广为传布的林氏幽默妙语之一。

1961年1月16日，林语堂应美国国会图书馆之邀，到华盛顿做了“五四以来的中国文学”的讲演。被这座号称世界上最大的图书馆邀请去演讲，这对林语堂来说是一项殊荣。演讲中，在评论五四以来最杰出的中国现代作家时，他说最好的诗人是徐志摩，最好的短篇小说作家是鲁迅、沈从文、冯文炳和徐訏。

1961年，林语堂出版了一本讲述北京历史的英文著作《辉煌北京》和小说《红牡丹》。

由美国世界出版公司出版的长篇小说《红牡丹》是林语堂八部小说中“最香艳”的一部。小说通过女主人公牡丹在婚恋生活上的曲折经历，表现了一个清末的少妇大胆寻求爱情的过程，细致地刻画了情爱世界的奥秘。虽然小说的时代背景是清末，但书中人物的思想意识却是现代的。《红牡丹》实际上是借古人的衣冠表现了一种适合于现代西方文化观念的女性意识，作者在书中所表现的价值观，与现代西方文化的价值标准十分接近。作者对爱情的哲理性的剖析，含义深刻，引人深思。所以，该书在海外十分畅销，多次再版。

1963年，美国世界出版公司出版了林语堂的长篇小说《赖柏英》，林语堂称之为“自传小说”，实际上是一部“半自传体小说”。因为书中虽有林语堂的自传成分，但又有许多虚构的情节和细节，所以不能把《赖柏英》当作林语堂的自传来读，必须把它当小说来读。

《赖柏英》中的女主人公赖柏英，在现实生活中确有其人。林语堂在《八十自叙》中说：“赖柏英是我的初恋情人。”“成年后……我们自觉是理想的一对……我的相亲相爱，她能献出无私的爱心，不要求回报，但是环境把我们拆开了。结果我到北平，她则嫁给坂仔乡的商人。”

而小说《赖柏英》中的男主人公“新洛”与女主人公赖柏英的关系是以现实生活中的林、赖的初恋生活为原型的，所以，小说《赖柏英》是研究林语堂的人生观、情爱观和妇女观的重要资料。

1964 年，林语堂用英文写作的长篇小说《逃向自由城》由普拉姆斯出版公司出版。这是林语堂的最后一本小说，问世以后，争议极大。客观地说，《逃向自由城》无论是在思想内容上还是艺术表现上都是不可取的。

1964 年秋，马星野出任台湾的“中央通讯社”社长。同年 11 月中旬，马星野夫妇和女儿一行三人，自巴拿马返台，途经纽约，在陈裕清家的宴会上，马星野又见到了林语堂。师生俩寒暄叙旧后，马星野向当年的老师提出了一个出乎意外的要求：请林语堂为“中央通讯社”写专栏。

林语堂衔着烟斗，含笑不语。马星野回台湾后，又请陈裕清、高克毅、林太乙等人敦促。林语堂终于答应了，这使马星野喜出望外。

马星野从台北写信到纽约，谈到专栏的内容，不受限制，可以无所不谈。林语堂回信说，就以“无所不谈”四字作为专栏的名称。

《无所不谈》专栏于1965年2月10日正式发稿。发稿之前，马星野又请已担任《读者文摘》中文版总编辑的林太乙撰写《我的父亲》一文，介绍林语堂的创作风格。

从开明书店出版的《无所不谈合集》中所收的180篇文章来看，虽然自1936年赴美以后林语堂的中文写作已搁笔近30年，然而一旦提笔，依然身手不凡，可谓宝刀不老。同时，“两脚踏东西文化，一心评宇宙文章”的主旨也仍不变；幽默风格则更显得炉火纯青；题材也不拘一格，杂谈古今中外，文艺、思想、山水、人物、书评、忆旧等，应有尽有。

台湾舆论界对《无所不谈》专栏的评价可以说是毁誉参半。专栏亮出旗号之始，海内外报刊纷纷向“中央通讯社”订购。专栏按时发表时，许多人非常欣赏林语堂的文笔。香港一位著名的作家说，读《无所不谈》，就像读拜伦的诗一样，要读全集。虽然集子里有许多平淡无奇的内容，甚至有故作幽默之处，但从整本《无所不谈合集》的180篇文章来看：“那里正闪耀着语堂先生独特的风采与色泽。那里有成熟的思想家的思想，有洞悉人情世态的智慧，有他的天真与固执，坦率与诚恳，以及潜伏在他生命里的热与光，更不必说他的博学与深思，在许多课题前，他始终用他独特的风格来表达他有深厚的、有根据的见解，与确切与健全的主张。”[①]

① 徐讦:《追思林语堂先生》。

但反对的声音也很激烈。有人认为：林语堂的文章总是那一套，没有什么新鲜的东西，太没有意思了。美籍华人陈香梅女士觉得林语堂的文章反映的生活面太狭小，不像外国作家那样与社会、世界有广泛的接触。特别是《无所不谈》中的一些寓庄于谐或庄谐并出的幽默文字，在台湾竟然得不到共鸣，甚至还引起某些被讽刺者的抗议，掀起了波澜。譬如，林语堂写了《尼姑思凡英译》一文后，在台湾引起了一场轩然大波，连佛教界也提出正式抗议。对这些非议，林语堂坦然处之。黄肇珩女士曾问他对那些非议的感想，他答复得很简单，也很有趣，"在台湾写文章真不容易。"接下来又说："我不敢轻松。"

30 多年前，林语堂在上海文坛上提倡幽默小品性灵时，造成过"轰的一声，天下无不幽默小品……"[①]的声势，林语堂也因此而获得了"幽默大师"的称号。然而，反对的声浪也始终不绝于耳。想不到在 30 多年后的台湾，林氏的幽默文字依然引起各种不同的反响。当然，这不是历史的重复。在不同时代，不同地方，林氏幽默小品两次引起轩然大波，这倒是一个值得令人深思的文学现象和社会现象。

1965 年 7 月，林语堂夫妇在纽约提前庆祝他们的 70 双寿。因为，林语堂生于 1895 年，按西洋算法，这一年正好是 70 周岁，而廖女士比丈夫小一岁，但按中国算法，也是 70 岁了。所以，叫庆贺"双寿"。

---

① 鲁迅：《花边文学·一思而行》。

那天，林语堂全家大团圆。来贺寿的客人坐满了好几桌，都是林语堂夫妇的至爱亲朋，大家同聚一堂，举杯祝贺。林语堂自己滴酒不沾，却喜欢看别人喝酒，也鼓励别人喝酒，更喜欢大家划拳行令，他觉得这样才热闹，才有喝酒的情调。他就点名叫人对饮或猜拳。而廖女士的酒量倒不错，亲戚朋友中也有豪量的，林语堂在一旁调兵遣将，鼓励大家较量较量。一时间，觥筹交错，热闹非凡。

祝寿宴会上的欢乐气氛，使林语堂兴致勃勃，不仅谈锋极健，无所不谈，而且诗兴大发。有人作了一首《临江仙》的词，祝贺他七十华诞，他就依原韵填词一首：

三十年来如一梦，鸡鸣而起营营，催人岁月去无声，倦云游子意，万里忆江城。

自是文章千古事，斩除鄙吝还兴，乱云卷尽縠纹平，当空明月在，吟咏寄余生。

乘兴，林语堂又填词《满江红》自寿，并答谢张岳军（张群）寄赠的贺寿诗。词曰：

七十古稀，只算得旧时佳话。须记取，岳军曾说发轫初驾，冷眼数完中外账，细心评定文明价。有什么了不得留人，难分舍。

从此是，无牵挂，不逾矩，文章泻。是还乡年纪应还乡呀！……

林语堂旅美二三十年，这时却表露了对美国毫不留恋的意思——有什么了不得留人，难分舍——游子思归之情跃然纸上。是还乡年纪应还乡，归来吧——看来，林语堂下决心要回归故土了。

林语堂 1965 年在纽约

1966年1月26日下午2时30分，林语堂夫妇搭乘的飞机在台湾松山机场降落。

这是林语堂夫妇第二次到台湾。因为，有争议的《无所不谈》已在台湾脍炙人口，所以许多群众都到机场来，以先睹“幽默大师”风采为快。与8年（1958年）前的情况相比，欢迎的场面更加热烈，可谓盛况空前。

马星野早就预料到了这种盛况，所以事先请了黄肇珩女士作为林语堂在台湾期间的临时秘书。

那天，冬阳艳丽，在狂热人群的重围中，林语堂不停地和欢迎者握手。

在《论语》时代，林语堂曾在幽默小品中调侃过西方的“握手”礼仪不卫生和缺乏美感。现在，他忘情地把手交出去，当年幽默小品上的那些话，早已丢到九霄云外。

突然，他转过身来，悄悄地向刚结识不久的临时女秘书黄女士发问：“我可以拿下脖子上的花环吗？”

原来，欢迎者所赠送的花环实在太多了，一只只叠起来，快要挡住他的眼睛了。黄女士赶紧帮他撤下那些五彩缤纷的花环。

“留一个吧！”黄女士建议。林语堂笑了，笑得那么纯真，那么朴实。

27日下午，马星野在自由之家举行欢迎林语堂的酒会，岛上的文化界名流，几乎都到了。

28日，在马星野夫妇的陪同下，林语堂夫妇在高雄澄湖官邸见到了蒋介石。

林语堂夫妇住在统一饭店，短短四天，访客无数，林语堂应接不暇。他收到最多的是名片和书籍。他留下名片，带走书籍。临时秘书黄女士面对着那一堆五花八门的书感到难以处理，她忍不住问："林先生，您要读完这儿的每一本书？"

"我不会读完，我会翻完，找我喜欢读的。"

"用什么标准？"

"没有一定的标准，但必须合我的口味。"

"什么口味呢？"临时秘书黄女士原是记者，记者的职业病使她凡事都好刨根问底。

林语堂叼起烟斗，打亮打火机，他在思索着如何向黄女士说清楚：什么是自己的口味。他说："没有冗长的诡论雄辩，没有满载冷酷的逻辑，不需要费很长的时间。……"这就是他的口味。在他看来，即使天下所有人都视为无聊的书，或一般书评家所轻视的书，只要合他的口味，他都会喜欢读。

林语堂随手拿起一本封面艳丽的很厚很厚的小说，翻了翻，又放回书堆上，他吟起袁中郎的话：读不下去的书，让别人去读。——他是一个坦率和洒脱的读书人。

他还参观了台湾的"中央研究院"，遥想38年前（1928年），"中央研究院"刚成立，第一任院长是蔡元培，林语堂应蔡先生之邀出任该院国际出版物交换处处长。此时，不仅蔡元培已作古，当年曾在亚尔培路办公的同事，也已所剩无几……

林语堂的好友胡适在1957—1962年曾任“中央研究院”院长。1962年2月24日下午6时半左右，在“中央研究院”欢迎新院士的酒会上，胡适因心脏病猝发而辞世。胡适在“中研院”的寓所已被辟为纪念馆。林语堂参观了纪念馆，又来到台北南港旧庄墓园，缅怀着他们的友谊以及那一段鲜为人知的往事：胡适资助林语堂2000美元的逸事……

短短四天，转眼过去了。这次到台湾，林语堂做出了一个重大的决定：落叶归根，返回故土。

1966年6月，一个出人意料的消息惊动了台湾文化界，旅美30年之久的林语堂要回中国台北定居了。

林语堂返回台湾之时，正值台湾的“出国热”方兴未艾之时。20世纪60年代，在“出国热”“留学热”浪潮的冲击下，不少旅美华人都想方设法争取绿卡，以达到长期定居美国的目的（中国旅美作家所创作的“留学生文学”中，曾对当年的这种风气做过生动而形象的描述）。所以，林语堂离开美国来到台湾的逆向行动，是在“出国热”“定居热”时风下爆出的一个大冷门。

在纽约，曾有人劝林语堂一家加入美国国籍，也有人劝他们买房子扎根安家。但他回答说：“许多人劝我们入美国籍，我说这儿不是落根的地方；因此我们宁愿年年月月付房租，不肯去买下一幢房子。”

到台湾后，林语堂对当时一哄而起的“出国热”颇有感慨，他说：“台湾的青年人难免会羡慕美国文明……外国有一句谚语：‘隔壁的草地特别绿，在饭馆里看到别人点的菜总比自己的好吃。’其实也不尽然。”林语堂对于那些没有接受过基本教育就匆忙出国的青年人，持批评态度。

林语堂回台北的消息，产生了轰动效应。崇拜者奔走相告，慕名而来的访问者、求教者，接连不断。好事者见林语堂放弃了别人求之不得的机会，当然要揣度他“反常”举动背后的真正意图。以争名逐利者度之，林语堂来台北是有所求的，大概想做官。但不久，事实证明林语堂根本不想做官。有一次，蒋介石要给他一个“考试院”副院长的职位，两人谈了好久。出来时，林语堂笑眯眯的。朋友说：“恭喜你了，你在哪部门高就。”他笑眯眯地回答：“我辞掉了。我还是个自由人。”对此，褒之者认为，不做官，是林氏清高的表现；而贬之者则认为，林氏以客卿的身份得到了蒋氏父子的礼遇，虽不做官，却享受了只有当权者才享受到的厚遇，他接受了蒋氏父子所给予的各种优惠。

回归故土，是林语堂多年来的夙愿，随着年序增长，他的乡思、乡恋之情，与日俱增，到了如醉如痴的地步。他一向不满西方社会高度机械文明的种种弊端，认为台湾虽然也进入了工业社会，但还保留着民族传统所固有的古风。

林语堂在台湾听到闽南话，牵动了乡情，如同重返故里，浑身舒服，他喜呼：“不亦快哉！”

一天上街，林语堂跨进五金店的门，买了一把锤子，一圈铜丝，和一些可买可不买的铜铁器物。原因很简单，起初倒无意要买什么，可是店主是一口纯正的龙溪话，生为龙溪平和县坂仔人的林语堂，听到真正的乡音，难免有特殊的温情。

林语堂和店主谈到漳州的碒水桃、鲜牛奶时，儿时的欢欣喜乐，不觉一齐涌上心头。后来，他在追忆这件事时，动情地说："谁无故乡情，怎么可以不买点东西空手走出去？于是我们和和气气做一段小交易，拿了一大捆东西回家。……人不能无常情，为故乡情而买不必用之物，是不可以理喻的。"

在台湾到处可以听到乡音，使林语堂就像回到了闽南老家一样。数十年如一日，在乡情面前，林语堂始终像一位痴心的少女那样一往情深。20 世纪 30 年代末，他成名以后，曾激动地说："如果我有一些健全的观念和简朴的思想，那完全是得之于闽南坂仔之秀美的山陵……"

愈到晚年，林语堂的乡情愈见浓郁，对故乡的苦恋，时时折磨着这颗游子的心。他说："少居漳州坂仔之乡，高山峻岭，令人梦寐不忘。凡人幼年所闻歌调，所见景色，所食之味，所嗅花香，类皆沁人心脾，在血脉中循环，每每触景生情，不能自已。"

正是这种"不能自已"的乡恋，促使他不入美国国籍，而回台北定居。《无所不谈》专栏中的《来台后二十四快事》一文，真实地记录了林语堂那浓得化不开的乡情。

第二十四章

乐隐阳明山麓

水竹之居　吾爱吾庐　石磷磷乱砌阶除　东窗随意　小巧规模　却也清幽　也潇洒　也宽舒

这是林语堂回台前介绍给外国人的八首《乐隐词》之一。这些《乐隐词》寄托了他向往乡居生活的感情。

回台湾之后，林语堂专心致志地构筑自己的小天地，重建“有不为斋”。在“不做官”这一点上，他言行是一致的。但在经济上，他却享受了比做官还优惠的生活待遇。初到台北，他以 10 000 台币的月租在阳明山麓五福里租下了一幢白色的花园住宅，有游泳池。但此屋位居山腰，难免潮湿。后来，蒋介石夫妇为礼遇林语堂，表示要为他建筑一幢房屋，林语堂接受了。

这幢新居就在白屋斜对面仰德大道二段 141 号。一切设计，全出自林语堂的心裁。沿大道有一堵白色的围墙，中间有一扇红色的大门。林语堂撷取了东方情调与西方韵味——进大门后，踱过精致的小花园，穿过雕花的铁门，是一个小院子，周围有螺旋圆柱，顶着回廊。这个庭园面积达千余平方米，楼房建筑面积 330 多平方米。右边是书斋“有不为斋”，左边是卧室，中间是客厅饭厅，阳台面对绿色的山景。房屋下是斜坡，坡下便是草地，园内可以种菜种花养鸡。

林语堂故居主楼

乍看是中国传统的四合院建筑，细看之下却发现二楼顶着那一弯长廊的竟是四根西班牙式的螺旋形白色廊柱。这种融合东方和西方韵味的建筑情调，体现了林语堂东西合璧的文化理想。

这座雅致的建筑于1972年落成后，林语堂进入了“世外桃源”的境界：他在小院子中叼着烟斗，对着那种荷花养金鱼的小鱼池沉思着，他坐在阳台上望着远山、林木……

清晨和黄昏，林语堂总是在院内绿茵茵的草坪上散步，或静静地坐在阶前的藤椅里，观赏着池畔的茑萝和墙边盛开的紫藤花。在这个宽敞的庭院中，鱼池假山，花木扶疏。虽乏潺潺清流之胜，却富苍苍林园之美。站在屋后的阳台上，七星山在望，青山翠谷，还有那浮动在山谷间的白云，似乎随手可掬。向晚以后，凭栏远眺，台北市的万家灯火，踩在脚下，就像是撒满一地璀璨耀眼的宝石，真是天上人间！到了夜深人静，几回蛙鸣，数声虫叫，更使人几疑回到漳州老家的田野间……

就在这林木苍翠、窗明几净的山寓中，林语堂每天含着烟斗，啸傲烟霞，临风览月，在烟斗上袅袅升腾着他的灵感。

林语堂在游泳池里养起鱼来。他告诉朋友，这游泳池真有用，夏天游泳，冬天养鱼。养鱼给他带来了新的乐趣。每天，他亲自喂鱼。不出去钓鱼，可以坐在池旁观鱼，以持竿观鱼代替垂钩钓鱼，“其乐也融融”。他还亲自跑到中牛坜荣民鱼殖场选购了大大小小的鱼，有黑色的，也有红色的。他向客人们解释道：“我喜欢在海边钓鱼，这儿有林泉之幽，就不能兼有海滩垂钓之胜。”

夫人廖女士也很满意山寓的生活，旅美30年，廖女士是家里的主要劳动力，虽说有电气化设备，但操劳家务总是辛苦的。到了台北，家里雇有用人，廖女士不必事事躬亲。早上，有人挑着刚刚从山上砍下来的竹笋来卖。中午杀一只鸡炖汤吃，那是在美国所难以尝到的美味。进城去，可以吃到各种风味小吃，蚵仔煎、炒米粉、饺子等。有时，夫妇俩坐汽车到日月潭玩玩，日月潭近似杭州西湖，差不多可以一览而尽。乌山湖可比扬州的瘦西湖，能尽迂回曲折之妙。

《生活的艺术》中的那个遥远的理想，正在这座中西合璧的庭园里变成现实。仰德大道二段141号，成了林语堂试验他的“生活的艺术”的最后的实验室。他力图把古代田园诗人的理想移植到阳明山麓的庭园之中。他设计着……实践着……但总觉得还缺少点什么？一天，他终于想到：原来缺少一只仙鹤。他对客人说：“我想在园中养一只鹤，它摆动那双长脚漫步，会带活周遭的一切。”

旅居国外期间，林语堂远离了国内文化人的社交圈。刚开始时，他为自己摆脱了国内文坛的是是非非可以专心写作而感到高兴。然而，时间一长，他不免感到寂寞和孤独。现在，他又回到了既熟悉又陌生的文坛，回到朋友中间来了。

在台北，他有许多老朋友，很快地又交上了一些新朋友。经常来往的有：黄季陆、罗家伦、吴大猷、刘绍唐、查良钊、蒋复璁、沈刚伯、毛子水、李济、吴经熊、张大千、钱穆、刘甫琴、沈云龙、谢冰莹、阮毅成、钱思亮、何容、黎东方、陈石孚、魏景蒙、叶公超等。比较年轻的朋友有王蓝、姚朋（彭歌）、殷张兰熙、马骥伸、黄肇珩等。

有一次，120多位台湾作家、画家、诗人和文艺青年在文艺中心的大厅，为林语堂举行了“幽默之夜”的盛会。在会上，幽默大师林语堂妙语连珠，使人喷饭。他以自己姓林为自豪，不仅提到林则徐、林黛玉，而且连美国的林肯也被他拉进了林氏家族。那晚，司马中原、林海音、楚戈、段彩华、孙如陵、朱桥等都有精彩的表演。

台北“故宫博物院”院长蒋复璁与林语堂过从甚密，林语堂的大女儿林如斯也在台北“故宫博物院”工作。林家的用人都叫他蒋院长。有一天，林语堂在书房里创作，用人进来通报："蒋院长来了。"

"请他等一等。"正忙于写作的林语堂说。隔了一会儿，他走到客厅去会客。一看，原来是"行政院"院长蒋经国。这位蒋院长事先没有通知就来了。这样的"突然袭击"，以后还有过几次。

回台定居前后，林语堂在《无所不谈》专栏上发表了不少有关《红楼梦》的文章，原想写几篇就"到此为止"，谁知一发不可收，两三年内写了十几篇，仅在开明书店出版的《无所不谈合集》中，有关《红楼梦》的专题文章就有12篇。从这些文章的论题来看，林语堂的"红学"视野是开阔的。

于是，《红楼梦》成了林语堂与那些慕名来访者的重要话题。其实，某些来访者与其说是向林语堂请教《红楼梦》，倒不如说是出于一种好奇心理，掂掂这位幽默大师的"红学"功底。然而，不管来访者的动机是什么，只要有人提起《红楼梦》，林语堂必定兴趣盎然。

有一次，朋友问他《红楼梦》里最喜欢哪一个？

他回答："最喜欢达练有为的探春。"

朋友问："那么大观园里的男男女女中，最不喜欢谁？"

他侧过头来，悄悄地说："妙玉，一个色情狂的小尼姑！"接着，他又说："妙玉带发修行，尘缘未断，一个青春俏丽的少女，长伴青灯古佛，不免怅对春花秋月，蕴藏着满肚子的幽怨，而形成了变态心理。妙玉对宝玉颇有好感，甚至可说有仰慕之情。妙玉好洁成癖，整套的成窑五彩小盖钟，因为刘姥姥用过一回，她嫌腌臜，不许再拿进庵内，要把它丢了。但是，却把自己日常用的绿玉斗斟茶与宝玉喝，表明了对宝玉的另眼相看。《红楼梦》四十一回‘贾宝玉品茶栊翠庵’，写妙玉与宝玉的谈笑，分明有调情之意。”

林语堂越说越有劲，他指出妙玉“欲洁何曾洁，云空未必空”。独坐禅床，胡思乱想，要不，怎么会听见房上两个猫儿发情、交配时一递一声的嘶叫，她就不觉心跳耳热，以致神不守舍，竟至走火入魔。

林语堂从心理学的角度分析了妙玉的怀春，他说：“这一个风流小尼姑，耐不得寂寞，最后被强徒劫去，不会不从，因为她内心燃烧着一团火，找不到发泄的机会。曹雪芹写这个俏尼姑思凡，由老道婆的话，由惜春的慨叹，由‘外面那些游头浪子造作的许多谣言’，刻画入微，曲而能达。《红楼梦》的文学价值，也就在这些地方。”

他很赞赏曹雪芹对刘姥姥的生动描写，他说：“刘姥姥的言语举止虽然粗俗，但却保持着纯朴天真的村妇本色。曹雪芹写刘姥姥也最成功。‘刘姥姥进大观园’成为一句流传最广的谚语，证明了刘姥姥所给予人们的深刻印象。”[①]

曹雪芹笔下的男男女女，是林语堂艺术世界中的常客，林语堂在向外国人介绍中国人的性格时，曾把《红楼梦》作为参

---

① 羊汝德：《林语堂北山乐隐图》。

照系。他以夸张的语言说："欲探测一个中国人的脾气，其最容易的方法，莫如问他喜欢黛玉还是宝钗，假如他喜欢黛玉，那他是一个理想主义者，假使他赞成宝钗，那他是一个现实主义者。有的欢喜晴雯，那他也许是未来的大作家，有的欢喜史湘云，他应该同样爱好李白的诗。"[①]

1967年5月4日，台湾的"中国文艺协会"请林语堂做专题演讲，他以"《红楼梦》的新发现"为题，大讲《红楼梦》，他强调了史湘云在书中的地位。他还把自己所收藏的许多种不同版本的《红楼梦》放在文艺协会的堡垒厅里陈列展出。对林语堂的这次演讲，有的听众觉得他的公开演讲稍逊于胡适。胡适既能写，又能讲。而林语堂在台下与人谈天时，其幽默风趣与胡适不相上下，但一上台，却不似胡适富有吸引力。可见两位洋博士的禀赋各有不同。

林语堂还认为《红楼梦》是"想象文学"。他说："《红楼梦》是中国文学史上最伟大的一部创作，也是想象文学顶尖最高峰。我想应与托尔斯泰的《战争与和平》同列为世界十大小说之一。"

林语堂的观点不论是否站得住脚，但这确是他自己的研究心得，同时也显示了他"国学"修养的功力。

林语堂对中国国画和书法都有精当的研究。

1967年，林语堂编译并附导言的《中国画论》，由美国普

① 林语堂：《吾国吾民》。

拉姆出版公司出版。在《无所不谈》专栏里，又刊出了他的《谈中西画法之交流》等文。这些都是他多年来对中国传统国画艺术研究的结晶。

林语堂论画，不随时俗，能坚持己见，他曾毫不掩饰自己对毕加索的反感。他以讽刺的笔触挖苦人们所崇拜的毕加索，林语堂的绘画艺术观曾引起台湾现代派画家的强烈反响。

林语堂的书画艺术见解，是他自己的艺术实践的经验体会，不是纸上谈兵式的学院经典。有人对林语堂在特定场合里的自谦之词信以为真，以为他只会写钢笔字，不能写毛笔字，这实在是天大的误会。林语堂写得一手形神皆备的毛笔字，他把节奏、轴心、线条、配合、对比、平衡、均匀等美学技巧运用到书法艺术中，自成一家。

林语堂喜爱国画，客厅里挂着宋美龄女士所绘赠的墨兰，清逸脱俗。他自己最爱画马，1974 年 7 月，他画了一幅马送给黄肇珩女士，画面是七匹水墨马，或立，或卧，疏疏落落，潇潇洒洒。

20 世纪 30 年代末，他在美国写《生活的艺术》时，曾以捏泥马来消除写作的疲劳；70 年代，他则以画马来排遣老年的寂寞。他还珍藏着一匹唐三彩马，后来赠给了台北的“故宫博物院”，现在还站在台北“故宫博物院”的展览橱中。

第二十五章

金玉缘

初萌的爱情看到的仅是生命，持续的爱情看到的是永恒。

1969 年 8 月 9 日，阳明山麓林宅的客厅里，一对喜烛高燃。林语堂夫妇正在欢庆他们结婚 50 周年的“金玉缘”。

原先他俩想悄悄地迎接这第 50 个“蜜月”。因为，他们认为“蜜月”是属于两个人的事，所以不必兴师动众地邀请客人来参加。可是，天下没有不透风的墙。马星野夫妇、马骥伸、黄肇珩夫妇等好友们都特意赶来庆祝，结果，他们还是让亲友们包围了。

为纪念同甘共苦的 50 年，林语堂把他们的婚姻赞之为“金玉缘”，还把一枚别致的金质胸针奉献给妻子，胸针上铸有“金玉缘”三个字，还刻了 James Whitcomb Riley（詹姆斯·惠特坎·李莱）的那首诗《老情人》。

林语堂与廖翠凤的婚姻是由父母做主的。他们是先结婚后恋爱，爱情由结婚才开始的。

来客中有人请教他们半世纪“金玉缘”的秘诀。夫妇俩抢着说，秘诀是两个字：“给”与“受”。在过去的一万八千多天里，他们互相之间尽量在“给”，而不计较于“受”。

林语堂觉得，他和妻子矛盾统一，阴阳互补，是非常称心如意的结合。他对人说，妻子属水，水包容万有，惠及人群；而他自己属金，喜欢冲刺磨砺。他说："我年轻时顽皮、乐观、不耐烦、不肯受羁束，甚至现在，我还是讨厌领带、腰带、鞋带。翠凤则刚刚相反，她是正正经经、规规矩矩的。我想我们很相称，相配得很好。她为我付出许多牺牲。我们是结了婚之后才开始相爱的。"

林语堂曾说："人生必有痴，必有偏好癖嗜。"他痴于发明打字机，这是人所共知的，没有一点"癖嗜"，傻瓜才会去花掉十几万美元来研制一架卖不出去的打字机。如果没有妻子的支持、理解和容忍，这位倒霉的发明家恐怕早就半途而废了。对丈夫的癖嗜的容忍，是廖女士温顺贤惠的一面。

在家庭生活中，妻子常常把丈夫当作一个大孩子看待。大女儿林如斯回忆："母亲也把父亲当作大儿子看待，她常把牛奶悄悄地倒在父亲的杯子里，要父亲不注意时喝下去。父亲有时把牛奶倒还给她，有时却听了她的话，喝下去。"

林语堂常像一个调皮的大孩子，和女儿们打打闹闹，做游戏，和妻子开玩笑。有时，他故意说自己的钱包不见了，来吓唬妻子，当妻子信以为真，十分紧张时，他就突然宣布钱包找到了。丈夫为他成功的玩笑而高兴地大笑，妻子发现自己受骗后，对丈夫说："顽皮的孩子，想来愚弄我吗？"[1]

庆祝金婚50周年的宴会，气氛热烈，林、廖两人像新婚

---

① 以上资料均见于林如斯等所著的《吾家》。

夫妇那样，表演了互点香烟等婚礼上常见的余兴节目。贺客们也像闹新房似的要他们坦白恋爱经过。讲究“生活的艺术”的林语堂道出了他对“爱情的艺术”的独特体会。他说：“婚姻犹如一艘雕刻的船，看你怎样去欣赏它，又怎样去驾驶它。”

黄肇珩女士问他们，没有儿子是不是感到遗憾，林夫人爽快地回答：“我的确感到遗憾。”

林夫人说她样样有福气，就是没有生个儿子的福气。林语堂却一点儿也不在乎，因为他觉得自己的三个女儿比许多人家的儿子有出息。

有的女客趁机悄悄地向林夫人请教“治家”的秘诀。她笑了，用貌似平淡无奇的家常话做出了深含哲理的回答。她说：“不要在朋友的面前诉说自己丈夫的不是；不要养成当面骂自己丈夫的坏习惯；不要自己以为聪明；不要平时说大话，临到困难时又袖手旁观。”

林语堂最赞赏妻子的是，能与他同甘共苦。他说：“婚姻生活，如渡大海，风波是一定有的。婚姻是叫两个个性不同的人去共过一种生活。女人的美不是在脸孔上，是在心灵上。等到你失败了，而她还鼓励你，你遭诬陷了，而她还相信你，那时她是真正美的。你看她教养督责儿女，看到她的牺牲、温柔、谅解、操持、忍耐，那时，你要称她为安琪儿，是可以的。”

林语堂夫妇在幸福的回忆中，在亲朋好友们的祝贺中，愉快地度过了金婚 50 周年这难忘的一天。

第二十六章 最后的冲刺

1968年6月18日至20日，国际大学校长协会第二届大会在韩国汉城举行。50多个国家的200多位大学校长暨学术文化界人士出席了大会。林语堂也应邀赴会，并做了《趋向于全人类的共同遗产》的演讲，着重分析了东西文化的差异及两者调和的途径。

1969年，林语堂继罗家伦之后，被推选为国际笔会台湾分会的会长。国际笔会是联合国教科文组织所承认的唯一的一个国际作家组织。1969年9月，国际笔会第36届大会在法国南部海滨城市蒙敦召开，林语堂、马星野、陈源、苏秀法等参加了大会。

第37届国际笔会在韩国汉城举行。会议的中心论题之一是幽默——这可是林语堂的拿手好戏！

美国小说家厄普戴克的讲题是《小说中的幽默》；法国批评家梅雅的讲题是《论机智与幽默的区别》；韩国诗人李殷相的讲题是《东方幽默的特性》。这些外国作家有的把幽默分类来分析，有的从世界名著中找幽默的例子，也有些人从本国的文学作品或民族艺术中去找幽默。这些学术探讨都是十分有益的，但整个会议的气氛就显得学术性有余，而文艺性不足，会场上缺少了一样最重要的东西：幽默。

林语堂终于发言了，这位中国 20 世纪 30 年代的幽默大师以《论东西文化的幽默》为题，向世界各国的文化精英们畅谈了自己 50 年来探索幽默艺术的心得。

从 20 世纪二三十年代开始，林语堂就在幽默文化的艺苑里辛勤耕耘，经过半个世纪的惨淡经营，终于建立起自己的幽默系统。而在国际笔会第 37 届大会上的讲演，集中地体现了林氏在幽默研究中的最新最高成就，这是融合中西古今的林氏幽默观的最后的定型产品。

对幽默问题锲而不舍地追求终生的，在中国除林语堂之外，没有第二人。在中国现代文化史和文学史中，只要涉及幽默这个命题，不管是赞成或反对他的人，都无法回避他的存在。

林语堂不仅把西方的幽默移植到了中国，而且还敢于到欧美各国——Humour 的发祥地——“班门弄斧”，大谈幽默。现在，居然跑到世界文坛精英的荟萃之地——国际笔会上，以《论东西文化的幽默》为题，向来自世界各地的作家们宣讲他的幽默观，胆子真不小啊！因为会议厅里坐着不少当今世界的第一流幽默作家哩！

“幽默大师”谈幽默，自然不同凡响，林语堂的发言与前面发言的那些外国作家形成了鲜明的对比，即林语堂是以幽默的态度来讨论幽默艺术的，而不是板起面孔做学术报告，所以生动活泼，吸引了在座的听众。

在第 37 届国际笔会期间，林语堂与日本诺贝尔文学奖得主川端康成坐在一起时，两人总是交头接耳，窃窃私语，似乎已建立了深厚的友谊。他俩都是亚洲文坛的明星，但他们的个性迥然不同，川端康成如一杯加了冰的杜松子酒，冷澈、甘洌。林语堂则像一壶微温的陈年花雕，平易、醇厚。从亚洲第三届作家大会到第 37 届国际笔会，这两位风格各异的作家已结下了深厚的超国界的友谊。

一个人如果认为自己在一生中能干一番不同寻常的大事，就比没有远大理想的可怜虫，有着更多成功的机会。林语堂早年为自己设计的一幅幅理想的蓝图，不断地为他提供了成功的机遇。

还在 20 世纪 30 年代时，林语堂便请三哥林憾庐和张海戈编一部像《牛津简明字典》的中文词典。初稿编成后，由于中日战争，文稿毁于战火，60 册的稿子，只剩下他带到美国的 13 册，计划流产了。

他认为编字典是一种乐趣，如同“牛羊在山坡上遨游觅食”。1965 年年底，到香港探望女儿时，他与香港中文大学校长李卓敏谈到他的抱负——编一部适应现代需要的汉英词典。他的计划得到了香港中文大学的赞助。

1967 年春，林语堂受聘为香港中文大学的研究教授，主持词典的编纂工作。在台北建立编写小组，承担资料的收集、勘校、抄写等。

虽说香港中文大学赞助词典的编纂工作，但实际上香港中文大学的预算中并没有这笔经费。所以，就只有寻求校外热心人士的资助。功夫不负有心人，林语堂的计划获得太古轮船有限公司、利希慎置业有限公司和星采报业有限公司各 10 万港币的捐赠。原计划三年完成，但因工作量太大，后来不得不延期为五年。最后，金山轮船公司和《读者文摘》也进行了赞助。

词典编纂小组的办公地点在台北市双城街，工作人员有马骥伸、黄肇珩、陈石孚，此外还有秘书、抄写陈守荆和施佩英。林语堂拟出词典的编辑体例概念，然后交给马骥伸、黄肇珩，要他们从实施的角度仔细研究，提出意见，帮助他完成正式的设计。

编辑小组开始试稿，工作人员帮林语堂选择中文单字和词句，加以注释，写在单张的稿纸上面，并依国语注音符号的次序排列起来。然后把稿子交给林语堂，由他审订再译成英文，稿纸的右边留有空白，以备他起笔之用。每天有七八个小时，甚至十一二个小时，林语堂都在书桌前伏案工作，写出每个字和每个词句的英文意义。

凡发现草稿中有疑问，他绝不轻易放过，反复问明出处、用法。偶尔触发灵感，想到佳妙词语，立刻给助手拨电话，询问是否已经采录。译到得心应手，他会将纸片交司机立即送到双城街，让大家共赏。所有中英文原稿，他自始至终都一一过目，修改，并且一校再校。

渊博的语言学知识和文字学的功力，使他主编的词典颇具特色。想当年，他曾是中国知名的语言学专家，对中国文字学和音韵学的研究，很有心得。1925 年 9 月，钱玄同、赵元任成立“七人会”，林语堂就是“七人会”的成员之一。“七人会”者，含有“竹林七贤”的寓意，集国内语言学界的精华，其余几位是刘半农、黎锦熙、汪怡和周辨明。

抱着“归隐林下”的目的来台北定居的林语堂，实际上并没有沉湎于游山玩水之中，他的归隐生活的主要内容还是写作。

不明真相的人总把幽默大师的生活想象得很轻松。其实，他的写作生活是不轻松的。

在台北，他经常清晨 5 点钟开始工作，有时连续写 10 多个小时，当他放下笔来，点燃烟斗时，才发现时间的流逝。他说：“有了兴趣，你是不会去计算钟头的。”

当年，上海林宅内的书房叫“有不为斋”；现在，阳明山麓的书房仍叫“有不为斋”。书斋中铺着红色的地毯，摆着黑色的沙发。两边都是落地书架，架上堆满了各种线装书和洋装书，有 4000 余册。林语堂回台北时，从美国运回 20 只大箱子，里面装的不是什么金银财宝，而是 20 箱书籍，有中文、英文、法文、西班牙文、意大利文，还有希伯来文的。他嗜书如命，在他眼里，书比金银财宝更珍贵。到台北不久，他的书架上又增加了许多中文藏书，其中最引人注目的是《四部丛刊》和《四部备要》。

书斋的布置，最能表现斋主的性格和爱好。凡是到“有不为斋”做过客的人，都知道林语堂不仅爱书，也爱画。“有不为斋”内挂着一帧墨竹，比利时画家 Baronne Allaio 所绘赠之林语堂画像也挂在书斋的墙上，国画和西洋油画，在这里“中西合璧”了，而“有不为斋”的匾额，则是林语堂自己的手书。

沉浸在静谧幽雅氛围里的“有不为斋”，是笔耕的理想园地。书斋的角落里安置着一张写字台，桌面上放着台灯、笔、稿纸、放大镜、裁纸刀、书夹、号码机、书籍资料和茶壶茶杯，还有一枚他心爱的镇纸，上面镌有张群先生的一首三字句的养生歌。许多文人的工作台常常淹没在堆积如山的书籍、稿件和信件之中。可是，林语堂的写字台却整洁有序，干净得一尘不染。桌上还经常放着一碟花生米，几块糖或几片牛肉干，咖啡也是必备品。一切都很有条理，参考书籍用完后顺手放回原处，所有的信件分类放进颜色不同的“卷宗”。

烟斗是林语堂形影不离的生活伴侣。谈起烟斗和抽烟，林语堂有一整套理论。20 世纪 30 年代，他在幽默杂志上曾以风趣的笔调大谈吸烟和戒烟的种种。60 年代到台北定居后，他又把“黄昏时候，工作完，饭罢，即吃西瓜，一人坐在阳台上，独自乘凉，口衔烟斗，若吃烟，若不吃烟。……若有所思，若无所思”的飘逸洒脱境界，列入《来台后二十四快事》中的第五件“快事”。

烟斗几乎成了他生活态度的一种标志，除了睡觉，林语堂的烟斗可以说是终日不离手。在社交场合，烟斗是表现个性的道具，他与客人说话时，总是带着烟斗，遇到思考时，他停下话来，叼起烟斗，渐渐地满室飘散起烟雾。一件事、一个问题或是一席话，就随着烟圈绕转，一旦停滞，他拿下烟斗说："我们下次再谈！"

林语堂曾说：

——我最欣赏抽烟斗的人，他们似乎比较真诚、亲切、坦率，也比较善于谈话。最重要的，我觉得他喜欢我正如我喜欢他一样。

——聚在营火前，叼根烟斗，坐在啤酒桶上，彼此交换意见，谈天说地，心灵交流，这是从古到今人类最大乐事之一。

——下班后，脱掉硬领衬衫，舒服惬意地躺在地毯上抽烟斗，这一来，才像个人。

烟斗，对林语堂来说，已经成为他的生理机制的一个有机的组成部分，他曾说："我不知道如果没有烟斗，我会怎么样……我想我会无法定下心来做事，也无法思考。"

侄媳妇钟丽珠是女作家，有一次，他们谈到抽烟与写作的关系时，林语堂幽默地说："有时候，当我阅自己的旧作，甚至可以从字里行间，嗅出在哪一篇，哪一段里所含的尼古丁最多！"

在他的吸烟史里，曾有过戒烟三个星期的小插曲，他说，那三个星期简直是一场心灵搏斗，最后，终于抵不过良心的鞭策而又重新拿起烟斗。

他曾向黄肇珩女士兴致勃勃地介绍抽烟的好处，找来许多可支持的论点，然后怂恿黄女士劝丈夫抽烟斗。

“为什么？”黄女士问。

“如果他要和你争吵时，你把烟斗塞进他的嘴里。”

不料黄女士模仿“幽默大师”的思维逻辑，反诘道：“如果他用烟斗圆圆的端敲我的头呢？”①

“幽默大师”哈哈大笑，很欣赏这位女弟子的机智，竟反过来“幽”了师父一“默”。

享受了半个世纪烟斗乐趣的林语堂，认为抽烟斗的人都是快乐的，叼着烟斗沉思，是人生的一大享受。可是，由于健康的原因，在去世前 20 个月，他遵照医嘱，不得不恋恋不舍地与烟斗告别。

慕名而来的拜访者们，常常会问及林语堂到台湾后的打算。林语堂则用他的 70 岁自寿词中的句子作答：“从此是，无牵挂，不逾矩，文章泻。是还乡年纪应还乡啊！”

天马行空，我行我素，这是他所选择的生活方式。

他还以幽默的口吻说，如果让他去当市长，“今天上台，必定也在今天下台”。

他说：“我不能忍受小政客的那副尊容，在一个机构里，这种人，我是无法与他们斗下去！我一定先开溜。”

刚到台湾时，林语堂成了新闻人物，频繁的应酬使他应接不暇，文教单位常请他去演讲，有的大学还想请他去执教。他

① 上述资料来源于黄肇珩《烟斗、字典、马》。

那“归隐林下”的写作计划大有夭折的危险。林语堂不得不设法对策，他对外界声称，自己现在有“三怕”，那就是怕教书、怕演讲、更怕繁忙的应酬。

“三怕”的声明流传开去以后，效果明显。社交活动有所减少，但仍不可能杜绝，实际上也不应该杜绝，因为社交是现代生活的一个必要组成部分。

有的应酬，实在推不掉，他也只好勉为其难。以此心情去交际，自然很容易闹笑话。有一次，他勉强去参加台北某校的毕业典礼，会场上的发言者，似乎都想趁机炫耀自己的口才，一个接一个，发表的都是冗长的演说。林语堂坐在那里实在等得不耐烦了，轮到他发言时已经 11 点半。针对前面那些口若悬河的演讲者，林语堂站起来说：“绅士的讲演，应当是像女人的裙子，越短越好。”

大家听了，先是一愣，然后哄堂大笑。第二天，台北各报都刊登了这条消息，新闻媒体的评论是：幽默大师名不虚传。其实这是林语堂在被迫应酬的情况下，一时兴之所至，脱口而出的笑话。

台湾学术界有不少研究孔子的学者，可是林语堂却不怕别人说他凑热闹，从 1966 年以来，在《无所不谈》专栏中，发表了《论孔子的幽默》《再论孔子近情》《孟子说才志气欲》等以孔孟为题目的文章，且在《论中外的国民性》《论东西思想法之不同》等中西文化比较研究的文章里，也畅谈了自己对儒家学说的认识。

林语堂一针见血地指出，孔子经汉宋儒家的“拔高”和“神化”，就变成失去人性的超人和圣人，成了敬而远之的偶像。而林语堂始终以还孔子本来面目为己任，凡属论及孔子之处，都力图恢复孔子的血肉之躯，展现出孔子丰富多彩的感情世界，把孔子从九天之上接回人间。

林语堂在自己的论著里，塑造了一个林语堂式的孔子，几十年来，他不断以自己的研究心得来丰富这个孔子形象。旅居美国时，出版了英文的《孔子的智慧》，被列入美国“现代丛书”。他以自己独特的孔子观向西方读者介绍了孔儒思想，不少西方人都是读了林语堂的书才知道孔子的。所以说，林语堂的孔子观影响过整整一代外国读者。

纠正以往的偏颇，发掘出长期被后人所忽视的孔子个性中的某些方面（譬如幽默），这是林语堂的贡献。然而，在林语堂眼里，孔子居然变成了“无一句话不幽默”的幽默大师，这大概是矫枉过正所引起的逆反效应。

《当代汉英词典》使林语堂呕尽了心血。当初他所推崇的日本学者诸桥辄次所编的《大汉辞典》，那是用30年时间完成的。现在，几乎是同样大的工程，他却约定用三年时间完成。在日夜操劳之下，词典如期交出了定稿，而他的健康却在超负荷的压力下受到了损害。

在词典快要编好的关键时刻，他日夜赶工，废寝忘食，写到最后几页，连字都看不清楚了。早上醒来，妻子注意到他的脸涨得通红，嘴巴有点歪，立刻送到医院检查。医生说这是

“中风的初期征兆”，要他彻底休息两个月。

林语堂坐在病床上，谈笑如故，看上去似乎一切如常，但医生说，幸亏及时到医院里来，住几天便可以回家，但如果发现讲话不清楚，或动作不协调，如不能把茶杯放回托上，便需立刻送回医院。

幸好只是中风的“初期征兆”，而不是真正的中风，他那思维敏捷的头脑没有受到损坏。他出院了。自我感觉良好，大家劝他不要再拼命工作。他说不会的，不会再像以前那样连续工作十几个小时了。

出院后两个月，词典工程胜利结束，书架上堆满了词典的稿子。而后，香港中文大学派人把稿子装箱运到香港，下面一道工序是排字校对工作。林语堂如释重负，计划带妻子去欧洲旅行。

第二十七章
悲剧发生在幽默之家

灾祸和幸福，悲剧和喜剧，像没有预料到的客人那样来来去去，它们的规律、轨道和引力的法则，是人们所不能掌握的。一个飞来横祸彻底打乱了林语堂夫妇晚年生活的节奏。大女儿林如斯自杀了！这是一个惊人的消息。

读过金兰文化出版社印行的《京华烟云》的读者，都会熟悉林如斯这个名字。因为在中译本《京华烟云》的正文之前，有她为该书所写的评论文章。这篇文情并茂的书评，显示出她的文学才能，真是有其父必有其女啊！然而，事实上，她没有对林语堂的文学事业有更多的帮助。因为，从 22 岁私奔逃婚开始，她将自己推入了不幸的深渊，同时也给林语堂带来难以摆脱的精神压力和痛苦。林如斯既具有西方文化的个性解放精神，又深受中国文化意识的熏陶。个性解放的观念，使她在 30 年前能不顾父母的面子和社会舆论，胆敢“冒天下之大不韪”，在订婚前一天与自己所爱的人私奔。她的爱情是纯洁的而且是理想化了的，她把爱情看得至高无上，因此，一旦失落，便痛不欲生，似乎整个生活的大厦随之倒塌。

20 世纪 50 年代初，林如斯与狄克交涉离婚时，依照美国法律，她可以名正言顺地得到一笔赡养费。如果林如斯能拿出当年私奔时的勇气，她就应该以西方的价值观念，理直气壮地请律师为她去争应得的经济权益。可惜，这时的林如斯却突然以东方妇女的传统意识来处理自己的离婚案件。她不想和自己所厌恶的人再有任何来往，只想尽快与狄克一刀两断。而且，清高的她，耻于在经济上与之讨价还价，宁可不要分文赡养费，而以经济上的损失换取了精神上和道义上的全面胜利。

在版税问题上吃过哑巴亏的林语堂，劝女儿采取比较现实的态度，冷静地用头脑想一想：跟狄克争赡养费当然是不愉快的，但是，人要生活，不能没有钱，所以，为了今后的生活，还是应该去争取赡养费的。

涉世未深的女儿，坚持己见，没有听从林语堂的劝告，婚姻破裂给她带来的打击太沉重了，她的大脑信息库早已被断肠的痛苦所填满，再也无法输入其他新的信息，她无暇顾及以后的生活，更没有想到钱。离婚，仿佛抽掉了她的精神支柱，她垮了，整个人软绵绵的，从此以后，再也没有振作过，并且患了严重的精神忧郁症。

林语堂回台北定居后，不久，林如斯也到台北的“故宫博物院”工作。她不肯住进阳明山麓的父母家里，独自住在“故宫博物院”的职工宿舍，心情很不好。有时会呈现恐惧焦虑的症状，有时她会与现实完全脱节，她像迷失了自我。她也极力克制自己，不愿意表现出反常的行为，可是，并不完全成功。

林语堂夫妇都为女儿的精神官能症担忧。生性乐观的林语堂一直抱着积极的态度，认为只要鼓励她，用爱心去医治她心灵的创伤，她就一定会好起来的。而廖女士却被女儿的异常表现折磨得无所适从，她对丈夫说："我们生了三个女儿，同样照顾，为什么就是她有问题？是不是她小时候我做错了什么事？使她这样？"

"不，凤，你不能怪自己。"丈夫安慰妻子道。

"她是我头一胎，我多么疼她。她小时候真乖，多听话，又聪明，像个大人一样，帮助我做家务，照顾妹妹。多乖、多听话。"

"她会好起来的。爱她，照顾她，不要批评她，她会好起来的。她根本没有事。"

林语堂用一颗慈父的心来开导女儿。但是，他的生活的艺术虽然影响过许多素不相识的读者的生活观，但实践于大女儿身上时，却是失败的。尽管如此，林语堂仍没有灰心，他想重新唤起女儿对生活的信念。一天，他对女儿说："你不要一直想自己，想想别的。培养个人兴趣。人生快事莫如趣，那也就是好奇心。你对什么最感兴趣，就去研究，去做。趣是有益身心的。"

廖翠凤在一旁插嘴道："堂呀，你不要跟她讲大道理了，她听不进去。我的骨肉，我的心肝，你不要这样子好不好？吃一片镇静剂吧。吃了就会好一点儿。你知道你爸妈都是七十几岁的人了。你要学会照顾自己，自食其力。我们是没有什么储蓄的，你爸爸的工作是绞脑汁，那是非常辛苦的工作，会疲倦的，你不要使他烦恼。”

“凤，你不要跟她讲述这些，我很好，一点儿也不疲倦。”

“不，我要她明白。我们上了人家的当，我们存在‘ISO互惠基金’的金钱不值分文了。那互惠基金的主持人因为舞弊被抓起来了，成千上万的人上了当，包括你爸妈。”

“喔？”林如斯可是第一次听到这个消息。她对母亲的话，表示惊讶。因为她知道父母原打算用这笔互惠基金来养老的，现在受骗上当，使父母蒙受了巨大的经济损失，林如斯很难过。

廖翠凤继续说下去：“这件事轰动全美，在报纸上已经登了许久……”

林语堂打断了妻子的话，他说：“凤，你不要跟她讲这些。”

“我要讲，我要她明白。你爸很辛苦，绞脑汁赚来的钱不见了。赚钱是不容易的。你不要使他忧愁，听见没有？”

女儿的不幸像梦魇一样缠着林语堂……不可挽回的灾难终于发生了。1971年，林如斯悬梁自尽，这让林语堂夫妇近于精神崩溃的边缘，从此一蹶不振。那是1971年，林语堂因中风的“初期征兆”住院又出院后的两个月，一天中午，蒋复璁请林语堂到“故宫博物院”吃饭，有人跑来说，工人去打扫林如斯的房间时发现她吊在窗杆上，抱下来时已经断气，而桌子上的茶水还是温的，可见是刚上吊不久，再早一点儿发现就好了。

林语堂悲痛欲绝！林太乙曾以沉痛的心情描述了她和黎明、林相如等三人赶到台北后所见的第一印象：

……走进家里时，父亲扑到我身上大哭起来。母亲扑在妹妹身上也大哭起来。顿时我觉得我们和父母亲对调了位置，在此以前，是他们扶持我们。现在，我们要扶持他们了。那“坦率、诚恳、乐观、风趣，怀着一瓣未泯的童心，现实主义的理想家；满腔热情的达观者”变成一个空壳子，姐姐掏去了他的心灵。那时父亲是76岁，母亲比他小一岁。

我们把两老送进医院，他们哭哭啼啼地对彼此说：“我们不要再哭了，我们不哭了。”

姐姐留下遗书给父母说：“对不起，我实在活不下去了，我的心力耗尽了。我非常爱你们。”[1]

林语堂夫妇在台湾的几位晚辈亲戚帮忙料理了林如斯的后事。出殡之后，林太乙、林相如两姐妹把父母接到香港去住。在飞机场领行李处，廖翠凤突然晕倒，瘫在二女儿的怀中，家人吓得魂飞魄散。机场的人围过来，有人叫了救护车，醒过来后就被送到了三女儿家。

沉重的打击使廖翠凤变成了另外一个人，她沉默寡言，吃

---

① 林太乙：《林语堂传》。

得很少，心灰意冷，常常反复说："我活着干什么？我活着干什么？"她变成没有主见的人，连看着自己可爱的小外孙都不会笑。

一夜之间，林语堂老了许多，他虽然勉强摆出笑容，但他的心碎了。其实，全家人的心都碎了。大家都不能接受林如斯自尽的事实。连林太乙也问父亲："人生什么意思？"①

"活着要快乐。"林语堂简单地回答。他无法再说下去。因为，长女自杀的事实，与他理想中的生活的艺术相去甚远，这一件极不"幽默"，也极不"艺术"的事情，偏偏发生在幽默大师之家，生活和他开了一个残酷的玩笑。

女儿们想方设法来减轻父母的悲痛。小女儿驾车带父母到处去散心。在阳光闪闪的浅水湾，他们坐下来饮食。林语堂心不在焉，拿茶杯的手乱晃，茶水从杯子里溢出来，溅湿了胸前的衣服。一向注意仪容的廖女士，摆开双腿，随便坐着。沙滩上有孩子在嬉水，世界充满了生气，但林语堂夫妇似乎视而不见，神情冷漠地坐着，遇见熟人、朋友也不打招呼，就像不认识似的。这时，浅水湾明媚的阳光在林语堂眼里也变得暗淡无光。

林语堂首先清醒过来了，因为工作在召唤他，提醒他：林如斯的悲剧对林家来说如同天塌下来一样，但别人照样在正常地生活，地球仍像过去那样转动着，除了个人的悲哀之外，外

---

① 有关林如斯之死的资料，引自林太乙《林语堂传》。

面还有一个广阔的世界。

紧张的词典校对工作开始了，林语堂回到台北阳明山麓，投入繁重的校对工作中。眼睛看不清了，他用一个有电灯的放大镜校对。

而廖翠凤仍沉溺于失女之痛中，因为爱女的死动摇了她的生命信仰和生活信念。正像二女儿所说："她没有眼泪了。她变成一股精神，时时刻刻提防横祸再度降临。她像一头猫头鹰，睁大眼睛注意父亲每一个动作。她面色灰白，缩紧双唇，话很少。"

廖翠凤患了恐怖症。一直以为家里有小偷，她失眠、忧虑。怎么办呢？林语堂只好再次带她到香港找女儿去。但即使在三女儿家里，廖翠凤也感到恐惧，只要有人按门铃，她都害怕，连送信的邮差她都不让进门。二女儿的孩子去探望外公外婆，林语堂说，就在这里吃午饭吧。廖翠凤赶紧说："不要！家里没有东西给他们吃！"

到香港的第二天晚上，女儿们带林语堂夫妇到镛记饭店吃烧鹅。饭后，林语堂突然大口吐血，大家赶紧将他送进玛丽医院。经诊断，医生说是由于身心过度疲劳引起的十二指肠脱垂。出院之后，医生要他在家里休养。因为失血过多，有突发心脏病的危险。妻子和女儿们要他卧床休息，不让他起床。女儿们炖牛肉汤、鸡汤给他进补。两个星期过去了，他的精神开始复原。

养病期间，林语堂态度温和，关心女儿的生活，竭力不要麻烦别人。他悄悄地对妻子说："女儿各有自己的事要做，我们不要搞乱她们的生活。"

他恢复过来了，原先的那个林语堂又回来了。

但原先的那个廖翠凤却是一去不复返了。她神情冷漠，面部毫无表情。她不再讲国语或英语，从此只讲厦门话。——她的现实人格摆脱了社会人格，甚至自我人格的制约，变成自然人格或原始人格的存在——她好像变成了廖悦发的化身，她以父亲廖悦发的那种价值标准衡量一切，与丈夫共同生活的半世纪中所获得的社会人格，因爱女之死而毁于一旦。她对丈夫的一举一动抱着怀疑的态度，好像她自己现在仍然是廖家的人。

有一位老友来访，此人是有钱的富商，所以廖翠凤拒绝接见。她说："我们没有钱，没有面子见人。"

二女儿家住罗便臣道，离林语堂夫妇所住的小女儿家干德道很近。林语堂夫妇到二女儿家时，廖翠凤总是正襟危坐，态度客气，因为按廖悦发的观念，嫁出去的女儿泼出去的水，现在是丈母娘到女婿家做客，所以她礼节周到。吃过饭告辞时，她总客气地对林太乙夫妇道："多谢。"母女之间往日的亲情，消失得无影无踪。

当廖女士的情况稍有好转，林语堂就带她回了台北。但一离开小女儿，廖女士又焦虑起来，唯有与小女儿住在一起时，她才感到安全。可是林语堂不喜欢把自己关在香港狭小的公寓里，住久了精神就不好，他留恋阳明山麓秀丽的风景、美妙的自然环境和心爱的“有不为斋”。他的心是接近大自然的，所以不习惯香港的都市生活，再说台北还有许多朋友哩。

于是，丈夫要住台北，妻子要住香港，他们只好两头轮流住，不断往返于台湾、香港之间。后来，住在香港的日子比住在台北的时候多。

1972年10月，被林语堂认为是他写作生涯的巅峰之作的《林语堂当代汉英词典》，由香港中文大学出版，全书1800页。词典的印刷和发行的费用由恒生银行有限公司垫借。香港中文大学成立了一个监理会，由校董利荣森和议员利国伟指导。对于这部花费了林语堂五年时间和精力的词典，香港中文大学校长李卓敏给予了高度肯定，李氏在序中说：“没有一部词典敢夸称是十全十美的。这一部自不能例外，但我们深信它将是迄今为止最完美的汉英词典。”

词典的成功，使林语堂从失女之痛中得到一些解脱，但是心灵深处的创伤是难以痊愈的。他为爱女写了一首悼亡诗：《念如斯》：

东方西子　饮尽欧风美雨　不忘故乡情独思归去
关心桑梓　莫说痴儿语　改妆易服效力疆场三寒暑
尘缘淡　惜花变作摧花人　乱红抛落飞泥絮
离人泪　犹可拭　心头事　忘不得
往事堪哀强欢笑　彩笔新题断肠句

夜茫茫何处是归宿　不如化作孤鸿飞去[1]

总之，长女的悲剧几乎摧毁了他的精神支柱，直接影响了他的健康。这悲剧是他晚年生活的一个转折点，从此，林语堂和夫人，就生活在这悲剧的阴影之下。

① 林太乙：《林语堂传》。

第二十八章

预言变成了现实

1975 年 9 月，第 40 届国际笔会在维也纳召开，林语堂当选为本届国际笔会总会的副会长。

70 年前，福建平和县坂仔村的一个幼童曾天真地对父亲说："我要写一本书，在全世界都闻名……" 70 年后，这位幼童的预言实现了，因为林语堂的《京华烟云》在这次大会上被推举为诺贝尔文学奖的候选作品。

国际笔会副会长是一个荣誉职位，在亚洲作家中只有印度的光诗南、日本的川端康成担任过总会的副会长，林语堂是亚洲作家中荣膺此职位的第三人。

这一年，林语堂 80 岁，他已步履蹒跚，走路要用手杖，身体每况愈下。

10 月 10 日，林语堂 80 大寿，朋友们在香港利园酒店为他祝寿。来宾除了香港中文大学的许多教授和利荣森、利国伟等，还有 20 世纪 30 年代论语派的文友简又文、徐讦，以及张国兴等老友。

10 月 12 日，林语堂夫妇在小女儿的陪同下回到台北，台北文化界的 10 个文艺、学术、新闻团体在大陆餐厅举行盛大的联合茶会，庆祝林语堂的 80 华诞。蒋经国、严家淦等人都敬赠了贺寿屏。

然而，林语堂最欣赏的寿礼是曾虚白送的一帧白话立轴，上面写着“谢谢你把渊深的中国文化通俗化了介绍给世界”。这帧立轴如实地概括了林语堂一生的主要功绩。

1975 年，美国图书馆学家安德生所编的《林语堂英文著作及翻译作品编目》出版。安德生在前言中说：

> 东方和西方的智慧聚于他（林语堂）一身，我们只要稍微诵读他的著述，就会觉得如在一位讲求情理的才智之士之前亲受教益。他有自信、有礼、能容忍、宽大、友善、热情而又明慧。他的笔调和风格像古时的人文主义者描述人生的每一方面都深刻机敏、优美雍容，而且由于顾到大体，所以在估评局部事物时能恰如其分。最足以描绘他的形容词是：有教养。他是最令人赞佩，最罕见的人——一位有教养的人的典型。

1975 年 5 月，安德生编纂的《林语堂精摘》出版，林语堂在为这本书所写的序中说：

> 我喜欢中国以前一位作家说过的话：“古人没有被迫说话，但他们心血来潮时，要说什么就说什么；有时谈论重大的事件，有时抒发自己的感想。说完话，就走。”我

也是这样。我的笔写出我胸中的话。我的话说完了，我就要告辞。

林语堂在向世界“告辞”了，他显然已有死亡的预感，他变得多愁善感，时常流泪。遇到风和日丽时，他流泪；听见山上鸟声时，他也流泪——世界太美了，他怎么舍得离开？

谁能抗拒生老病死的自然法则？林语堂也明白：由童年、青年到衰老和死亡，自然的规律支配着人们的身体，无法逆转，但他尽量想使优雅的老化含有一分美感。他要在告别这个世界之前回顾和总结一下自己80年来的心路历程，他写下了《八十自叙》（美亚出版公司1975年出版）。

林语堂一生出版过近60种著作，发表的文章不计其数。在他的那些代表作里，读者可以清楚地看到一个站立在传统和未来的门槛上的说教者，以及他在做出一次又一次的选择时复杂而又矛盾的心态行为。于是奇怪的现象层出不穷：有时，他所摄取的，正是应该舍弃的，而舍弃的又正是应该保存的；尽管每次选择似乎都有充分的理由，而每一个充分的理由，又常常被更充分的理由所取代……

从表面现象来看，似乎他的一生都陷入了无法挣脱的“一团矛盾”之中，其实，每一个人就是一捆关系，一团根蒂，而他开出来的花、结出来的果实，就是自己的世界。林语堂把这一捆关系坦率地称为“一团矛盾”，《八十自叙》就是自叙了这“矛盾”的80年。

《八十自叙》是林语堂继《四十自叙》《林语堂自传》之后，为后世留下的又一份自传，在概述林语堂的生活历程方面是最完整的一部。但他的二女儿林太乙却认为《八十自叙》中有许多事实上的错误。这篇文章是用英文写的，文法拼法也有许多错误。

有人说，每一个人都是一个月亮，有一个阴暗面，从来不让任何人看见，这是他的忌讳之处。又有人说，“各人的生性里都有一种一旦公开说了出来，就必然会遭到反感的东西”[①]。而林语堂的《八十自叙》，偏偏以“一团矛盾”的形式，过分坦率地公布了自己的另一面。因此，对于读惯了为贤者讳、为尊者隐的传记作品的读者，这大概算得上是一部犯忌的自传。

① 歌德:《歌德的格言和感想集》。

第二十九章

在最后的日子里

1975年12月，圣诞节前夕，林语堂寓居香港。

一天，二女儿带他到永安公司去购物。那里挤满了采购圣诞节礼品的大人小孩。商店里洋溢着一片喜气洋洋的气氛。

节日的气氛感染了热爱生命的林语堂，他目睹了五彩缤纷的节日装饰品，耳闻了圣诞颂歌，感到这世界太美丽了，恨不能长生不老，而想到自己逐渐衰老，便无限激动、无限感伤。他突然在柜台上抓起一串假珍珠项链，泣不成声……

店员小姐自然不知道这位像小孩子一样哭泣的老翁就是大名鼎鼎的林语堂，更不理解为什么会在这样的场合哭泣起来，店员感到莫名其妙，误以为他神经不正常，因此，以不礼貌的神情好奇地看着这位瘦削的老翁。

在一旁的林太乙被店员的无礼态度所激怒，她的胸膛涨得快要爆炸了。她想对那无知的店员说：饶了他吧，小姐，你要是读过他的书，知道他多么热爱生命，方才会知道他为什么掉眼泪。让他抓起一个个装饰品，对着这些东西流泪吧。

圣诞节过后，林语堂的身体愈加衰弱，双脚已经无法行动，不得不坐上轮椅。

他一天比一天瘦下去，每次伤风或患病之后，就失去身体的一部分功能。女儿们请中医来给他调理，但也不见成效。

后来，他连睡袍上的腰带也不会打结了。女儿们就教他怎么打结，而他像幼童一样耐心地学。

有时，半夜，他从床上掉到地上，衰弱得爬不起来，就静静地躺在地上，等到天亮。

小女儿见老父亲在地上睡了一夜，心痛地说："爸，你怎么不喊我？"

林语堂安详地回答："你白天要工作，我不想吵你。"

女儿听了把眼泪咽进肚子里。

即使在轮椅上，有时也坐不稳，为了防止他从轮椅上跌下来，不得不用绳子把他捆在椅子上，像个囚犯似的。这时，他对女儿说："我真羡慕你，想去哪里就去哪里。"因为他自己已经失去了行动的自由。

时间像一个势利的主人，对于离去的客人只和他略微握握手，对于新来的客人却伸开了两臂，飞似的过去抱住他；欢迎是永远含笑的，告别总是带着叹息的。

林语堂的身体在不可抗拒的自然法则的支配下，几乎丧失了活动的能力，但他的心仍然是年轻的。因为，对他来说，衰老的只是物质，而不是精神。一天，60年前曾与之相恋过的陈锦端女士的嫂子到香港干德道去拜访林语堂。80岁的林语堂仍念念不忘60年前的恋人，他问起陈锦端女士的情况，听说她还住在厦门，高兴得像个年轻小伙子似的，对陈锦端的嫂子说："你告诉她，我要去看她！"

廖女士急忙插言阻止道："语堂，你不要发疯，你不会走路，怎么还想去厦门？"

廖女士当然是为丈夫的身体着想，不知道她是否意识到，陈锦端是林语堂情感世界中的一座圣殿，永远在他的心灵深处占据着一个不可替代的位置。正是：天长地久有时尽，此恨绵绵无尽期。

只有当生命被清楚地看到在慢慢死亡时，生命才是生命。

林语堂已经清晰地听到了死神临近的足音。越是在这最后的时刻，他越是留恋生活，留恋爱情。他向往青春，回忆童年，怀念故土。他把自己的生命的火种传给了下一代。他说：

> 我们的孩子长大了。她们有她们的前途，要过她们自己的日子，在无常的世间独立面对各种多变的情况。
>
> 我回顾一生，觉得此生无论是成是败，我都有权休息，悠哉游哉过日子，享受儿孙绕膝的快乐，享受人生的最高福佑的天伦之乐。[①]

晚年，林语堂把"天伦之乐"誉为人生的最高福佑，他有一个外孙女、一个外孙，他一律以"孙儿"相称。他晚年最大的乐趣莫过于含饴弄孙。他说："我和孙儿没有玩什么游戏，也不玩什么玩具。我喜欢和他们一块倒在床上，又说又笑，有

---

① 转引自林太乙：《林语堂传》。

时一高兴就来个两脚朝天。”

10多年前，两个外孙在美国纽约103街居住时，林语堂也住在纽约，他常常开着汽车把外孙接到自己家里，他忘记了年龄的距离，和外孙们做着各种幼童所喜爱的游戏，他把自己和两个外孙称为“我们三个小孩”。在玩耍各种游戏时，林语堂和两个外孙自称一党，而把廖女士称为“大人”，是另外一党。他还认真地把自己幼年时的相片和两个外孙的相片拼在一起，印晒出一张人工制造的“我们三个小孩”的相片。“三个小孩”还常常故意戏弄“大人”，当廖女士出去买菜时，“三个小孩”把他们的三双鞋放在饭桌上，而三个人都躲进藏衣室。廖女士买菜回来，只见饭桌上的鞋子而不见人影，惊讶地喊：“这是怎么回事？”

没有回答。“三个小孩”在藏衣室里得意地咯咯笑。

廖女士又问，仍没有回答。

最后，“三个小孩”忍不住了，突然从藏衣室里破门而出，扑到廖翠凤身上，两外孙高兴得大叫大笑，林语堂也像小外孙一样高兴得大叫大笑，他为自己所编导的儿童喜剧而得意扬扬。

“堂呀！你怎么教孩子胡闹？”廖女士假装生丈夫的气，其实她心里是高兴的，因为这样的游戏使她年轻了几十岁。

……

林语堂痛苦地品尝着今昔的对比：当年和外孙们游戏时，他生龙活虎，活蹦乱跳；而此刻，他丧失了生活自理的能力，像小孩一样，坐在轮椅上被人推来推去。

他已经无法与心爱的外孙们做“我们三个小孩”的游戏了，他已经与心爱的烟斗诀别了，而这烟斗曾是他生命的一部分……

往昔的成败荣辱，像电影似的不断地出现在他的信息荧幕上，他清醒地等待着那最后一刻的来临。——他是痛苦的，因为他热爱这世界，他不愿离开自己所爱的人和所爱的生活。但除了对生命的留恋和对死亡的恐惧之外，林语堂还有他自己的生死观。他说：

> 我觉得自己很福气，能活到这一把岁数。和我同一代的许多杰出人物都已作古。无论一般人的说法如何，能活到八九十岁的人可谓少之又少。胡适、梅贻琦、蒋梦麟和顾孟余都去世了。斯大林、希特勒、丘吉尔和戴高乐亦然。那又怎么呢？我只能尽量保养，让自己至少再活十年。生命，这个宝贵的生命太美了，我们恨不得长生不老，但是冷静地说，我们的生命就像风中的残烛，随时可以熄灭。生死造成平等，贫富贵贱都没有差别。[①]

正如林语堂自己所意识到的那样，宇宙的法则对任何人都是平等的，在林语堂面前并没有出现“长生不老”的奇迹。

---

① 转引自林太乙：《林语堂传》。

意料之中的事情终于发生了：1976 年 3 月 22 日，二女儿林太乙正准备去《读者文摘》编辑部上班，电话铃声响了，是林相如打来的，电话筒里的声音急促而不安：

“你快点来。爸在吐血，我已经叫了救护车要送他到玛丽医院。”

林太乙急忙赶到林相如家，姐妹俩陪着救护车一起到医院。检查结果是胃出血。

3 月 23 日，为了进一步了解胃出血的情况，医生把探针从食管插入林语堂的胃里，这简直是活受罪。林语堂被折腾了好几个小时，心情很坏。幸好有女儿们在医院陪伴，不断地安慰他。

3 月 26 日，林语堂的病突然转为肺炎，心脏病突发，被送入加护病房，呼吸困难，不得不戴上氧气罩，在戴氧气罩时，他的意识很清楚——看见从外面匆匆赶来的二女儿时，他还亲切地叫了女儿一声。也许，这是他留给这个世界的最后的声音。

病房的门经常开启，许多医生进进出出，紧张地抢救，七八个穿着白大褂的医护人员围着病床忙碌。林语堂的眼睛上贴着胶布，四五根管插在他的身上。他在和死神做最后的搏斗。

病房外，两个女儿、二女婿黎明、廖女士和服侍林语堂的女佣等坐在那里焦急地等待着里面的消息。然而，传出来的都是坏消息：

——在打强心针；

——肾功能失灵；

——脑部已经死亡，心脏仍然跳动；

——心脏停搏，又起跳了；

——心脏第二次停搏……

——心脏一连八次停搏后，又起跳，直到第九次停搏后，永远停止了跳动。那是1976年3月26日晚上10时10分。

林语堂赤裸裸地平卧着，身上只盖着一条被单。他是赤裸裸地出世的，现在又赤裸裸地告别世界了。

3月29日，林语堂的灵柩由妻子、女儿、女婿护送到台北。

国际笔会台湾分会、台北"故宫博物院"、台湾开明书店等8个团体负责治丧事宜。

3月29日下午4时半，林语堂生前好友550余人在台北新生南路怀恩堂为他举行了追思礼拜。周联华牧师说，林语堂曾用季节形容他写作的三个阶段："春天是那么好，可惜太年轻了；夏天是那么好，只是太骄傲了；只有秋天的确好，它是多彩多姿的。"周牧师认为，林语堂的晚年是他人生的秋天，这一时期完成的很多作品也是多姿多彩的。

4月1日上午，在阴霾的山色和萧瑟的雨声中举行了林语堂安葬仪式，他的遗体安葬在阳明山的家园里，面对着他所深爱的重峦叠翠。

本来，按照台湾当局的规定，在风景优美的阳明山住宅区是不准修造墓园的，但由于许多文艺界人士向台湾当局建议，并由马星野奔走交涉，终于破例获准将林语堂的墓修在后花园。一抔黄土，一束素菊，覆上了枣红的棺木。一代文化名人、幽默大师林语堂就长眠在他的阳明山的家园里。

林语堂是以一种不忧不惧的恬淡心情离开人世的。他实现了自己的愿望："让我和草木为友，土壤相亲，我便已觉得心满意足。"

林语堂逝世的消息在海内外引起了强烈的反响。

美国的许多报刊发表了悼念他的文章。《纽约时报》更以第一版刊出林语堂逝世的消息，并以三栏的篇幅刊登他的半身照片，还以大幅版面详载他一生的经历和对中西文化学术界的卓越贡献，该报说："他向西方人士解释他的同胞和国家的风俗、想望、恐惧和思想的成就，没有人能比得上。"

美国华盛顿大学教授吴讷孙说："林语堂是一位伟大的语言学家、优良的学者、富于创造力和想象力的作家。不宁唯是，他是一位通人，择善固执，终于成为盖世的天才。要说哪一项造诣是他最大的成就，就已经错了。他向西方和中国人证明，一个人可以超越专家这个称谓的局限而成为一个通才。"

台湾报纸也以显著的版面登载他逝世的消息及有关的纪念文章。《中国时报》社论说："林氏可能是近百年来受西方文化熏染极深而对国际宣扬中国传统文化贡献最大的一位作家与学人。"

自从 20 世纪 30 年代初，"轰的一声，天下无不幽默"以来，对于林语堂其人其文的评价，始终众说纷纭。但是，对“他一生最大的贡献，应该是，而且也公认是对中西文化的沟通”（《联合报》社论）这一点，无论仁者还是智者都认为是无可争辩的事实。

正像林语堂自己所说：“我们死后，功过将留存世间。无论毁誉，我们都听不到了。”是的，“毁誉”对逝者本身来说，他是听不到了，重要的是，他已将功过“留存世间”。

附录一

林语堂先生年表

1895 年　生于福建省龙溪（漳州）县。

1916 年　上海圣约翰大学毕业，获文学士学位。应北京清华学校之邀，前往任教。

1919 年　在上海与廖翠凤女士结婚。偕同夫人赴美留学；在哈佛大学比较文学研究所研究一年。

1922 年　哈佛大学授予先生硕士学位。到德国莱比锡大学攻读博士学位。

1923 年　莱比锡大学授予先生语言学博士学位。由意大利归国。担任北京大学英文系教授，兼任北京师范大学英文系讲师。

1924 年　出任“中华教育改进社”副主任。

1925 年　出任教育部所属“国语罗马字拼音研究委员会”委员。

1926 年　兼任北平女子师范大学英文系教授及主任。

1926 年　受段祺瑞政府通缉，举家由北平迁往厦门，执教厦门大学。

1927 年　抵达武汉，任外交部秘书。先生后因厌倦政局乃飞抵上海，全心致力写作。

1929 年　任中央研究院史学特约研究员。

1930 年　国际笔会中国分会在上海成立，先生为发起人之一。

1931 年　代表我国出席“国际联盟文化合作委员会”在汉城召开的年会。

1932 年　创办《论语》半月刊，提倡幽默文学。不久，有“幽默大师”之称号。

1934 年　创办《人间世》半月刊。提倡性灵文学。

1935 年　创办《宇宙风》半月刊。

1936 年　全家搭乘邮轮离沪赴美。居于纽约，致力写作。

1940 年　5 月，由美国抵达香港，再转飞重庆。7 月，任教育部“国语推行委员会”常委。8 月，返回美国。

1941 年　纽约艾迈拉大学授予先生荣誉文学博士学位。

1942 年　美国若特格斯大学授予先生荣誉文学博士学位。

1946 年　威斯康星州贝路艾特大学授予先生荣誉人文学博士学位。

1948 年　先生自 23 岁开始研究的中文打字机“明快打字机”在纽约发明成功。出任联合国教科文组织艺术与文学组主任。

1954—1955年　新加坡南洋大学成立，先生被聘为校长。

1958年　偕同夫人首次抵达台湾。

1961年　游历中南美洲六个国家，并到处演讲。

1965年　开始在《“中央日报”》撰写《无所不谈》专栏。

1966年　定居于台北阳明山。

1967年　应香港中文大学之邀，着手编纂《林语堂当代汉英词典》。

1968年　出席“国际大学校长协会”在汉城召开的年会。

1969年　出任台湾笔会会长。9月，前往法国出席世界笔会第36届大会。

1972年　《林语堂当代汉英词典》编竣出版。

1975年　世界笔会第40届大会在维也纳召开，先生被推举为副会长。先生被提名为诺贝尔文学奖候选人。

1976年　3月26日，病逝于香港。

附录二

主要参考资料

主要参考书目

《翦拂集》 林语堂

《大荒集》 林语堂

《我的话》 林语堂

《语堂文存》 林语堂

《无所不谈合集》 林语堂

《林语堂经典著作三十种》（台湾金兰文化出版社1986年版，包括《林语堂自传》《八十自叙》《吾国吾民》《生活的艺术》《孔子的智慧》《京华烟云》《风声鹤唳》《唐人街》《朱门》《奇岛》《红牡丹》《逃向自由城》《苏东坡传》《武则天传》《讽颂集》《赖柏英》《从异教徒到基督教徒》等）

《鲁迅全集》 鲁迅

《林语堂传》 林太乙

《吾家》 林如斯、林无双等

《林语堂在大陆》 施建伟

《林语堂在海外》　施建伟
《林语堂论》　万平近

主要参考期刊

《语丝》、《论语》、《人间世》、《宇宙风》、《太白》、《西风》、《传记文学》(台湾)、《华冈学报》(台湾)、《申报·自由谈》

主要参考文章和论文

北京中国人民大学复印资料中心所编的《中国现当代文学研究》中所复印和选目中有关林语堂的全部文章；台北市立图书馆编印的《林语堂先生著述资料目录》中有关林语堂先生之评论及报道选目中的全部文章。